U0562418

企业价值评估

理论创新与方法应用

Case Study of Enterprise Value Assessment:

Theoretical Innovation
and
Method Application

刘志坚 等 著

社会科学文献出版社
SOCIAL SCIENCES ACADEMIC PRESS (CHINA)

前　言

伴随市场经济体制改革的愈加深入，我国涉及企业改制、股票发行、股权转让、企业并购、资产重组等资本运作的活动日益增多且规模巨大，持续推进企业价值评估相关方法的本地化运用并开发出极具科学性且可操作性强的评估方法成为我国资本市场不断走向成熟的一个关键性问题。同时，科学合理的企业价值评估不仅能为投资者提供决策依据，也能为企业的内部管理、战略规划等提供支持，因此准确评估企业价值也成为关系企业可持续发展的重要问题。当前，国外在资产评估方法研究上已经走过了很长的道路，并形成了以市场法、收益法、成本法为主体以及以各种衍生方法为补充的体系架构。国内评估领域虽然也进行了大量基础性研究，包括对传统评估方法的改进以及引进先进评估方法等，但从现有的研究成果来看，我国企业价值评估方法仍未能有效实现规范化与系统化运用，特别是对于经营特性、价值构成迥异的特殊行业以及一些新兴企业而言，相关估值理论仍亟须创新，估值方法的选择与具体运用也需深入探讨。

在我国的企业价值评估实践中，首先存在的问题即为评估理论支撑体系不完整。准确的资产估值离不开科学评估理论的支撑，无论是以不动产评估为重点的国家还是以企业价值评估为重点的国家，均把基础理论研究作为评估行业发展的一项基本工作。在我国，评估行业尚处于发展初期，更加注重对具体评估方法的引进以及对适用性应用场景的借鉴，对于评估理论本身的本土化创新研究却远远不够，这在很大程度上导致我国评估理论体系不完整、理论研究与实际操作相脱节。当前，我国资产评估行业持续发展所遭遇的问题从深层次上看均与理论研究滞后、理论体系不健全密切相关。就企业价值评估而言，相关理论在以美国为代表的西方发达国家得到了充分发展且不断推陈出新，支撑了一系列创新方法在评估实践中的广泛运用。我国相关理论的研究则相对滞后，特别体现在对方法选择以及具体参数确定等问题的探讨较多，而对于基础理论以及评估准则的研究较少，致使评估理论远远落后于评估实践，理论与实践未能形成良性的互动循环。基础理论研究的不足也常常致使具体评估存在偏差，如从企业并购及产权交易角度进行的价值评估是对企业股权价值的评估，评估的是企业部分价值，而从破产角度对企业价值进行的评估则是对其资产整体价值的评估，在我国的评估实践中两者常被混淆。随着"法律规范、政府监督、行业自我管理"宏观管理体制的确立，未来我国资产评估行业将面临更为宽松的政策环境，基础理论体系的薄弱则会更加凸显。可以预见，我国资产评估基础理论体系构建必然从三个方面进行：一是研究适用于市场经济的评估方法，并明确评估方法的内在机理，以根据实际市场状况做出科学的评定估算；二是通过时点资产价值静态评估与资产价值市场动态分析相结合的方法解决资产评估结果的准确性问题；三是通过科学且体系化的资产评估基础理论为制定统一的评估准则提供理论依据。

  企业价值评估相关方法在我国具体运用的另一个突出问题则是未能充分考虑行业、企业特征对企业价值的影响。一般而言，资产评估需要综合两种以上方法的结果进行相互印证，但在实践中，任何一种评估方法都有其应用的条件，同样任何一种评估方法也都有其应用的局限性。就企业价值的不同组成部分来看，由于有形资产具有确定性特征，其评估方法一般也相应具有稳定性与确定性。较之于有形资产，无形资产本身具有的不确定性与其价值的附属性、易变性、动态性等特征使其即使参照有形资产评估，采用一种相对固定的方法，也仍然无法有效解决评估机构不同则评估结果不同的问题。在实践中更是由于采用不同评估方法而估值结果相差甚远。鉴于现有无形资产价值评估基本建立在有形资产价值评估的理论与方法之上，无形资产价值评估的缺陷在知识经济条件下更是暴露无遗。作为理论研究者和实际工作者，必须充分考虑无形资产与有形资产的差别，对无形资产价值形成过程、在生产经营中所起作用、未来可能的使用状况、构成复杂程度等进行综合分析，并依据评估目的对不同类型无形资产采取不同评估方法，以及通过重新确定价值决定因素权重适应性地设计评估模型，从而对企业整体价值予以综合评估。总之，评估方法的确定既要考虑成本问题，也要考虑收益问题；既要反映现值，也要反映预期值；既要体现其风险与折旧，也要体现其附属有形资产状况与无形资产创造价值的条件，并关注与相似无形资产的对比。此外，企业价值评估基本方法的具体应用仍然存在一些障碍，包括较高的信息搜寻成本导致重成本法而轻收益法、市场法，未能动态考虑企业价值从而忽略企业未来成长机会对于企业价值的影响，忽略企业资产间的协同效应以及表外资产对企业整体价值的影响，等等。这些均成为必须依据产业、企业特征来改进、创新评估方法的理由。

　　经济社会的进步与时代的发展，会产生一系列对企业价值形成影响的新因素，或导致企业价值驱动因素的相对重要程度发生改变，而当前我国企业价值评估的实践，未将这些新因素或新变化纳入对企业价值的考虑之中。根本而言，企业价值的高低取决于其给所有者带来的投资回报的高低，同时风险也是必须予以关注的问题，即使预期报酬较高，较大的经营风险也会让人望而却步，从而在企业价值评估方法的选取与具体应用中，盈利能力与经营风险成为两个核心要素。这两个核心要素又进一步受众多因素的影响。一是企业的"软件"。在企业的资产构成中，无论是有形资产还是无形资产，仅相当于企业的"硬件"，如何通过"硬件"更有效率地实现投资回报，则在很大程度上取决于企业管理者的经营能力、管理方针、创新能力以及该企业的运作机制与所拥有的人才资本等"软件"。因此，要对一个企业进行准确的估值，不仅要考虑"硬件"因素，更应考虑"软件"因素的影响。二是企业的外部影响因素。特定的社会经济环境、产权特征、行业竞争状况、所处经济周期以及科技进步水平等都会对企业价值产生显著影响。价值构成与影响因素的复杂性带来了评估量化工作技术手段应用的难题，同时也导致在技术方法上容易产生漏洞，这势必要求评估实践与理论要大胆创新，以与时俱进地满足社会经济发展对于资产评估服务的新要求。可以肯定的是，随着知识与信息经济时代的来临，必须进一步将企业价值构成变化趋势及其决定因素纳入估值体系，以持续提升估值理论及方法的合理性与准确性。鉴于当前没有任何一种评估方法或评估模型能将企业价值影响因素全部囊括，企业价值评估理应成为未来资产评估方法论的重点研究领域之一。同时，更要在客观定性分析的基础上严格量化标准，选择并慎用灵活多样的数学模型最终精准测算企业价值。

国外资产评估界在企业价值评估研究领域已经走过了很长的道路，鉴于我国企业整体上无论是在业务模式、组织形式方面，还是在公司治理方面，都与欧美发达国家存在显著区别，同时竞争与监管等市场环境也存在巨大差异，对企业价值评估方法的创新以及相关方法的适用性改进研究仍需持续深入，特别是对极具复杂性又不乏特殊性的新兴企业而言尤为如此。本书的企业价值评估案例，不仅有助于企业价值评估的理论创新，增强具体评估方法的适用性、科学性与准确性，同时也能为不同类型企业确立具体目标并实施正确战略，为投资者及其他利益相关者衡量企业经营业绩提供参考依据，从而有助于企业自身竞争能力的提升与投资者的准确决策。

刘志坚

2023 年 9 月

于昆明，云南大学经济学院

目 录

第一章 科创板上市公司价值评估：逐步回归—BP 神经网络方法的研究 ⋯⋯⋯⋯⋯⋯⋯⋯⋯⋯⋯⋯⋯⋯⋯⋯⋯ 1
 一 案例背景 ⋯⋯⋯⋯⋯⋯⋯⋯⋯⋯⋯⋯⋯⋯⋯⋯⋯ 2
 二 相关理论研究 ⋯⋯⋯⋯⋯⋯⋯⋯⋯⋯⋯⋯⋯⋯⋯ 3
 三 科创板上市公司特点及逐步回归—BP 神经网络法的适用性探讨 ⋯⋯⋯⋯⋯⋯⋯⋯⋯⋯⋯⋯⋯⋯⋯⋯⋯ 5
 四 评估模型的构建 ⋯⋯⋯⋯⋯⋯⋯⋯⋯⋯⋯⋯⋯⋯ 8
 五 评估实例 ⋯⋯⋯⋯⋯⋯⋯⋯⋯⋯⋯⋯⋯⋯⋯⋯⋯ 15
 六 研究结论 ⋯⋯⋯⋯⋯⋯⋯⋯⋯⋯⋯⋯⋯⋯⋯⋯⋯ 27
 参考文献 ⋯⋯⋯⋯⋯⋯⋯⋯⋯⋯⋯⋯⋯⋯⋯⋯⋯⋯ 28

第二章 游戏公司价值评估：以吉比特为例 ⋯⋯⋯⋯⋯⋯⋯ 30
 一 案例背景 ⋯⋯⋯⋯⋯⋯⋯⋯⋯⋯⋯⋯⋯⋯⋯⋯⋯ 31
 二 相关研究 ⋯⋯⋯⋯⋯⋯⋯⋯⋯⋯⋯⋯⋯⋯⋯⋯⋯ 32
 三 游戏公司特征与企业价值影响因素 ⋯⋯⋯⋯⋯⋯⋯ 35
 四 基于熵权法的市场法改进 ⋯⋯⋯⋯⋯⋯⋯⋯⋯⋯ 40
 五 吉比特游戏公司价值评估 ⋯⋯⋯⋯⋯⋯⋯⋯⋯⋯ 46
 六 研究结论 ⋯⋯⋯⋯⋯⋯⋯⋯⋯⋯⋯⋯⋯⋯⋯⋯⋯ 51
 参考文献 ⋯⋯⋯⋯⋯⋯⋯⋯⋯⋯⋯⋯⋯⋯⋯⋯⋯⋯ 51

第三章 移动短视频直播平台企业价值评估：以快手科技为例 ⋯⋯ 55
 一 案例背景 ⋯⋯⋯⋯⋯⋯⋯⋯⋯⋯⋯⋯⋯⋯⋯⋯⋯ 56
 二 相关理论研究 ⋯⋯⋯⋯⋯⋯⋯⋯⋯⋯⋯⋯⋯⋯⋯ 57

三　移动短视频直播平台企业特征分析 …………………… 60
　　四　评估模型的构建 …………………………………………… 64
　　五　案例分析——改进评估模型对快手科技企业价值的评估
　　　　…………………………………………………………………… 74
　　六　研究结论 …………………………………………………… 82
　　参考文献 ………………………………………………………… 83

第四章　泛娱乐直播平台价值评估：以欢聚时代为例 ………… 87
　　一　案例背景 …………………………………………………… 88
　　二　泛娱乐直播平台价值评估的相关研究 ………………… 89
　　三　泛娱乐直播平台价值分析 ………………………………… 91
　　四　评估模型的构建 …………………………………………… 96
　　五　案例结论 …………………………………………………… 107
　　参考文献 ………………………………………………………… 108

第五章　社交化电商企业价值评估：以拼多多为例 …………… 111
　　一　案例背景 …………………………………………………… 112
　　二　相关理论研究 ……………………………………………… 114
　　三　社交化电商企业的价值特征 …………………………… 116
　　四　评估模型的构建 …………………………………………… 120
　　五　拼多多企业价值评估 ……………………………………… 124
　　六　案例结论 …………………………………………………… 129
　　参考文献 ………………………………………………………… 130

第六章　第三方支付平台企业价值评估：以 Visa 为例 ………… 134
　　一　案例背景 …………………………………………………… 134
　　二　文献综述 …………………………………………………… 135
　　三　第三方支付企业特征及价值影响因素 ………………… 137
　　四　评估模型构建 ……………………………………………… 142
　　五　Visa 企业价值评估 ………………………………………… 146

六　案例结论 …………………………………………… 150
　　参考文献 ………………………………………………… 151

第七章　轻资产公司价值评估：以光线传媒为例 ………… 154
　　一　案例背景 …………………………………………… 155
　　二　相关研究综述 ……………………………………… 156
　　三　影视类企业的价值特性 …………………………… 158
　　四　评估模型的构建 …………………………………… 160
　　五　案例结论 …………………………………………… 172
　　参考文献 ………………………………………………… 173

第八章　风电企业价值评估：以碳减排交易市场化为背景 … 176
　　一　案例背景 …………………………………………… 177
　　二　相关研究综述 ……………………………………… 178
　　三　评估模型构建 ……………………………………… 180
　　四　对J风电场进行价值评估 ………………………… 184
　　五　研究结论 …………………………………………… 193
　　参考文献 ………………………………………………… 194

第九章　光伏企业价值评估：以碳减排交易市场化为背景 … 197
　　一　案例背景 …………………………………………… 198
　　二　相关文献研究 ……………………………………… 200
　　三　评估模型构建 ……………………………………… 202
　　四　案例分析：中节能太阳能股份有限公司
　　　　企业价值评估 ……………………………………… 206
　　五　案例结论 …………………………………………… 218
　　参考文献 ………………………………………………… 219

第十章　医药企业并购价值评估 …………………………… 222
　　一　案例背景 …………………………………………… 223

二 相关理论研究 ……………………………………………… 225
三 并购医药企业的特征分析 ………………………………… 227
四 评估模型的构建 …………………………………………… 232
五 案例分析 …………………………………………………… 239
六 案例结论 …………………………………………………… 247
参考文献 ……………………………………………………… 248

后 记 ……………………………………………………………… 251

第一章　科创板上市公司价值评估：逐步回归—BP 神经网络方法的研究[①]

自 2019 年 7 月开市以来，科创板为一大批高新技术企业提供了全新的融资渠道。不同于沪、深交易所主板和创业板，科创板对企业盈利等硬性要求的放宽以及上市企业自身所具有的技术新、前景不明确、业绩波动大、经营风险高等特征，使得传统资产评估方法在该板块企业价值评估运用中受到种种限制。依据科创板及其上市企业的特殊性改进企业估值方法，成为维护投资者利益、推进我国科创板健康发展的重大问题。

针对传统市场法运用中参照企业与待评估企业参数差异调整的主观性，以及 BP 神经网络模型在学习能力、拟合能力、泛化能力等方面体现出的优越性，本章在对科创板上市企业特征、逐步回归—BP 神经网络法基本原理以及该方法下企业价值的形成机制进行探讨的基础上，运用逐步回归法对科创板上市公司企业价值驱动因素进行了筛选，进而通过相关因素在 BP 神经网络模型中的训练构建估值模型，并最终得到更加准确合理的科创板上市公司的估值。

研究结果表明，无论是对于因处于亏损状态而无法使用市盈率法进行估值的企业，还是对于因成立时间较短、历史数据较少而无法使用收益法进行估值的企业，抑或是对于因高度依赖核心技术和研发人

---

① 本章案例原创：白林鹭；案例校正与修改：刘志坚、周子鹏、张琪。

员而无法使用成本法、市净率法、收益法进行估值的企业，本章所构建的逐步回归—BP 神经网络法均具有显著的适用性。同时，通过逐步回归法优化 BP 神经网络模型中的输入变量，可以提高模型使用的效率和精度，也能为不同领域企业价值评估提供有意义的参考。

一　案例背景

2019 年 7 月 22 日，我国科创板正式开市，该板块的推出旨在通过构建多层次资本市场促进以资本提速科技创新，从而为我国以创新驱动引领高质量发展提供有利条件。与此同时，该板块的推出，客观上也为我国许多因净利润不达标、成立年限不足等而无法在主板市场上市的科创型企业提供了一条新的融资通道，从而为我国高科技企业发展注入了新的动力。

然而，伴随科创板包容性增强，科创板上市公司企业价值如何科学准确评估成为难题。一方面，上市条件的放宽使得科创板打破了主板市场和创业板市场对于企业利润要求的种种限制，这一变化使得资产评估实务中常用的对企业净利润有严格要求的市盈率法不再适用；另一方面，科创板未对上市企业成立年限做出要求，这使得部分企业存在可获得的历史经营数据较少且所披露的财务信息往往不规范等问题，导致传统收益法由于缺少可靠的未来财务数据预测信息而无法通过现金流量折现方式估算企业价值。除上市条件放宽给估值带来的挑战，科创板上市公司自身所具有的特征也增加了传统估值方法使用的限制与难度。如科创板上市公司依赖核心项目以及核心技术人员的特征使得常用的以股权账面价值为基础的市净率法不再适用；高风险特征不仅使得企业未来现金流量难以预测，同时收益法中使用的持续经营假设条件也无法得到满足；而使用成本法则可能存在忽略研发技术、人力资本和创新能力为企业带来的未来潜在增长价值等问题。

因此，由于评估场景的差异性、评估对象的特殊性以及由客观条件导致的评估资料与数据来源的有限性，科创板上市公司的价值评估与传统资产评估在理念、方法等方面均存在较大差异，这决定了根据科创板上市公司特征开发出科学、准确的企业价值评估方法成为维护科创板市场投资者利益、推进我国科创板健康发展的首要问题。而针对传统市场法中参数差异调整的主观性，以及 BP 神经网络价值评估模型在学习能力、拟合能力、泛化能力等方面体现出的优越性，本案例将结合科创板上市公司特征，开发逐步回归—BP 神经网络方法对科创板上市公司进行准确的价值评估，并运用科创板上市公司数据对所开发方法进行相应检验，以期为科创板上市公司价值评估提供有意义的方法借鉴。

二 相关理论研究

BP 神经网络于 1986 年由著名学者 David E. Rumelhart 等人提出，是一种按误差逆传播算法训练的多层前馈网络。BP 神经网络由于能学习和存储大量的"输入-输出"模式映射关系，而无须事前揭示描述这种映射关系的数学方程，成为应用最为广泛的神经网络模型之一。鉴于 BP 神经网络在模式识别、故障诊断等中的广泛应用，该模型也逐渐被引入资产评估领域，成为房地产价值评估、数据资产价值评估以及企业价值评估等的前沿估值方法。

倪渊等（2020）通过对数据资源价值评估进行研究认为，传统估值方法与当前网络平台交易情境的结合不够紧密、准确度不够理想且难以实现评估智能化，而优化后的 BP 神经网络模型，由于基于市场历史交易状况进行价值判断，在仿真能力、误差水平、拟合数据能力等方面具有显著优势，能够使评估的稳定性增强、精度提高。

赵振洋和张溁（2019）认为，传统资产评估方法在应用中受评估人员主观因素影响较大，并且评估师获取信息和数据的方式也相当有限，这大大影响了评估结果的客观性，而 BP 神经网络模型则有效克服了传统资产评估方法的局限性。以大连市房地产价格评估为例的实证结果也表明，较之于传统估值方法，BP神经网络模型能够解决非线性问题，从而更加适合作为资产评估中价格预测的工具。

苏佳和戴亮（2017）通过对比折现现金流量法、经济附加值法、实物期权法和BP神经网络法在企业价值评估应用中的优势和局限性指出，由于BP神经网络模型是一种在运用时不存在任何假设条件的新型人工智能模型，并且能够运用训练数据建立输入与输出间的非线性内在联系，因此无论是评估企业当前价值还是预测企业未来价值，其均具有较好的适用性。

余炳文等（2020）在将BP神经网络模型应用于商业银行股权价值评估的研究中发现，由于传统市场法在可比案例因素调整中受主观因素影响较大，同时由于资产基础法所要求的资料较多，对现场勘查的要求较高且耗时较长，因此这两种方法在整体资产价值评估中均存在缺陷。BP神经网络模型则能克服这些传统方法的缺陷，提高评估工作效率及评估结果的客观性与可靠性。而实证中通过BP神经网络模型计算得到的股权价值与评估对象实际股权价值相差无几，也验证了BP神经网络模型的良好适用性。

付扬扬和仇晓洁（2019）指出，企业未来收益的不确定性限制了收益法中现金流量模型的使用，市场法中修正系数的确定也易受主观因素影响，而成本法则由于未考虑公司未来盈利能力，不能充分反映公司的真实价值。同时，其在将BP神经网络模型应用于创业板上市公司价值估值的实证研究中，通过对比BP神经网络模型评估结果与B-S模型、EVA模型和现金流量法计算所得结果，发现BP神经网络模型相比其他方法较大幅度地提高了企业价值评估的准确度，其评估结果与企业实际价值相比误差较小，更接近于企业的真实市值。

可以看出，较之于传统资产评估方法，BP神经网络模型在学习能力、拟合能力、泛化能力等方面具有优越性，且在数据资产评估、房地产价格评估及企业价值评估等领域均取得了较好的应用效果。但值得注意的是，在使用BP神经网络模型评估企业价值时，以往研究在构建神经网络输入层的企业价值影响因素指标的过程中，未考虑指标之间存在的相关性，而直接将其作为输入参数代入模型，这可能导致指标的重复选取问题。因此，本案例在使用 BP 神经网络模型对企业进行估值之前，将引入逐步回归法对输入变量中引起多重共线性的变量予以剔除，同时对相关研究中的企业价值驱动因素与科创板上市公司价值之间的相关性进行检验，以提高 BP 神经网络模型的运行效率和精确度。

三 科创板上市公司特点及逐步回归—BP 神经网络法的适用性探讨

（一）科创板上市公司主要特点

1. 知识与人才密集

科创板上市公司以开发、生产和销售科技产品或为客户提供科技服务为主营业务，研发人才与核心技术是决定其市场竞争力的关键因素。研发人员作为核心技术的开发者，在科创板上市公司中占据举足轻重的地位，同时在员工总数中也往往占比较高。一般而言，区分高科技企业与一般企业的一个重要标准是研发人员占比是否超过员工总数的 10%。而在不存在数据缺失问题的 344 家科创板上市公司中，超过 86% 的企业研发人员占比在 10% 及以上，34 家企业研发人员占比甚至达到了 50% 及以上（见图 1-1）。

2. 技术含量与无形资产占比高

不同于一般企业，技术创新是科创板上市公司价值增长的源泉。科创板上市公司的经营和发展更多依赖于专利技术、特许经营权等无形资产。较之于传统产业领域中的企业，科创板上市公司对土地等固定资产的需求较小，具有明显的技术含量高、无形资产占比大的特点。智慧芽专利数据库数据显示，截至 2021 年 9 月 6 日，科创板上市公司的专利申请总量达到 10.8 万件，平均每家公司的专利申请量为 324 件，有效专利量为 171 件，授权发明专利量为 91 件，其技术含量显著高于一般企业。

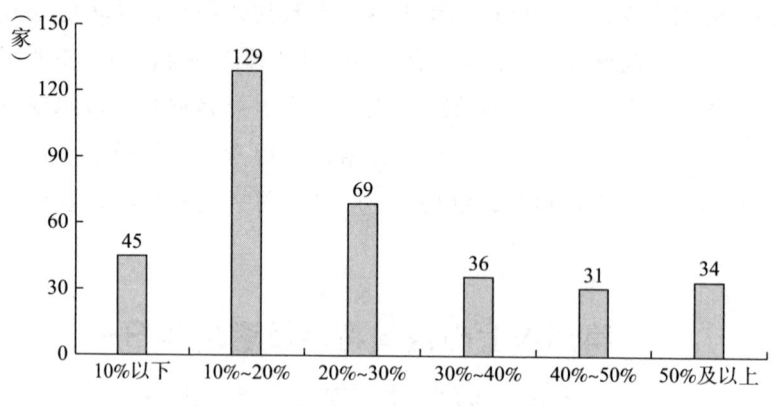

图 1-1 科创板上市公司研发人员分布

资料来源：东方财富网。

3. 高成长性与高收益

高科技产品往往因技术含量高、研发投入多、研发耗时长等原因而具有较高的附加值。科创板上市公司一旦研发并生产出一款符合市场需求的高科技产品，即能通过该产品获得较高的回报，且由于技术含量较高的产品难以被竞争对手复制，从而科创板上市公司可以在市场竞争中持续获利，这显著体现出科创板上市公司的高收益特征。此外，在科创板上市公司中，40%以上的公司处于快速增长阶段，这一阶段的公司已基本形成自身的发展模式，具有较强的活力及实力，公司盈利能力持续增强、规模不断扩张，整体呈现出高成长性特征。

4. 盈利水平多样

科创板包容性较强，对于主营业务等方面符合要求的公司，即使尚未盈利仍可以在科创板上市。以泽璟制药（688266）为例，该公司在存在大量未弥补亏损的情况下，仍然于2020年1月23日成功上市。科创板允许亏损企业上市的特点打破了传统证券市场对上市企业盈利水平的限制，这为许多具有较强发展潜力但不满足上市条件的企业带来了机遇，使这些企业也能够通过证券市场获得融资，以继续其研发和经营活动。

5. 高风险

高科技产品从研发到生产再到销售往往需要较长的时间。在研发阶段，企业需要投入大量人力和物力到研发项目中，新产品的开发需要反复实验才能完成，这一过程存在较多风险，诸如研发失败风险、因研发时间太长而错过最佳产品上市时间导致的失去市场的风险等。而在生产和销售阶段，企业同样需要投入大量资金用于产品的宣传和销售，由于前期研发已投入大量资金，这一阶段企业面临资金链断裂风险的概率大大增加。

（二）逐步回归—BP神经网络法在科创板上市公司价值评估中的适用性

逐步回归—BP神经网络法是将逐步回归和BP神经网络模型相结合的方法。具体而言，在进行价值评估前，该方法首先运用逐步回归法对影响企业价值的因素进行初步筛选，然后再将筛选出的价值驱动因素代入BP神经网络模型中进行训练，进而得到待评估资产的准确估值。与传统市场法相同，该方法依据替代原则和价值规律通过可比资产价值确定被评估对象价值，因此该方法实质上是对传统市场法的优化。不同之处在于，传统市场法在对参照资产与待评估资产之间的差异进行调整的过程中，需要由评估人员根据实际情况主观确定调整参数，而逐步回归—BP神经网络法则是通过计算机的自动训练学习得到符合要求的估值模型，这一过程避免了人为主观因素的影响，从而所得评估结果更加科学、客观。具体而言，使用该方法评估科创板上市公司价值相较传统方法具有如下优势。

其一，较之于传统成本法的优势。科创板上市公司的价值是多方面因素共同作用的结果，不仅包括公司财务报表中记录的各类有形和无形资产，同时还包括能够为公司创造价值的未体现在财务报表中的财富性资源，尤其是员工技能、研发能力和创新能力等对公司价值提升起着至关重要作用的知识性资源，而以账面价值为基础的传统成本法显然无法对这些资源进行计量并将其纳入企业价值评估中。

逐步回归—BP 神经网络法则能够全面考虑包括企业研发人才、创新能力等在内的多种价值驱动因素，并对这些驱动因素与企业价值之间的模糊关系进行学习和训练，最终得出更加精确的企业价值评估结果。

其二，较之于传统收益法的优势。运用逐步回归—BP 神经网络法进行价值评估时，模型中的样本数据均为上市公司的现实数据，无须评估人员对模型中的重要参数——未来现金流、折现率和经营期限进行确定，模型操作过程方便，且避免了人为因素的影响，有利于提高企业价值评估的效率、精确度和客观性。如此，无论是因具有高风险特征而无法满足传统收益法"持续经营假设"的企业，还是因历史经营数据较少而无法进行未来收益预测的企业，均可使用逐步回归—BP 神经网络法进行价值评估。

其三，较之于传统市场法的优势。相对于传统市场法来说，逐步回归—BP 神经网络法同样具有诸多优势，该模型由于对被评估对象的净利润没有要求，因而可以对无法使用市盈率法的企业进行估值；同时，逐步回归—BP 神经网络法也可有效避免因调整参数而出现的主观人为因素影响问题，且 BP 神经网络模型的非线性问题处理能力较强，相比传统市场法更能应对信息多且复杂的问题。因此，使用该模型能够更加真实、合理地分析价值驱动因素与企业价值之间的关系，从而评估结果也更加准确。

整体而言，无论是亏损还是历史经营数据过少的科创板上市公司，均可使用逐步回归—BP 神经网络法进行估值；同时，该方法因其本身所具有的优势能够有效克服传统评估方法在评估科创板上市公司价值时存在的局限性，从而能够应用于不同类型的企业，进而对于科创板上市公司的价值评估也具有普适性。

四　评估模型的构建

依据企业资源与能力理论，企业能力的发挥以资源为基础，资源

第一章　科创板上市公司价值评估：逐步回归—BP 神经网络方法的研究

的价值通过能力来实现，因此企业价值归根结底来源于企业资源以及其利用资源的能力。其中，企业资源包括企业总资产数、研发人员数量等，而企业能力包括盈利能力、创新能力等多方面能力。本案例将以企业资源和企业能力指标为基础构建逐步回归—BP 神经网络模型，以评估我国科创板上市公司价值。

由于逐步回归—BP 神经网络模型实质上是对传统市场法的优化，其评估企业价值的基本原理仍然在于：假设同一市场中存在与评估对象具有可比性的企业，依据替代原则，可利用已上市企业的数据来对未上市企业的价值进行评估。根据这一原理，在评估过程中首先应收集已上市企业的数据资料，并使用逐步回归法分析得出影响企业价值的主要因素，然后利用 BP 神经网络模型确立样本中输入变量（企业价值驱动因素）与输出变量（企业价值）之间的关系，进而得到企业价值评估模型，最终将待评估企业的输入变量数据代入已建立的评估模型计算评估结果。因此逐步回归—BP 神经网络模型构建的基本思路为：首先构建科创板上市公司价值驱动因素指标体系；其次引入逐步回归方法解决各指标之间存在的多重共线性问题，以确定最优的自变量子集；最后构建 BP 神经网络模型对科创板上市公司的价值进行计算。模型构建过程如图 1-2 所示。

（一）企业价值驱动因素指标体系构建

在企业价值指标的选取上，本案例所选取刻画企业价值的指标为上市公司的总市值（V）；在企业价值驱动因素指标的选取上，本案例在总结前人研究的基础上，结合科创板上市公司的特征，初步将科创板上市公司的价值影响因素概括为财务因素（包括盈利能力、偿债能力、营运能力、成长性、资本结构）与非财务因素（包括企业规模、创新能力）。企业价值驱动因素指标体系如表 1-1 所示。

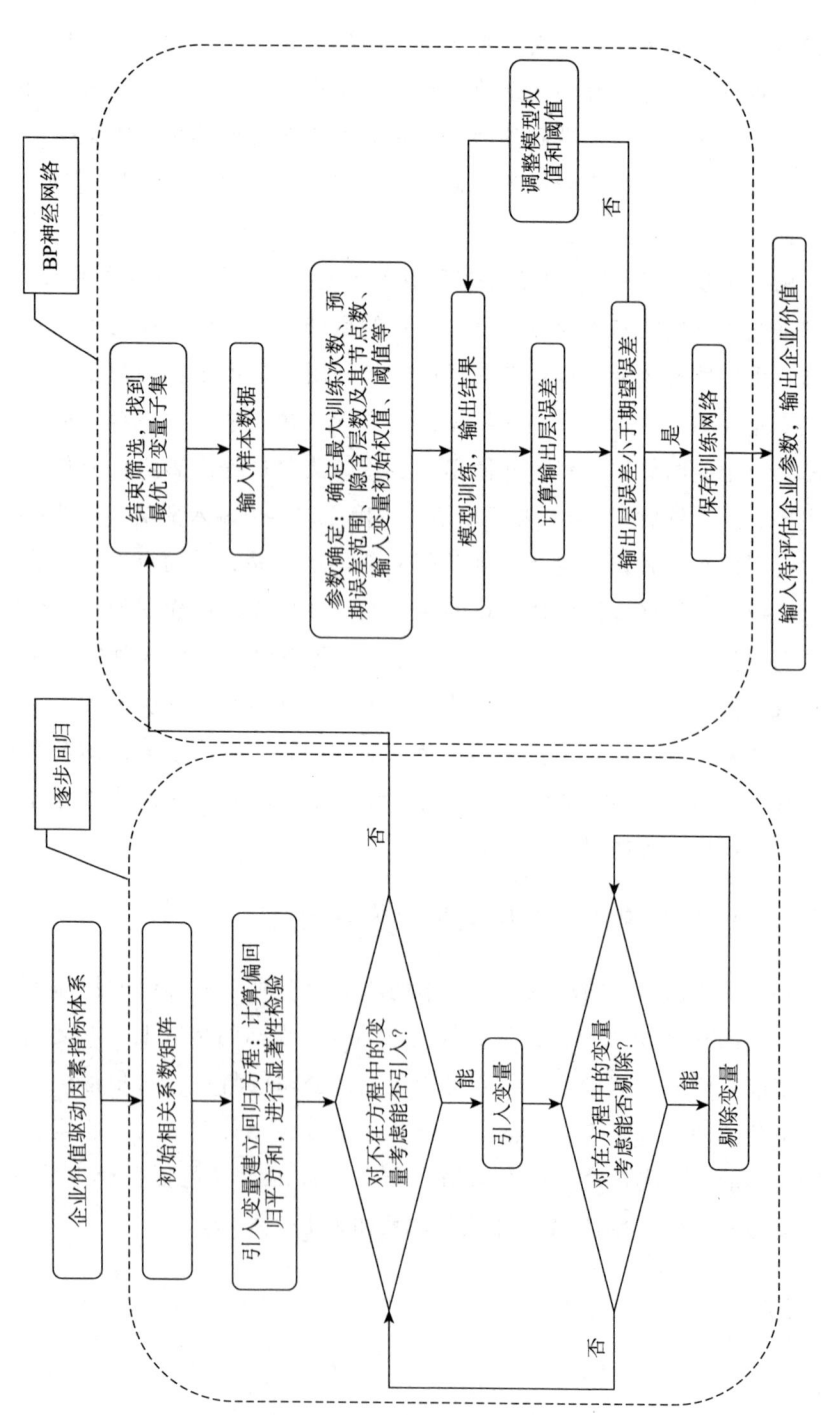

图 1-2 逐步回归—BP神经网络模型构建

第一章 科创板上市公司价值评估：逐步回归—BP神经网络方法的研究

表 1-1 企业价值驱动因素指标体系

变量	一级指标	二级指标	计算方式	指标符号
因变量	企业价值	总市值	上市公司总市值	V
自变量	盈利能力	销售毛利率	毛利润/主营业务收入	a_1
		总资产净利率	总利润/期末总资产	a_2
	偿债能力	流动比率	流动资产/流动负债	b_1
		速动比率	扣除存货后的流动资产/流动负债	b_2
	营运能力	总资产周转率	主营业务收入/年平均总资产	c_1
		应收账款周转率	主营业务收入/年平均应收账款	c_2
	成长性	营业收入增长率	本期增加的主营业务收入/上期主营业务收入	d_1
		营业利润增长率	本期增加的营业利润/上期营业利润	d_2
	资本结构	资产负债率	期末总负债/期末总资产	e_1
		非流动负债占总负债比	非流动负债/总负债	e_2
	企业规模	总资产	企业期末总资产数	f_1
		员工总数	员工总人数	f_2
	创新能力	研发支出占营收比	研发支出/营业收入	g_1
		研发人数占员工总数比	研发人数/员工总数	g_2

（二）逐步回归模型的构建

初步建立如下多元回归方程：

$$V = \beta_0 + \beta_1 a_1 + \beta_2 a_2 + \beta_3 b_1 + \beta_4 b_2 + \beta_5 c_1 + \beta_6 c_2 + \beta_7 d_1 + \beta_8 d_2 + \beta_9 e_1 + \\ \beta_{10} e_2 + \beta_{11} f_1 + \beta_{12} f_2 + \beta_{13} g_1 + \beta_{14} g_2 + \varepsilon_i \tag{1-1}$$

其中，V 为企业价值；$\beta_1, \beta_2, \cdots, \beta_{14}$ 为估计系数；$a_1, a_2, \cdots, g_2$ 则为各项企业价值驱动因素指标（见表 1-1）；ε_i 为随机扰动项；β_0 为截距项。

根据多元回归结果，进一步找出所有企业价值驱动因素中对企业价值的解释能力最强的变量，设这一变量为 a_1，建立关于 a_1 与企业价值 V 的一元回归模型：

$$V = \beta_{01} + \beta_{11} a_1 + \varepsilon_1 \tag{1-2}$$

在此基础上，将其他代表企业价值驱动因素的解释变量逐一加入一元回归模型，并对其进行最小二乘回归，根据回归方程中的偏回归平方和以及其他参数统计量确定是否将新加入变量继续保留在方程中。如果在新回归方程中，偏回归平方和明显增大，同时方程中其他参数统计值的显著性未发生改变，则选择保留这一解释变量。如果在加入新解释变量后方程偏回归平方和减小，即拟合优度降低，则选择剔除这一解释变量。如果新加入解释变量使偏回归平方和增大但其他参数受到严重影响，则可判断为解释变量之间存在多重共线性问题，此时需要比较两个解释变量对被解释变量的影响程度，剔除对企业价值影响较小的解释变量。这一过程显示为：

$$\begin{cases} V = \beta_{02} + \beta_{12} a_1 + \beta_{22} a_2 + \varepsilon_2 \\ V = \beta_{03} + \beta_{13} a_1 + \beta_{23} b_1 + \varepsilon_3 \\ \quad \vdots \\ V = \beta_{014} + \beta_{114} a_1 + \beta_{214} g_2 + \varepsilon_{14} \end{cases} \tag{1-3}$$

与上述过程类似，将其他代表企业价值驱动因素的解释变量逐一加入已建立的二元回归模型［式（1-3）］。在加入新解释变量后，不仅要观察新建立的多元回归方程中的偏回归平方和大小，同时还要对原回归方程中每一个解释变量进行 F 检验。如果在新回归方程中，偏回归平方和明显增大，同时方程中每一个解释变量都通过显著性检验，则选择保留这一解释变量。当方程外无变量可引入、内无变量可剔除时，结束筛选。经过反复筛选，最终能够保留在回归方程中的变量均是对科创板上市公司价值具有显著影响的变量，这些变量共同构成了后续 BP 神经网络模型的最优输入变量子集。

（三）BP 神经网络模型的构建

BP 神经网络模型需通过正反两个方向的演算实现网络的训练学习。在正向传播过程中，工作信号从网络的第一层进入，经过一个或多个隐含层处理后，最终传至输出层。在信号由前往后传播的过程中，

第一章 科创板上市公司价值评估：逐步回归—BP神经网络方法的研究

BP神经网络模型会比较输出值与实际值之间的差异，如果这种差异超过预先设定值，误差信号就会从网络最后一层往前传播，此时神经网络会根据期望误差不断调整模型的权值和阈值，调整后的模型再次进入工作信号正向传播过程，直到模型输出的结果不断逼近期望输出、模型误差小于给定的学习精度为止。若模型训练次数设置过少或时间设置过短，模型也会在次数或时间达到设置值时停止。构建BP神经网络模型的主要步骤如下。

第一，数据预处理。在输入数据前，需将范围各不相同的样本数据进行归一化，处理后的数据值在0~1，以方便网络模型对数据进行分析。归一化的计算公式为：

$$X'_i = \frac{X_i - \max(X)}{\max(X) - \min(X)} \quad i = 1, 2, \cdots, n \tag{1-4}$$

在式（1-4）中，X_i表示每一列第i行数值，$\max(X)$表示该列数据中的最大值，$\min(X)$表示同列数据中的最小值。

第二，信息正向传播过程。将学习样本输入模型：

$$P^k = (x_1^k, x_2^k, \cdots, x_n^k) \tag{1-5}$$

在式（1-5）中，P^k表示样本k的输入数据集，$x_1^k, x_2^k, \cdots, x_n^k$分别表示样本$k$中的输入层神经元（输入变量）1、输入层神经元2……输入层神经元n。

使用样本数据、连接权重和阈值依次计算各层神经元的输出值，计算公式如下：

$$Y_j = f\left(\sum_{i=1}^{n} W_{ij} X_i - \theta_j\right) \tag{1-6}$$

$$Z_l = f\left(\sum_{j=1}^{n} V_{lj} Y_j - \theta_l\right) \tag{1-7}$$

式（1-6）与式（1-7）中，Y_j表示网络隐含层节点；Z_l表示网络输出层节点；W_{ij}表示输入层节点与隐含层节点之间的权值；V_{lj}表示隐含层节点与输出层节点之间的权值；θ_j表示隐含层阈值；θ_l表示输出层阈值；f函数为神经元的激活函数，实际操作中一般选用Sigmoid函数，其计算公式为：

$$f(x) = \frac{1}{1+e^{-x}} \tag{1-8}$$

第三，误差反向传播过程。输出层神经元的学习误差 δ_l 和隐含层神经元的学习误差 δ_j 的计算公式如式（1-9）和式（1-10）所示：

$$\delta_l = -(T_l - Z_l) \times f'\left(\sum_{j=1}^{n} V_{ij} Y_j - \theta_l\right) \tag{1-9}$$

$$\delta_j = f'\left(\sum_{i=1}^{n} W_{ij} X_i - \theta_j\right) \times \sum_{l=1}^{n} \delta_l V_{ij} \tag{1-10}$$

式（1-9）与式（1-10）中，T_l 为输出层节点的期望输出；f' 函数为神经元激活函数的导函数。

第四，判断模型误差是否达到要求。需要使用标准均方误差函数计算模型样本的相对误差，其计算公式为：

$$E = \sum_{l=1}^{n} \frac{1}{2}(T_l - Z_l)^2 \tag{1-11}$$

若计算出的模型误差 E 小于给定的学习精度 ε，则说明训练后的模型的误差处于预设误差范围，由此形成的函数关系符合测算要求；反之，则需要对模型各层的权值和阈值进行调整。

第五，调整模型各层权值和阈值。隐含层到输出层的权值和阈值调整方式为：

$$V_{ij}(k+1) = V_{ij}(k) + \Delta V_{ij} = \eta \delta_l Y_j + V_{ij}(k) \tag{1-12}$$

$$\theta_l(k+1) = \theta_l(k) + \eta \delta_l \tag{1-13}$$

输入层到隐含层的权值和阈值调整方式为：

$$W_{ij}(k+1) = W_{ij}(k) + \Delta W_{ij} = \eta \delta_j X_i + W_{ij}(k) \tag{1-14}$$

$$\theta_j(k+1) = \theta_j(k) + \eta \delta_j \tag{1-15}$$

其中，η 表示模型的学习速率。

调整权值和阈值后，将新的权值和阈值引入信息正向传播过程（步骤2）和误差反向传播过程（步骤3），直到步骤4中模型误差 E 小

于学习精度 ε 为止。

第六，保存训练网络。对于企业价值的测算，只需要输入企业价值的重要影响因素（输入变量），运用保存下来的稳定函数关系模型对已有数据进行训练和学习，即可直接输出企业价值的评估结果。

五　评估实例

本案例的评估时点为 2021 年 12 月 15 日，采用我国科创板上市公司数据，所有数据均从 Wind 数据库以及各公司公布的财务报表中整理得到。

（一）评估对象的选取

经过对科创板上市公司的初步筛选，排除数据缺失、数据异常及目前仍处于审核状态的公司，最终选取的研究样本中共包含 327 家上市公司。在所有研究样本中，10 家代表性公司为检验模型的样本，包括中微公司（688012）、寒武纪（688256）、微芯生物（688321）、铂力特（688333）、君实生物（688180）、华熙生物（688363）、华润微（688396）、京源环保（688096）、瀚川智能（688022）、交控科技（688015），剩余的 317 家公司为建立模型的样本。在 BP 神经网络模型完成输出后，即可将模型输出的 10 家代表性公司的价值与其实际总市值做比较，从而判断模型的准确性。

为更好地反映逐步回归—BP 神经网络模型在科创板各类型企业中的应用效果，同时验证前文理论分析中所指出的本章所构建估值模型相对于传统估值方法具有的优越性，代表性企业的选取考虑以下因素。①行业因素：以上 10 家代表性企业所在产业包括新一代信息技术产业（寒武纪、华润微、中微公司）、生物产业（华熙生物、微芯生物、君实生物）、新材料产业（铂力特）、节能环保产业（京源环保）以及高端装备制造产业（瀚川智能、交控科技）。②因处于亏损状态而无法使用市盈率法进行估值的企业——君实生物、寒武纪。这两家企业自上市前就处于亏损状态，且净利润已连续三年为负值。③因成立时间较短、历史数据较少而无法使用收益法进行估值的企业——寒武纪。该企业是A股市场中从成立到上市用时最短的企业，其能成功上市得益于科创板入市门槛的降低。④由于高度依赖核心技术和研发人员而无法使用成本法和市净率法进行估值的企业——中微公司、寒武纪、君实生物、华熙生物、微芯生物、交控科技、瀚川智能、铂力特、京源环保。这些企业的研发人员占员工总数的10%以上，使用成本法和市净率法难以衡量研发人员及公司核心技术的价值。同时，这些企业也是面临较大研发风险的企业，这使得收益法也难以准确预测其未来现金流量。

（二）变量描述

根据上文所构建的企业价值驱动因素指标体系，本案例共选取因变量1个以及刻画公司盈利能力、偿债能力、营运能力、成长性、资本结构、企业规模和创新能力的自变量14个。其中，因变量（企业价值V）用各上市公司的总市值来表示，该变量取评估时点数据（取自然对数）。考虑到市场对于企业价值反应的滞后性，各自变量均取2020年12月31日各公司年度财务报表的相关数据。各变量描述性统计如表1-2所示。

表1-2 变量描述性统计

变量	样本量	均值	标准差	最小值	最大值
V	317	9.042	0.961	7.468	11.250
a_1	317	0.473	0.206	0.131	0.896
a_2	317	0.083	0.061	-0.051	0.264
b_1	317	1.359	0.804	0.019	3.134
b_2	317	1.178	0.899	-0.358	3.006
c_1	317	-0.677	0.571	-2.220	0.487
c_2	317	1.451	0.760	0.068	3.308

第一章　科创板上市公司价值评估：逐步回归—BP 神经网络方法的研究

续表

变量	样本量	均值	标准差	最小值	最大值
d_1	317	0.304	0.777	-0.282	4.829
d_2	317	1.148	0.814	-2.164	263.300
e_1	317	-1.523	0.714	-3.149	-0.422
e_2	317	-2.650	1.265	-5.821	-0.676
f_1	317	11.970	0.863	10.470	14.490
f_2	317	6.670	0.887	4.575	10.070
g_1	317	-2.349	0.720	-3.483	-0.492
g_2	317	-1.458	0.540	-2.336	-0.283

本案例拟将除 a_1、a_2、d_1、d_2 外的变量都进行取自然对数的处理；d_1 将 317 个样本中唯一大于 10 的样本做折叠处理，将其值设定为 12，防止其作为异常值影响后续的变量选择与模型建立。

（三）逐步回归法选择最优自变量子集

建立因变量 V 和本案例所选取企业价值驱动因素变量的多元回归方程：

$$V = \beta_0 + \beta_1 a_1 + \beta_2 a_2 + \beta_3 b_1 + \beta_4 b_2 + \beta_5 c_1 + \beta_6 c_2 + \beta_7 d_1 + \beta_8 d_2 + \beta_9 e_1 + \beta_{10} e_2 + \beta_{11} f_1 + \beta_{12} f_2 + \beta_{13} g_1 + \beta_{14} g_2 + \varepsilon_i \tag{1-16}$$

使用 Stata 软件对方程（1-16）进行最小二乘估计，估计结果如表 1-3 列（1）所示。从回归结果可以看出，方程调整后的可决系数 R^2 为 0.568，F 值为 30.72，对应的 p 值为 0，这说明方程的总体拟合度较高。但观察 a_1、c_1 等变量的 t 值可以发现，多个自变量未通过 t 检验，这很可能是因为自变量之间存在线性相关关系。

表 1-3　方程 OLS 和逐步回归结果

变量	(1)	(2)
	V	V'
a_1	0.008 (0.03)	

续表

变量	(1) V	(2) V'
a_2	2.958*** (2.89)	2.803*** (3.61)
b_1	1.253*** (3.34)	
b_2	−1.122*** (−3.59)	
c_1	0.087 (0.75)	
c_2	0.164*** (2.70)	0.229*** (4.28)
d_1	0.069 (1.30)	0.085* (1.69)
d_2	0.043 (0.81)	
e_1	0.009 (0.04)	
e_2	0.113*** (3.68)	0.122*** (4.16)
f_1	0.742*** (9.79)	0.652*** (9.83)
f_2	0.068 (0.97)	0.124** (2.10)
g_1	0.168* (1.96)	
g_2	0.282*** (3.13)	0.402*** (5.57)
常数项	−0.027 (−0.04)	0.728 (1.11)
N	317	317
R^2	0.587	0.563
p 值	0	0
调整 R^2	0.568	0.553
F 值	30.72	56.91

注：***、**、*分别表示在1%、5%、10%的水平下显著，括号内为t值，下表同。

第一章 科创板上市公司价值评估：逐步回归—BP神经网络方法的研究

本章进一步使用方差膨胀系数（ViF）对该方程进行多重共线性检验，检验结果如表1-4所示。一般而言，VIF越接近1，多重共线性越弱；当VIF大于10时，表明方程存在较强的多重共线性。方程（1-16）的平均VIF为12.69，其中自变量 b_1 的VIF高达71.92，这说明方程存在严重的多重共线性问题，所以有必要使用逐步回归法对原方程进行估计。

表1-4 方程（1-16）方差膨胀系数

变量	VIF	1/VIF
b_1	71.92	0.013904
b_2	62.59	0.015977
e_1	17.15	0.058309
c_1	3.43	0.291545
f_1	3.40	0.294118
a_2	3.11	0.321543
f_2	3.09	0.323625
g_1	3.01	0.332226
a_1	2.39	0.418410
g_2	1.88	0.531915
c_2	1.70	0.588235
d_2	1.50	0.666667
d_1	1.34	0.746269
e_2	1.20	0.833333
Mean VIF	12.69	

本案例借助SPSS数据分析工具完成对方程（1-16）的逐步回归，逐步回归模型摘要如表1-5所示，回归结果如表1-3列（2）所示。

表1-5 逐步回归模型摘要

模型	R	R^2	调整 R^2	标准估算的错误
1	0.635①	0.403	0.401	0.74052142
2	0.688②	0.474	0.471	0.69629127

续表

模型	R	R^2	调整 R^2	标准估算的错误
3	0.716③	0.513	0.508	0.67085574
4	0.734④	0.539	0.533	0.65417648
5	0.746⑤	0.557	0.549	0.64226488
6	0.757⑥	0.573	0.564	0.63154475
7	0.761⑦	0.578	0.569	0.62824429

注：①预测变量为常量、f_1；②预测变量为常量、f_1、c_2；③预测变量为常量、f_1、c_2、d_1；④预测变量为常量、f_1、c_2、d_1、g_2；⑤预测变量为常量、f_1、c_2、d_1、g_2、e_2；⑥预测变量为常量、f_1、c_2、d_1、g_2、e_2、a_2；⑦预测变量为常量、f_1、c_2、d_1、g_2、e_2、a_2、f_2。

由回归结果可知，逐步回归中调整后的可决系数 R^2 为 0.553，F 值为 56.91，其对应的 p 值为 0，说明方程总体显著；同时，观察各自变量的 t 值及其对应的 p 值可以发现，在进行逐步回归分析后方程中各自变量的系数均显著，因此可以得到如下回归方程：

$$V' = 0.728 + 2.803a_2 + 0.229c_2 + 0.085d_1 + 0.122e_2 + 0.652f_1 + 0.124f_2 + 0.402g_2$$

（1-17）

进一步检验方程及各变量的 VIF，检验结果如表 1-6 所示。可以看出，方程在进行逐步回归后的平均 VIF 降为 1.58，各自变量所对应的 VIF 也都在 1 和 3 之间，表明各自变量间不再存在线性相关关系。

表 1-6 方程（1-17）方差膨胀系数

变量	VIF	1/VIF
f_1	2.51	0.398406
f_2	2.12	0.471698
a_2	1.73	0.578035
c_2	1.27	0.787402
d_1	1.18	0.847458
g_2	1.17	0.854701
e_2	1.06	0.943396
Mean VIF	1.58	

本案例通过逐步回归法筛选得到的最优自变量子集一共包含7个自变量，分别为科创板上市公司的总资产净利率、应收账款周转率、营业收入增长率、非流动负债占总负债比、总资产数、员工总数、研发人数占员工总数比。同时也可看出，通过逐步回归法选择BP神经网络模型最优自变量子集具有如下优势：一是对企业价值驱动因素指标进行了筛选，仅保留对企业价值有显著影响的因素，剔除了对企业价值影响较小的因素，有利于提高后续BP神经网络模型的效率；二是剔除了引起多重共线性的变量，减小了估计偏差，有利于提高BP神经网络模型的预测精度；三是筛选后的最优输入变量个数少于使用逐步回归法筛选前的自变量个数，化繁为简，提高了后续模型训练学习的效率。

（四）BP神经网络模型的建立、训练与检验

1. 建模数据预处理

本案例结合相关研究的经验，在已选取的317个构建BP神经网络模型的样本中，将总样本数的70%作为训练集，10%作为验证集，剩余20%作为测试集。训练集用于建立、训练和拟合模型；验证集用于监测模型训练效果，以防止在神经网络模型迭代时只关注训练集的损失函数从而一味地提高迭代轮次，最终使得模型因迭代轮次过多而产生过拟合；测试集用于对模型拟合效果进行检验和测试。同时，本案例根据逐步回归结果把影响科创板上市公司价值的7个变量作为神经网络模型的输入变量。需要指出的是，该处数据的处理方式与上文不同，使用数据均为变量原始数据，并对原始数据进行了归一化处理，详见式（1-4）。

2. BP神经网络模型的建立

在BP神经网络模型的建立过程中，需要注意以下几点。

一是BP神经网络模型隐含层层数的确定。一个完整的BP神经网络模型包含输入层、隐含层和输出层。其中隐含层的数量可根据实际情况进行调整。本案例根据实验的实际情况将隐含层层数确定为两层，从而本案例所选用的三层BP神经网络模型由一个输入层、两个隐含层

和一个输出层构成。

二是输入层参数的确定。输入层神经元即为本案例通过逐步回归法筛选出的 7 个科创板上市公司的企业价值驱动因素，包括总资产净利率、应收账款周转率、营业收入增长率、非流动负债占总负债比、总资产数、员工总数、研发人数占员工总数比。

三是隐含层节点数的确定。选择恰当的隐含层节点数对于 BP 神经网络模型的构建尤为重要，过多的隐含层节点数会使模型面临过度拟合问题，而过少的节点数则可能使模型达不到预期效果。在实际应用中，既可以使用节点计算公式确定隐含层节点数，也可以通过经验或者实验情况来进行确定。通常，隐含层节点数在 4~15 个，本案例基于所使用的数据，对两个隐含层所含节点数的组合进行了多次试验，并选用试验过程中使得模型训练时间减少、收敛情况较好的隐含层节点数，由此确定两个隐含层的节点数分别为 12 个、8 个。由于本案例涉及神经网络模型，其每一个隐含层都包含不少的节点，为了防止单个节点在训练过程中权重过大而影响模型的训练效果，本案例还对节点设置了"掉队"（Drop out）机制，每次迭代都有一定概率（本案例设置的阈值为 0.5）关闭该节点，使其无法参与训练，从而避免单个节点权重过大的问题。科创板上市公司价值评估的 BP 神经网络模型为 "12-8-1" 的双隐含层网络结构形式。

四是输出层参数的确定。本案例的输出层神经元只有一个，即科创板上市公司的企业价值。

五是传递函数。本案例中输入层到隐含层、两个隐含层之间的传递函数都选用双曲正切函数，使得每个节点在受其权重影响之前的输出范围在 -1 到 1 之间；由于本案例所要输出的变量为企业价值，因此隐含层到输出层的传递函数选用输出范围为（$-\infty$，$+\infty$）的线性函数。

3. BP 神经网络模型的训练与检验

（1）BP 神经网络模型的训练

在确定了 BP 神经网络模型的网络层数、隐含层节点数等参数后，使用均方误差（MSE）作为模型训练过程中的损失函数，对输出值的准确性进行检验，从而确定是否需要对网络的权值和阈值进行调整。同时，还需对模型的训练超参数（hyperparameters）进行设置。

本案例对 BP 神经网络模型的训练超参数设置如下：单个迭代轮次抓取的数据量（batch size）为 50；最大学习迭代轮次（epochs）为 800 次（经过预先测验，当模型迭代轮次超过 600 次时，训练集和验证集的 MSE 都基本不再变化，说明模型的学习效果已经大幅下降。为防止出现过拟合，最终决定将模型的学习迭代轮次控制在 600 次）；模型全局学习率（learning rate）为 0.001；提早介入退出训练（early stopping）的忍耐值（patience）为 5，这意味着如果模型在 5 次迭代内训练效果都没有变得比该次更好，则会在该次训练结束时停止模型的训练，这种方法兼顾了局部与全局最优拟合，同时也节省了模型拟合的时间。

本案例所使用的 BP 神经网络模型的构造及数据张量（tensor）传递过程如图 1-3 所示。

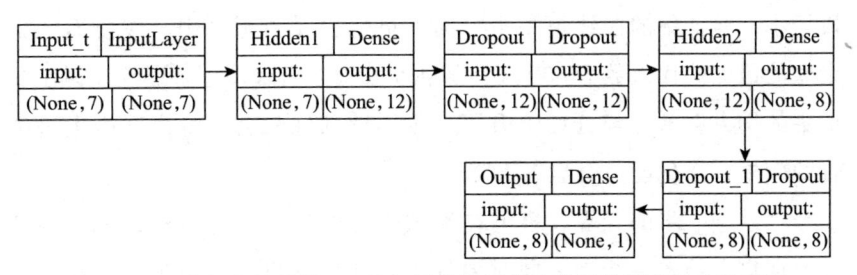

Input_t	InputLayer
input:	output:
(None,7)	(None,7)

Hidden1	Dense
input:	output:
(None,7)	(None,12)

Dropout	Dropout
input:	output:
(None,12)	(None,12)

Hidden2	Dense
input:	output:
(None,12)	(None,8)

Output	Dense
input:	output:
(None,8)	(None,1)

Dropout_1	Dropout
input:	output:
(None,8)	(None,8)

图 1-3　本案例所使用的 BP 神经网络模型的构造及数据张量传递过程

（2）BP 神经网络模型的检验

在完成 BP 神经网络模型的训练后，模型会自动将研究样本中 20% 的检验样本代入网络进行检验，包括可靠性和精准性检验两个方面。其中，可靠性可通过 BP 神经网络模型收敛所经历的迭代次数来判定；精准性则指模型输出值的准确度，一般用 MSE 来判定。

图 1-4 为模型的最佳迭代次数与均方误差，上面的曲线代表训练集的损失，下面的曲线代表验证集的损失。该模型历经 500 余次迭代完成了训练，相较于总数据集的规模（317 个样本），这个迭代次数是完全合理的。

图1-4 最佳迭代次数与均方误差

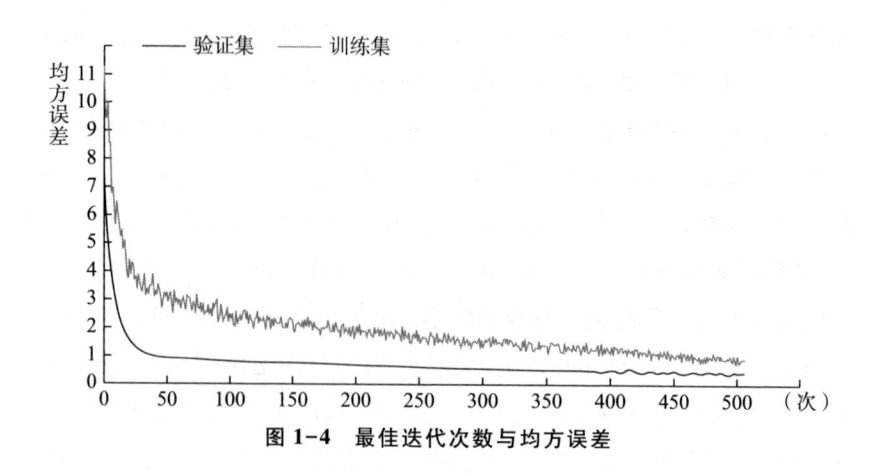

从图1-4中也可以看出，模型在训练集和验证集上的均方误差都在随着迭代次数的增加而减小，其在训练集上的均方误差数值最终为0.8左右，表明由模型计算输出的值与真实值非常接近，且由于样本规模较小，验证集的曲线更平滑、损失更低也在情理之中。该模型预先设立的最大迭代次数为800次，却在500次左右就停止了训练，说明验证集的均方误差已经开始上升了，再继续训练只会使得模型产生过拟合的效果，泛化能力会显著下降。

经过进一步的计算，模型在测试集上的均方误差为0.2796，与其在验证集上的效果相近，同时要优于其在训练集上的表现。将模型的预测结果反归一化后，再次计算其在训练集上的绝对波动百分比，其效果也能达到7.82%。这些指标均验证了本案例所建立的BP神经网络模型的可靠性与精准性较高。

通过上述分析可知，本案例所构建的BP神经网络模型无论是可靠性还是精准性均具有良好的表现。BP神经网络模型在输入样本数据后即可进行学习和训练，凭借其较强的非线性映射能力在输入值与输出值之间建立稳定的函数关系，进而使用保存下来的学习网络预测企业价值。该方法操作简单，运行时间较短，模型输出结果具有较高精确度。同时，检验样本的预测结果表明，神经网络的输出结果与企业真实价值基本相符。因此，使用该模型对科创板上市公司的价值进行评估是可行的。

（五）评估结果分析

使用逐步回归法筛选出最优自变量子集并建立稳定的 BP 神经网络模型之后，只需输入待评估样本的企业价值驱动因素的变量值，调用训练好的神经网络模型，即可完成目标科创板上市公司的价值评估。本案例所选取的 10 家代表性科创板上市公司的输入变量如表 1-7 所示。

表 1-7　BP 神经网络模型输入变量

证券代码	总资产净利率	应收账款周转率（次）	营业收入增长率	非流动负债占总负债比	总资产数（万元）	员工总数（人）	研发人数占员工总数比
688012.SH	0.08	8.03	0.18	0.14	580087.69	917	0.38
688256.SH	-0.06	3.37	0.98	0.54	730952.87	1268	0.77
688321.SH	0.02	6.77	0.55	0.37	172627.10	811	0.27
688333.SH	0.05	1.58	0.28	0.53	167877.55	962	0.26
688180.SH	-0.21	4.23	1.06	0.32	799740.95	2547	0.33
688363.SH	0.11	7.08	0.40	0.21	571689.43	2876	0.16
688396.SH	0.06	7.84	0.21	0.36	1653249.58	9171	0.09
688096.SH	0.06	1.01	0.09	0.02	99158.22	291	0.19
688022.SH	0.03	2.98	0.32	0.03	162608.57	1166	0.26
688015.SH	0.05	2.27	0.23	0.06	434897.98	2034	0.21

确定以上输入变量后，调用已训练好的神经网络模型即可输出企业价值评估结果，输出结果如表 1-8 所示。

表 1-8　逐步回归—BP 神经网络模型输出结果

单位：百万元，%

所属行业	企业名称	证券代码	模型预测价值	实际企业价值	相对误差	行业平均相对误差
新一代信息技术产业	寒武纪	688256.SH	38625	38609.65	0.04	0.56
	华润微	688396.SH	89549	89370.22	0.20	
	中微公司	688012.SH	88165	89447.89	-1.43	

续表

所属行业	企业名称	证券代码	模型预测价值	实际企业价值	相对误差	行业平均相对误差
生物产业	华熙生物	688363.SH	81172	80644.80	0.65	1.33
	君实生物	688180.SH	49566	49187.50	0.77	
	微芯生物	688321.SH	13817	14182.18	-2.57	
新材料产业	铂力特	688333.SH	17846	17450.91	2.26	2.26
节能环保产业	京源环保	688096.SH	1400	1505.33	-7.00	-7.00
高端装备制造产业	瀚川智能	688022.SH	8419	6880.52	22.36	26.60
	交控科技	688015.SH	8992	6872.39	30.84	

分行业来看，逐步回归—BP神经网络法在评估新一代信息技术产业、生物产业及新材料产业的企业价值时，评估效果明显优于其他产业，其平均相对误差分别为0.56%、1.33%、2.26%。而该模型对高端装备制造产业的企业价值预测效果则较差，其平均相对误差为26.60%，且案例所选两家高端装备制造公司的预测相对误差均在20%以上。

观察两家未盈利企业的模型输出结果可以发现，模型对君实生物（688180）和寒武纪（688256）的预测效果均较好，相对误差能够控制在0.8%以内，表明逐步回归—BP神经网络法对未盈利企业价值的预测精度较高，这是估值方法中常用的市净率法所无法实现的。其中，寒武纪（688256）企业评估价值与真实值之间的相对误差最小，仅为0.04%，表明本案例构建的模型能够较为准确地预测成立期较短的企业价值。观察其余企业的预测结果可以看出，BP神经网络模型输出的中微公司（688012）的企业价值为881.65亿元，与实际值之间仅相差-1.43；除瀚川智能（688022）和交控科技（688015）外，其余公司的预测价值与真实值之间的相对误差的绝对值均低于8%。由于相对误差的正负仅代表预测值高估与低估的情况，故将为负值的相对误差取绝对值后与其余相对误差值求平均值得到所有评估对象的平均相对误差为6.81%。在资产评估中，一般认为评估值与实际值之间的误差在15%之内就是合理的，因此，可以判定逐步回归—BP神经网络模型的准确率较高。同时，评估结果与实际市值的差额较小，也表明对于因高度依赖核心技术和研发人员而无法使用成本法、市净率法和收益法进行估值的企业，本案例所构建的估值模型是适用的。

六 研究结论

科创板市场准入条件的改变及该板块上市公司自身的特点，使得对相关企业的价值评估面临诸多难点。本案例在对逐步回归—BP神经网络法的实质、基本原理及该方法下企业价值的形成机制进行剖析的基础上，结合我国科创板上市公司的特征，对逐步回归—BP神经网络法在科创板上市公司企业价值评估中的应用进行了探讨。通过评估模型输出值与企业实际市值的对比，本案例得出逐步回归—BP神经网络模型在科创板上市公司价值评估中具有广泛适用性的结论。

第一，逐步回归—BP神经网络模型在科创板上市公司价值评估中具有普遍适用性。实证结果表明，无论是对于因处于亏损状态而无法使用市盈率法估值的企业，还是对于因成立时间较短、历史数据较少而无法使用收益法估值的企业，抑或是对于因高度依赖核心技术和研发人员而无法使用成本法、市净率法、收益法进行估值的企业，本案例所构建的估值模型均具有较好的适用性，克服了传统估值方法在科创板上市公司估值中应用的局限性。

第二，逐步回归法的运用能够优化BP神经网络模型中的输入变量，提高模型运行效率和精度。本案例引入的逐步回归法不仅对以往研究中所描述的价值驱动因素与企业价值之间的关系进行了检验，保留了对企业价值影响较大的自变量，去掉了影响较小的自变量，确保了模型的预测精度，同时也剔除了引起多重共线性的变量，减少了企业价值驱动因素指标，从而让评估过程变得更加简单，提高了模型的运行效率。

第三，逐步回归—BP神经网络法实质是对传统市场法的优化。该方法将企业视为一种特殊的商品，认为类似的企业具有类似的价值，进而依据替代原则和价值规律通过可比企业的价值来确定被评估对象的价值。同时，该方法依据企业资源和能力理论对企业价值的形成机制做出了解释，认为企业能力的发挥以资源为基础，资源的价值通过能力来实现，企业的价值归根结底来源于企业的资源及其利用资源的能力，即企业价值是企业资源与企业各方面能力综合作用的结果。

值得注意的是，正如所有评估方法均优劣势并存一样，本案例的方法也难以对样本量较小市场中的企业进行价值评估，否则逐步回归将失去其意义。此外，逐步回归—BP神经网络法在各分行业中的适用程度是否和本案例保持一致，还需待科创板分行业上市公司数量增长到一定程度后才能予以进一步验证，这也成为本书研究进一步开展的方向。

参考文献

曹梦蝶，林东杰．科创板人工智能企业价值评估研究——以虹软科技为例［J］．中国资产评估，2021（9）：21-31.

冯雨萌．基于深度神经网络的上市公司价值评估应用研究［J］．佳木斯职业学院学报，2022，38（8）：50-52.

付扬扬，仇晓洁．基于BP神经网络的创业板上市公司价值评估［J］．中国资产评估，2019（2）：35-40.

胡晓明，武志平，黄锦忠．科创板企业价值评估方法选择研究［J］．中国资产评估，2019（11）：4-7+33.

林妍．我国科创板上市公司市场价值评估分析［J］．会计之友，2020（23）：140-143.

刘澄，雷秋原，张楠，鲍新中．基于BP神经网络的专利价值评估方法及其应用研究［J］．情报杂志，2021，40（12）：195-202.

骆正清，李梦可．基于BP神经网络法的科创板企业价值评估［J］．会计之友，2023（13）：19-26.

倪渊，李子峰，张健．基于AGA-BP神经网络的网络平台交易环境下数据资源价值评估研究［J］．情报理论与实践，2020，43（1）：

135-142.

沈雨晴.科创板企业价值评估方法研究［J］.北方经贸，2021（7）：151-153.

苏佳，戴亮.企业价值评估基本方法研究综述［J］.经贸实践，2017（16）：84-85.

王骏.科创板企业上市定价问题研究［J］.商业文化，2021（16）：90-91.

王淇.科创板独角兽企业价值评估［J］.合作经济与科技，2023（3）：118-120.

王笑笑，郝红军，张树臣，王京.基于模糊神经网络的大数据价值评估研究［J］.科技与管理，2019，21（2）：1-9.

魏佳楠.我国科创板企业价值评估难点及对策分析［J］.现代商业，2022（8）：124-126.

熊瑞轩.大数据技术在科创板企业价值评估中的应用［J］.中国管理信息化，2021，24（15）：27-29.

闫理，王晓燕.基于BP神经网络的并购协同价值评估探索［J］.商业会计，2011（35）：28-30.

余炳文，郭志辉，张玲玲，梁瑞莹.基于BP神经网络方法的股东权益价值评估案例［J］.中国资产评估，2020（8）：71-79.

赵航，李朝红.基于BP神经网络模型的生物医药企业价值评估研究［J］.商业会计，2022（21）：68-71.

赵振洋，张溦.科创板生物医药企业价值评估研究——基于修正的FCFF估值模型［J］.中国资产评估，2019（11）：8-16.

钟宝怡.科创板公司价值评估问题研究［J］.中国集体经济，2022（20）：86-88.

第二章 游戏公司价值评估：
以吉比特为例[①]

随着游戏产业的兴起与不断发展，我国游戏公司上市、并购及重组等资本运作活动日渐增多，游戏公司业务也由最初的发行、运营、代理国外游戏，逐渐转向自主研发设计本土游戏。创新、研发成为游戏公司经营管理的重点，这意味着创新价值成为游戏公司价值的核心组成部分，如何根据这一特性选择并改进评估方法，也成为游戏公司价值评估的一个关键问题。

本案例以创新价值理论、用户价值理论为理论依据，在对现有互联网公司与游戏公司发展状况、常用研究方法以及游戏公司估值存在的问题与困难进行分析的基础上，以吉比特游戏公司为例对游戏公司价值评估方法进行了探讨。在市场法的基础上，本案例进一步将创新能力、无形资产（技术资本、人力资本等）作为关键因素，构建了纳入创新能力指标的游戏公司特征指标体系，并通过使用熵权法对各项特征指标进行分析以及选取合适的可比公司与价值乘数，最终实现了市场法在游戏公司价值评估运用中的改进与优化。

案例研究显示：一方面，技术创新与非技术创新均对游戏公司价值产生重要影响，创新水平成为决定游戏公司价值的关键因素；另一方面，针对传统资产评估市场法的局限，引入熵权法可以在很大程度上解决可比公司选择的客观性与恰当性问题，从而将创新等关键因素

---

① 本章案例原创：张洪铭；案例校正与修改：刘志坚、王溶、余澜。

纳入分析框架，使估值结果更加准确。

一 案例背景

网络信息科技的快速进步与互联网的普及，使得人们的娱乐方式发生了极大的变化，电子游戏成为人们学习、工作之余的一个重要娱乐组成部分。自2003年国家体育总局将电子竞技作为第99个正式体育竞赛项目以来，我国电子游戏从业者的数量更是大幅增加。经过二十多年的飞速发展，我国游戏行业持续壮大，越来越多的优秀游戏工作室和制作团队应运而生，其业务也从最初的发行、销售国外游戏，逐渐转变为自主研发、设计、销售自制游戏。

当前，我国游戏行业呈现出以下特点。一是游戏市场用户规模不断扩大。得益于技术先进、剧情丰富、玩法多样以及能够满足各类群体个性化需求的游戏产品不断增多，人们利用游戏娱乐的方式也变得多元化、便捷化。二是游戏企业自主研发能力持续增强。从仅作为国外游戏在国内的代理商，到开始自主设计和研发原创游戏，创造符合国人需求的游戏，我国诞生了一批又一批优秀的游戏创作团队以及一大批优秀的游戏产品，以"原神"为代表的蕴含中国优秀传统文化的游戏佳作在国际市场上也得到了一致好评。随着相关法律法规的不断完善，特别是知识产权保护力度的持续加大，国内游戏产品的创作氛围更加浓厚。三是移动游戏用户成为游戏产品消费的主要群体。互联网技术的进步与移动设备的更新换代，使得智能手机、平板电脑等电子设备能够为人们提供更加舒适、便捷的游戏方式，在繁忙和快节奏的生活中，人们也更加愿意选择使用移动终端进行娱乐，移动游戏的消费群体已成为游戏玩家的主要构成部分。《2021年移动游戏行业深度洞察报告》显示，2020年中国游戏市场整体实际销售收入接近2800亿元，其中移动游戏销售收入占比已上升至75%，成为游戏行业的重要收入来源。四是游戏种类不断丰富。既存在以"王者荣耀"为代表的MOBA类游戏，也有诸如"刺激战场"等优秀的FPS类游戏，甚至还有以基于我国历史文化创作的"三国志"（战略版）为代表的卡牌类游戏，游戏种类繁多、游戏模式丰富成为我国游戏市场的一个重要特征。

吉比特是我国一家典型的上市游戏公司，其专注于游戏技术研发、游戏模型搭建和游戏故事创作，是国内较为知名的上市游戏公司。该公司成立至今，以其产品的高经济附加值——充分结合道家文化并在其基础上创作具有深度且让人回味的游戏剧情从而产生的高艺术性，形成了庞大的游戏用户群体。在游戏技术创新方面，该公司大量投资于技术型人才，并由此带来高企的研发费用以及相应的强大技术创新能力；而在非游戏技术创新方面，通过结合优秀的中国传统文化并以此为核心卖点进行运营，带给游戏玩家不同于其他国产游戏的创新体验。此外，吉比特公司还自建游戏平台，同时根据游戏用户在游戏过程中的游玩反馈，持续优化和完善平台，提升企业的客户感知价值和顾客让渡价值。

相较于普通企业的价值评估而言，诸如吉比特等游戏公司显著的企业特征及经营特征给传统资产评估方法在其企业价值评估上的运用带来了巨大挑战。一是游戏产品研发需要大量的资金投入，判断创新资本的投入是否影响了游戏公司的价值，以及如何将这些因素纳入游戏公司的价值评估就显得尤为重要。二是不同于普通企业，处于不同生命周期的游戏公司其现金流特征也明显不同。项目初创期的游戏公司由于投入巨大往往现金流为负，且经营的风险较高，现金流和必要收益率难以预测，这导致收益法等传统方法的运用存在一定问题。三是用户数量决定了游戏产品所能带来的收入以及潜在的市场规模，从而对游戏公司价值进行评估，还必须考虑其所处市场的客户数量以及用户可能带来的价值。因此，基于游戏公司的特性，选择合适的评估方法并对相关方法进行适用性改进，据此做出科学、准确、客观的价值评估，就显示出重要的研究价值。

二　相关研究

当前游戏公司价值评估的研究相对较少，大部分类似研究仍主要围绕互联网企业价值而展开。

（一）基于传统财务指标的游戏公司价值评估研究

目前，使用营业收入、净利润、现金流量等财务指标对企业价值进行评估的研究已较为充裕，同时基于不同的财务指标也形成了不同的评估模型。吴敏华（2015）针对网络游戏多样化、潜力化、碎片化的特点，在分析影响游戏公司价值的游戏用户整体规模、游戏用户消费意愿和消费能力等外部因素和企业员工的素质、公司品牌等内部因素后，使用基于传统财务指标的收益法对游戏公司价值进行了评估。而韩卉（2017）认为，除了一些传统的财务指标外，还应纳入一些重要的非财务指标，如供应商的议价能力、购买者的议价能力、潜在竞争者进入的能力、替代品的替代能力等，从而在充分考虑游戏公司企业特点的基础上更好地预测其未来现金流。此外，针对游戏公司投资的高风险性与管理层决策的高度不确定性，曾逸云（2019）结合DCF模型与B-S模型，采用传统财务指标对游戏公司价值评估方法进行了探讨。整体来看，由于游戏行业的特性，游戏公司价值还受用户流量、用户留存率等非财务因素影响，基于传统财务指标的游戏公司价值评估方法仍有待深入研究。

（二）基于客户价值理论的企业价值评估研究

随着互联网企业价值评估相关研究的逐渐增多，考察企业客户价值这一关键要素对互联网企业价值影响的研究也大量增加。朱伟民等（2019）指出互联网企业价值主要来源于客户所带来的价值，且互联网企业与传统企业在资产构成上存在巨大差异，传统企业在初期需要把资金用来购置大量的固定资产，而互联网企业主要依托人力资源来提供网络服务，需要依靠研发新技术、控制版权等来获利。在此基础上，其改进了EVA方法以使之更加适用于互联网企业的价值评估。施焱旻（2014）认为分析互联网企业的客户价值必须考虑最终所能留下的有效客户，在充分考虑这一问题的基础上，其在原有模型中加入了用户转换率进一步对 EVA 方法进行调整。赵春芳（2020）也以游戏公司中的用户价值为基础，结合 EVA 方法对游戏公司价值进行了评估。潘惠中（2018）进一步将客户价值理论纳入 DEVA 模型的分析框架当中，并基于客户价值理论和游戏企业的不确定性高、轻资产、马太效应、网络效应等特征对 DEVA 模型进行了着眼于互联网价值的核心因素、注重无形资产、不局限于单纯的财务数据以及动态性的修正。上述研究充分地考虑了用户价值对互联网企业以及游戏公司价值的影响，但游戏公司在各个阶段均需投入大量研发费用以对游戏内容进行创新，因此游戏公司的价值评估除需要考虑用户价值之外，还必须考虑技术创新以及非技术创新的影响。

（三）基于创新价值理论的企业价值评估研究

对于游戏公司而言，其产品的制作及后期的运营均需要大量的投入，创新所带来的企业价值增值也引起了广泛的关注。对于技术创新而言，吴延兵（2014）认为规模与产权属性是企业技术创新及创新价值的重要影响因素，且随着宏观经济环境的改变这些因素对企业价值的影响更加复杂；曹勇和苏凤娇（2012）、罗福凯等（2013）、许秀梅（2015）通过实证研究发现，人力资本投入对企业创新价值以及企业价值评估有着重要影响，同时不同行业的技术创新对企业价值的影响存在异质性。而对于非技术创新而言，组织形式、运营模式、产品的盈利方式等各方面的创新，也会对企业价值产生重要影响（吕峻，2019）。在评估方法的选择与具体运用上，相关研究则主要集中于对 EVA 模型的适用性改进，如姚霞波（2020）认为企业创新价值主要包括技术和创新型人才所带来的价值，并将其纳入 EVA 模型之中。

作为互联网企业，游戏公司具有该类企业的典型特征，如盈利主要取决于客户使用的频次以及客户数量的多少。但不同的是，传统互联网企业更多依靠客户流量来获得收益，而游戏公司则更多依赖于客户的留存率。同时，游戏公司客户留存率也主要取决于游戏产品创新所带来的价值。而从游戏公司价值评估的方法选择来看，目前基本沿用了收益法，并使用 DCF、EVA 以及 DEVA 等模型对其进行改进。值得肯定的是，改进相关方法时可以将一些重要的非财务指标纳入分析框架中，对影响游戏公司价值的重要因素均加以分析，从而使得估值结果更加准确。但是，一方面，由于游戏公司具有高风险性以及高收益不确定性等特点，对其未来现金流预测变得较为困难；另一方面，游戏产品研发阶段和销售阶段的必要收益率存在巨大差异，使用历史数据得到加权平均资本成本（WACC）进而替代必要收益率的方法也有待商榷。因此，充分考虑游戏公司不同于一般互联网公司的异质性特征，并结合影响公司价值的一般因素与影响游戏公司价值的关键因素，选择及改进相关评估方法，成为科学、准确评估游戏公司价值应该关注的内容。

三 游戏公司特征与企业价值影响因素

（一）游戏公司特征

根据主营业务的不同，游戏产业大致由三类企业组成：游戏开发商、游戏发行商和游戏销售商。游戏产品首先由开发商研发、制作，然后通过发行商和销售商销售，最终由游戏用户购买或付费并产生相应的收益。游戏产业链如图 2-1 所示。

游戏开发商 ⇒ 游戏发行商 ⇒ 游戏销售商 ⇒ 游戏用户

图 2-1 游戏产业链

基于游戏产业的特征，游戏公司的特殊性体现在以下几个方面。

第一，客户依赖程度高。对于游戏公司而言，其盈利主要来源于两个方面：一是用户支付所带来的收益；二是第三方广告植入所收取的广告费用。两种获利方式本质上均取决于使用游戏产品的客户数量，客户数量越多，则客户所支付的费用以及广告收入越多，游戏公司所获得的收益也越高。以吉比特公司为例，其主要通过游戏内付费道具的出售来获得收入，而游戏软件则可以从官网上免费下载游玩，该运营模式可以使游戏产品在较长一段时期内获得稳定的用户和高额的销售收入。

第二，经济附加值高。游戏产品是否能吸引到大量的用户，取决于其内容设计及游戏模式是否有创意，这需要对游戏产品进行大量的投入。游戏公司的创新模式、研发方向、研发费用和技术人才的投入成为影响游戏产品收入的关键因素。与此同时，对游戏模型搭建、游戏动画制作以及内容创意与游戏模式设计的投入往往能带来较高的投资回报，从而游戏产品本身也具有较高的经济附加值和文化附加值。吉比特公司游戏产品的高经济附加值主要体现在游戏产品的高艺术性上，其大部分游戏产品充分结合中国道家文化，并在道家文化的基础上创作具有深度且让人回味的游戏剧情，从而形成了庞大的游戏用户群体。

第三，运营模式复杂多样。与传统商品不同，游戏产品的运营贯穿整个游戏生命周期。为了维持用户的活跃度和吸引更多的玩家，游戏公司需要对游戏产品进行活动策划、数据分析、市场推广等多方面的运营，同时还需持续维护系统，不定期推出新活动，从而丰富玩家的游戏体验，提升用户在使用游戏产品时的愉悦感，延长游戏产品寿命。吉比特公司运营模式的复杂多样显著体现在其营收来源上，以2020年为例，吉比特公司与第三方应用平台合作开展游戏推广产生的联合运营收入占总营业收入的43.44%，而自主运营业务收入则占总营业收入的43.69%。

第四，市场风险高。对于游戏产品的开发，前期需要大量的研发费用和人力资本投入，但在游戏产品发售之前游戏公司却无法获得收益，也即游戏公司初创期投入产出比低，同时游戏产品具体的市场表现又受到宏观因素以及行业竞争的严重影响，研发阶段无法精准预测。处于不同生命周期的游戏公司，其企业价值差别较大，游戏产品投入能否带来可观的回报具有很大的不确定性。

（二）游戏公司价值

对于企业价值的评估，传统方法更多集中于企业的偿债能力、运营能力、盈利能力等财务指标。而基于游戏公司的特征，其价值评估除需考虑正常的财务指标外，还需考虑游戏产品研发过程中创新投入所带来的经济附加值，以及游戏产品销售过程中产生的客户价值。

1. 游戏公司的客户价值

作为一类新兴的互联网企业，游戏公司客户基本来源于游戏平台上的注册，游戏产品的收益也在很大程度上取决于平台的客户流量和客户存量。与此同时，客户对游戏产品或服务的购买则取决于其能够为客户带来的价值，也即游戏产品消费过程中形成的客户价值。

(1) 生命周期中的游戏公司客户价值

生命周期理论认为企业及其产品需要经历开发、成长、成熟、衰退等生命周期阶段，而客户在购买产品或者长期购买某项服务的过程中，其消费行为也会随着时间的推移发生周期性改变。就游戏公司而言，由于技术替代的存在，其研发的各类游戏产品本身存在一定的时效性。随着技术的不断进步和新技术的不断产生，客户的游戏习惯和游玩方式也会相应发生改变，从而客户对新游戏产品的购买和消费行为也会随时间的推移发生周期性变化，也即游戏产品存续表现出显著的生命周期特征。

(2) 客户让渡价值

企业在销售产品或提供服务的过程中，会转移一部分价值给消费者，从而提升消费者效用并使其获得更大的满足感，该价值即客户让渡价值，为顾客购买产品所获得总价值与所付出总成本的差额。就游戏公司而言，游戏产品及服务的出售本质上是向游戏用户提供价值的过程。在游戏产品出售后，游戏公司需要不断接收游戏客户的数据反馈，并在此基础上持续对游戏内容进行优化及更新，以及持续修补游戏产品所出现的系统漏洞，以增强游戏玩家的体验，让客户获得更多的让渡价值。

(3) 客户感知价值

不同客户的消费偏好和感知能力不相同，从而对企业所提供产品和服务的价值感知具有一定的主观性，也即客户感知价值存在差异。

从当前游戏产业的发展来看,游戏产品种类繁多,运营模式各不相同,游戏内容的受众也各不相同。对于不同游戏玩家而言,游戏产品的客户感知价值也各不相同,一方面取决于消费者个人的偏好,另一方面也来源于游戏公司在制作游戏阶段所带有的独特游戏理念和游戏内容,好的游戏产品往往具有较高的客户感知价值。

总体而言,游戏公司客户价值源自其不同生命周期阶段的客户感知价值和客户让渡价值。要让游戏产品获得较高的客户感知价值和客户让渡价值,一方面需要增加研发阶段的技术投入,提升玩家在游戏过程中的体验;另一方面需要加大对游戏设计、游戏内容、游戏理念等方面的非技术创新的投入力度,提升客户的感知价值。

2. 游戏公司的创新价值

虽然客户价值具有一定的主观性,但对于游戏公司而言,客户价值的获取却更多取决于游戏产品的创新,也即游戏公司的创新价值。游戏公司的创新价值主要来源于技术创新和非技术创新。所谓技术创新是指在游戏建模、游戏画面、游戏模式等方面的创新,这种创新往往涉及游戏公司知识产权、专利和人力资本(技术型人才)等方面的投入。一方面,游戏建模、美工设计等均需要大量的研发投入,而该类研发投入所带来的知识产权对于游戏公司而言,又属于能对游戏产品和游戏服务价值产生影响的异质性"特殊资源";另一方面,一个好的故事背景以及独特虚拟世界的构建在使游戏本身具备"难以模仿性"的同时,也创造了游戏的特殊文化价值。非技术创新则是指营销、体验等方面的创新。随着游戏设备不断更新,游戏市场上不断涌现一些创新的游戏体验模式,同时不同的新游戏背景设定也吸引着大量新玩家进入,从而非技术创新也成为影响游戏产品核心竞争力的关键因素之一。

从吉比特公司的发展来看,该公司的成功崛起,主要基于其对游戏产品的自主研发,无论是先前的"问道"还是后来备受欢迎的"不思议迷宫",都是吉比特公司自己设计和创作的游戏。通过创新来获得新的游戏用户和游戏收入,成为该公司发展的核心思路。在游戏产品的技术创新方面，吉比特公司坚持游戏的自主研发，不断对游戏建模、软件制作等关键技术进行研发和投入，通过流畅的游戏体验吸引了一批又一批游戏用户，其游戏内容新颖、独特，深受广大玩家的喜爱；在非技术创新方面，该公司结合中国优秀传统文化，并以此作为核心卖点通过合理的游戏模式、运营模式上的创新，给游戏玩家带来了不同于其他国产游戏的体验。此外，吉比特公司还致力于打通游戏产业链的上下游，围绕其产品推出了手游、端游等一系列游戏产品，节约了游戏在发行和销售过程中的代理费用，丰富了游戏产品的盈利方式，提升了整个企业的创新价值。

3. 游戏公司价值评估方法的适用性分析

经营特征以及相应的价值增值驱动因素成为企业价值评估方法选择的基本依据。从成本法来看，游戏公司价值受诸多非财务因素影响，单纯依靠财务数据评估会导致估值结果不够准确；同时，游戏产品涉及诸多无形资产，采用成本法也缺乏合理性。从收益法来看，一方面，游戏公司现金流不仅受到自身运营模式等的影响，而且受到整个市场环境和游戏行业发展趋势的影响，未来现金流难以预测；另一方面，采用过去时段的 WACC 作为必要收益率的做法，也与游戏产品开发及运营过程中收益率的较大波动不相适应。从市场法来看，当前主要通过构建价值乘数模型来具体化市场法的运用。其中，在企业价值评估实务中最为常见的市盈率价值乘数模型（PE 估值法）更加关注企业的盈利能力，尤其在企业信息披露质量较高、二级市场发展较为成熟的市场中有较高的准确性；相较而言，市销率价值乘数模型（PS 估值法）侧重于企业的销售收入，除了收入主要依赖于其他关联企业的情况，只要企业销售收入为正，无论其净利润是否为负，均可使用该方法进行价值评估；而由于大多数情况下企业的净资产往往大于零，市净率价值乘数模型（PB 估值法）适用范围更加广泛，且对于净资产较高的企业的估值更加准确。可以看出，市盈率、市销率和市净率相关的三种价值乘数模型均是通过计算行业平均的价值乘数值以及确定标的公司的具体资产或收益数值来计算企业价值。对于游戏公司而言，其在行业中所处生命周期、采用运营模式以及其游戏产品在数量、所处研发阶段方面的较大差异决定了选取行业平均市盈率等作为乘数有可能存在失真情况，从而虽然相关价值乘数模型具有广泛的适用性，但使用与目标公司贴近程度更高的可比公司价值乘数替代原模型中行业平均价值乘数，仍成为游戏公司价值评估市场法运用必须改进的步骤。

四 基于熵权法的市场法改进

截至 2020 年 6 月 30 日，我国涉及游戏的上市公司共计 197 家，相对充足的数量为选取在生命周期、运营模式、创新模式等方面相似度较高的游戏公司作为参照公司创造了条件。基于游戏公司所处的不同生命周期阶段及其所选择的不同运营模式与创新模式导致的企业价值构成上的差异，本案例进一步引入熵权法，计算所使用的各指标的权重，明确可比案例与评估对象的相似程度，从而改进市场法在游戏公司价值评估中的运用。

（一）权重确定方法的选择

因子集中各因子所占权重又称为隶属度。由于评价的对象不同，权重分配的过程也有所差异，其可通过层次分析、模糊统计、专家打分和信息熵运用予以实现。其中，模糊统计法较为烦琐，需进行大量试验才能保证隶属度有效且稳定；专家打分法则取决于专家的专业程度，具有一定的主观性；而依据特征指标变异程度实现权重分配的熵权法则因为能最大限度地降低评估过程中的主观性，被广泛应用于环境、工程、经济等多个研究领域。本案例亦是选择熵权法对模糊物元模型进行赋权。

熵值计算过程中，所得数值越小其变异程度越高，所包含信息也越复杂，从而在整个评价过程中的作用以及所分配到的权重也就越大。熵权法使用步骤具体如下。

首先，需对各个指标具体数值进行标准化处理，本案例的处理以

"最大-最小"原则进行，具体公式如下：

$$Y_{ij} = \frac{X_{ij} - \min(X_j)}{\max(X_j) - \min(X_j)} \quad (2-1)$$

式（2-1）中，X_{ij} 为评估对象特征集与评价集关系矩阵的具体数值，Y_{ij} 为离差归一化后的特征值，$\min(X_j)$ 为矩阵第 j 列中 X 的最小值，$\max(X_j)$ 为最大值。

其次，求各指标在第 j 类方案或属性中所占的比重，以度量该指标的变异程度：

$$W_{ij} = \frac{Y_{ij}}{\sum_{i=1}^{m} Y_i} \quad (2-2)$$

式（2-2）中，W_{ij} 代表指标在此类方案中所占的比重，m 为样本数。

再次，根据熵的定义，计算熵值：

$$E_j = -k \sum_{i=1}^{m} W_{ij} \ln W_{ij} \quad (2-3)$$

其中，$k = 1/\ln m$。

最后，计算特征指标权重 ω_j 与综合评分 S：

$$\omega_j = \frac{E_j}{\sum_{j=1}^{n} E_j} \quad (2-4)$$

$$S = \sum_{i=1}^{m} \omega_j \cdot Y_{ij} \quad (2-5)$$

（二）基于熵权法改进市场法

如前所述，游戏公司价值评估不仅需要综合考虑盈利能力、企业规模、运营能力等因素，同时还要考虑游戏公司本身所具备的创新价值和客户价值等因素，由于这些因素本身的属性、计算所用的指标各不相同，因素与因素之间的关系、因素对于整体的影响都很难确定。

引入熵权法可以在保留各个因素有效信息的基础上，考量各因素对游戏公司价值的整体影响。

同时，在游戏公司的价值评估中，运用市场法可以避免收益法、成本法的一些固有缺陷，但在具体使用过程中，可比公司和价值乘数的选择成为该方法合理、准确评估的关键。从评估实践来看，市场法中乘数一般设定为行业内价值乘数的平均值，但基于游戏企业间的较强异质性，行业平均值显然并不具有显著的代表性。引入熵权法进行分析，通过计算各个拟可比公司的贴近度，可以在综合考量影响游戏公司价值的各个因素基础上，找出与目标公司最为相似的公司，并在此基础上计算价值乘数，从而所得结果也更加客观、准确。

整体而言，在市场法中引入熵权法的优势在于：一是可以充分考虑游戏行业特殊性，利用熵权法对各个因素进行合理赋值，将影响游戏行业的各方面因素均纳入考察范围；二是熵权法能有效解决市场法价值乘数确定中存在的问题，通过找出与目标公司极为贴近的可比公司，可以得到更为合理的"理论上的可比公司"价值乘数。

（三）游戏公司价值评估的特征指标体系构建

类似于一般企业，企业规模、运营能力、盈利能力、偿债能力等仍然是游戏公司价值的重要影响因素，而关于这些因素的衡量指标选择，国内已有较为充分的研究，主要集中在财务指标上。参照相关研究，本案例选择营业收入、净利润、净资产三个绝对指标刻画游戏公司的规模，选择应收账款周转率刻画游戏公司的运营能力，选择流（速）动比率、资产负债率衡量企业的偿债能力，选择主营业务收入增长率和总资产增长率作为企业成长能力指标，以刻画其所处生命周期，选择营业毛利率、资产利润率和净资产利润率反映企业盈利能力。

$$R_{应收账款周转率} = \frac{E_{赊销收入净额}}{E_{应收账款平均余额}} \qquad (2-6)$$

应收账款周转率一般用于衡量一个企业回收账款的期限，该比率越高说明回收期限越短，资金周转速度越快。

$$R_{速动比率} = \frac{E_{速动资产}}{E_{流动负债}} \tag{2-7}$$

$$R_{流动比率} = \frac{E_{流动资产}}{E_{流动负债}} \tag{2-8}$$

速动比率与流动比率两个指标较为相似,主要用于衡量企业应对流动性风险的能力,比率数值越大则应对流动性风险的能力越强。

$$R_{资产负债率} = \frac{E_{总负债}}{E_{总资产}} \tag{2-9}$$

资产负债率反映总资产中有多大比例是通过负债取得的,衡量企业清算时对债权人权益的保障程度,比值越高则债务风险越大。

$$R_{总资产周转率} = \frac{E_{销售收入}}{E_{总资产}} \tag{2-10}$$

营业毛利率是营业毛利额与主营业务收入之间的比率,其反映了企业每一单位营业收入中毛利额的含量,该指标是净利润的基础,主要用于对企业盈利能力的分析。

$$R_{营业毛利率} = \frac{E_{营业毛利额}}{E_{主营业务收入}} \tag{2-11}$$

盈利能力是市场竞争力的重要体现。通过刻画利润与占用资产间的关系,资产利润率能够在很大程度上反映企业的经营与盈利能力,而对于投资人来说,是否继续持有和增加该企业的股权,往往取决于这家企业的净资产利润率。

$$R_{主营业务收入增长率} = \frac{E_{主营业务总收入增长额}}{E_{上期主营业务收入}} \tag{2-12}$$

$$R_{总资产增长率} = \frac{E_{总资产增长额}}{E_{上期总资产}} \tag{2-13}$$

主营业务收入增长率能够体现出企业的发展阶段,较高的主营业务收入增长率意味着企业处于蓬勃发展的初创期,而该比例逐渐下降甚至趋于负值,则意味着企业愈加成熟且逐渐衰退;总资产增长率衡量了整个企业的资产规模增长速度,与主营业务收入增长率类似,其

企业价值评估：理论创新与方法应用

也能反映企业所处发展阶段。

根据创新价值理论，企业创新能力由技术创新能力与非技术创新能力两个部分构成。游戏建模过程中的各种技术创新投入，主要包括技术与人力资本投入，而最终游戏产品的好坏也与制作团队、研发的投入直接相关。同时，对于游戏画面的美工、游戏故事的编写、游戏人物的创造以及游戏运营过程中运营模式的选择等非技术创新的投入也对游戏公司营收产生重要影响。本案例选择研发投入强度、研发人员占比以及销售费用率刻画游戏企业的创新能力。

$$R_{研发投入强度} = \frac{E_{研发投入}}{E_{营业收入}} \quad (2-14)$$

研发投入强度用于衡量企业科技投入的力度。

$$R_{研发人员占比} = \frac{E_{研发人员数}}{E_{员工数}} \quad (2-15)$$

研发人员占比主要用于衡量游戏企业对科技人才的投入。

$$R_{销售费用率} = \frac{E_{销售费用}}{E_{营业收入}} \quad (2-16)$$

销售费用率对于不同类型、不同发展阶段的企业的意义有所不同，对于游戏企业而言，除支付给销售平台及其他销售商的费用外，广告宣传支出也十分重要，其是向用户宣传产品文化内核以吸引用户的主要方式。

综上所述，游戏公司价值综合评价指标体系如表2-1所示。

表2-1 游戏公司价值综合评价指标体系

一级指标	二级指标
企业规模综合评价指标	营业收入
	净利润
	净资产

续表

一级指标	二级指标
运营能力综合评价指标	应收账款周转率
偿债能力综合评价指标	速动比率
	流动比率
	资产负债率
盈利能力综合评价指标	营业毛利率
	资产利润率
	净资产利润率
成长能力综合评价指标	主营业务收入增长率
	总资产增长率
创新能力综合评价指标	研发投入强度
	销售费用率
	研发人员占比

（四）基于熵权法的游戏公司价值评估模型

依据游戏公司价值影响因素特征指标的选取，构建基于熵权法的游戏公司价值评估模型：首先，选取多家拟可比公司的多项指标作为评价集，并根据各拟可比公司的特征指标构建特征矩阵及对矩阵进行处理，得到拟可比对象矩阵 G_{mn}；其次，对拟可比对象矩阵进行 Box-Cox 变换，即对连续的、正值的、偏斜分布的数据进行变换，得到差幂拟可比对象矩阵 G'，在对该矩阵进行标准化处理的基础上对其熵权赋值，并通过计算各个特征指标的熵权得出各因素对企业价值的影响程度；再次，根据各个指标的熵权，选用 $M(\cdot, \oplus)$ 算子计算各拟可比公司与目标公司的贴近度，并根据贴近度选择可比公司，进而对符合标准的可比公司进行赋权，构造出一个理想的可比公司；最后，根据所选择可比公司的权重以及各家公司的市盈率、市净率和市销率，得出理想可比公司的市盈率、市净率和市销率作为价值乘数，最终完成对游戏公司价值评估市场法的修正。具体修正公式如下：

$$V = PE \times E \qquad (2-17)$$

$$V = PS \times S \qquad (2-18)$$
$$V = PB \times B \qquad (2-19)$$

其中，V 为目标企业的每股价值，PE、PS 和 PB 分别为加权后的可比公司市盈率、市销率和市净率，E、S、B 分别为每股净收益、每股营业收入与每股净资产。

五　吉比特游戏公司价值评估

吉比特作为上市游戏公司，专注于研发游戏技术、搭建游戏模型和创作游戏故事，致力于打造优秀游戏产品、开发新颖游戏软件，是国内较为知名的游戏开发商之一。

（一）拟可比公司选择与价值乘数的确定

以主营业务是否为游戏业务为标准，本案例选取了三七互娱、昆仑万维、宝通科技、姚记科技、电魂网络、掌趣科技和世纪华通7家A股上市游戏公司作为拟可比公司。7家公司的主要特征指标见表2-2。

表2-2　所选取拟可比公司及其主要指标（2020年）

指标	三七互娱	昆仑万维	宝通科技	姚记科技	电魂网络	掌趣科技	世纪华通
营业收入（亿元）	144	46.3	26.38	25.62	10.24	17.89	149.8
净利润（亿元）	30.36	56.45	4.41	11.34	4.119	3.124	29.73
净资产（亿元）	60.65	134.6	30.85	21.14	22.59	55.315	299.5
应收账款周转率	11.74	9.774	4.525	12.72	9.897	10.36	3.738
速动比率	1.289	1.181	1.382	0.894	2.78	4.512	1.253
流动比率	1.289	1.181	1.591	1.130	2.781	4.550	1.313
资产负债率（%）	42.59	22.95	35.27	45.6	25.11	11.07	29.94
营业毛利率（%）	87.79	71.8	40.83	57.21	86.09	72.13	55.86
资产利润率（%）	29.32	40.72	10.04	32.84	14.91	5.12	7.92
净资产利润率（%）	34.84	62.45	15.67	60.77	19.07	5.75	10.6

续表

指标	三七互娱	昆仑万维	宝通科技	姚记科技	电魂网络	掌趣科技	世纪华通
主营业务收入增长率（%）	8.86	46.97	6.56	47.52	46.98	10.64	1.97
总资产增长率（%）	4.04	70.18	18.56	28.63	20.16	3.89	32.11
研发投入强度（%）	7.73	6.06	2.76	5.37	16.21	26.91	9.99
销售费用率（%）	57.03	30.73	18.69	18.76	22.41	21.26	17.8
研发人员占比（%）	57.68	56.57	28.22	41.51	51.82	75.38	51.24

资料来源：东方财富网。

由于市销率价值乘数模型更加侧重于企业的销售收入，而游戏产业涉及游戏研发、游戏发行、游戏销售等多个环节，同时游戏公司价值与游戏发行商、代理商营销能力的关系也较大，因此市销率价值乘数模型并不适用于游戏公司的价值评估。同时，考虑到市净率价值乘数主要适用于以有形资产为主的企业，不适用于游戏公司的价值评估，故本案例所选择的价值乘数为市盈率。市盈率法又分为动态市盈率法和静态市盈率法，由于较之静态市盈率法，动态市盈率法将企业未来成长性和投资者对企业未来预期考虑在内，因此动态市盈率法更具优势。

（二）相关数据处理

由于营业收入、净利润、净资产三项绝对指标基数较大，首先对其取对数，进而通过计算得到吉比特公司价值评估的拟可比对象矩阵G_{mn}，该矩阵如表2-3所示。

表2-3 拟可比对象矩阵G_{mn}

	N1	N2	N3	N4	N5	N6	N7
C1	1.501	1.158	0.988	0.979	0.702	0.871	1.513
C2	1.318	1.558	0.573	0.938	0.547	0.440	1.310

企业价值评估：理论创新与方法应用

续表

	N1	N2	N3	N4	N5	N6	N7
C3	1.095	1.308	0.915	0.814	0.832	1.071	1.521
C4	0.869	0.723	0.335	0.942	0.733	0.767	0.277
C5	0.385	0.353	0.413	0.267	0.830	1.347	0.374
C6	0.385	0.353	0.475	0.337	0.830	1.358	0.392
C7	2.013	1.085	1.667	2.155	1.187	0.523	1.415
C8	1.020	0.835	0.475	0.665	1.001	0.838	0.649
C9	1.504	2.089	0.515	1.685	0.765	0.263	0.406
C10	1.124	2.014	0.505	1.960	0.615	0.185	0.342
C11	0.336	1.782	0.249	1.803	1.782	0.404	0.075
C12	0.173	3.008	0.796	1.227	0.864	0.167	1.376
C13	0.492	0.386	0.176	0.342	1.032	1.713	0.636
C14	5.227	2.817	1.713	1.720	2.054	1.949	1.631
C15	0.987	0.968	0.483	0.710	0.887	1.290	0.877

注：矩阵中 C1 至 C15 分别代表营业收入、净利润、净资产、应收账款周转率、速动比率、流动比率、资产负债率、营业毛利率、资产利润率、净资产利润率、主营业务收入增长率、总资产增长率、研发投入强度、销售费用率、研发人员占比等指标；N1 至 N7 分别代表三七互娱、昆仑万维、宝通科技、姚记科技、电魂网络、掌趣科技、世纪华通 7 家拟可比公司。下表同。

基于以上复合矩阵，令 $\Delta_{ij}=|x_{ij}-x_{0j}|^{\rho}$，组成差幂拟可比对象矩阵 G_{Δ}，由于后续要计算贴近度，此处令 $\rho=1$，由此得到差幂拟可比对象矩阵，如表 2-4 所示。

表 2-4 差幂拟可比对象矩阵 G'

	N1	N2	N3	N4	N5	N6	N7
C1	0.501	0.158	0.012	0.021	0.298	0.129	0.513
C2	0.318	0.558	0.427	0.062	0.453	0.560	0.310
C3	0.095	0.308	0.085	0.186	0.168	0.071	0.521
C4	0.131	0.277	0.665	0.058	0.267	0.233	0.723
C5	0.615	0.647	0.587	0.733	0.170	0.347	0.626
C6	0.615	0.647	0.525	0.663	0.170	0.358	0.608

续表

	N1	N2	N3	N4	N5	N6	N7
C7	1.013	0.085	0.667	1.155	0.187	0.477	0.415
C8	0.020	0.165	0.525	0.335	0.001	0.162	0.351
C9	0.504	1.089	0.485	0.685	0.235	0.737	0.594
C10	0.124	1.014	0.495	0.96	0.385	0.815	0.658
C11	0.664	0.782	0.751	0.803	0.782	0.596	0.925
C12	0.827	2.008	0.204	0.227	0.136	0.833	0.376
C13	0.508	0.614	0.824	0.658	0.032	0.713	0.364
C14	4.227	1.817	0.713	0.720	1.054	0.949	0.631
C15	0.013	0.032	0.517	0.290	0.113	0.290	0.123

表 2-4 中的数值代表了 7 家拟可比公司在 15 个具体评价指标上与吉比特公司的接近程度，数值越接近于 0 说明接近程度越高，即在该项指标上两家公司的相似程度越高。为了更加全面地比较各个公司与目标公司的贴近程度，需确定各个指标的熵值，并在此基础上进一步计算可比公司与目标公司的贴近度。

（三）熵权赋值

本案例采用熵权法对特征指标进行赋权，特征指标的熵权越大，说明其在评价过程中越重要。同时，由于各个指标的单位或量纲有所区别，根据"最小-最大"方法对各个指标进行无量纲化处理，并将无量纲化后的数值全部正向移动一个单位，进而通过熵权法计算各个指标的权重，计算结果如表 2-5 所示。

表 2-5 各个指标熵权

C1	C2	C3	C4	C5	C6	C7	C8	C9	C10	C11	C12	C13	C14	C15
0.077	0.071	0.063	0.083	0.050	0.043	0.085	0.085	0.067	0.067	0.069	0.058	0.060	0.040	0.082

可以看出，各个指标的权重均较为接近，说明企业规模、运营能力、偿债能力等因素都对游戏公司价值产生影响。其中，研发人员占

比的权重为8.2%，高于研发投入强度的权重（6.0%），说明创新型人力资本的投入对游戏公司价值的影响要大于创新型资本投入。

（四）可比公司选择与目标公司估值

根据所得熵权，使用$M(\cdot, \oplus)$算子计算贴近度，并对贴近度进行排序，结果如表2-6所示。

表2-6　拟可比公司贴近度

	电魂网络	掌趣科技	宝通科技	姚记科技	世纪华通	三七互娱	昆仑万维
排名	1	2	3	4	5	6	7
贴近度	0.703	0.515	0.501	0.496	0.484	0.322	0.320

根据上述结果，基于贴近原则，选择贴近度大于0.5的公司作为可比公司，得到的可比公司分别为电魂网络、掌趣科技和宝通科技。进一步以各可比公司的贴近度占所有可比公司贴近度之和的比重来确定各可比公司的权重，结果如表2-7所示。

表2-7　可比公司权重

	电魂网络	掌趣科技	宝通科技
权重	0.409	0.300	0.291

根据三家可比公司市盈率指标（见表2-8），计算得出吉比特游戏公司的市盈率价值乘数：$Mpe = 25.60$。最终结果显示，使用市盈率估值法计算的吉比特公司内在价值为每股373.19元，而2020年12月31日吉比特公司30日均线每股价格为360.91元，两者较为接近，仅相差3.40%，这在很大程度上验证了本案例改进的市盈率价值乘数模型的适用性。

表2-8　可比公司市盈率（2020年）

	电魂网络	掌趣科技	宝通科技
市盈率	19.19	42.58	17.12

资料来源：同花顺。

六 研究结论

与传统企业相比,游戏公司价值不仅受企业规模、成长能力、运营能力等因素影响,同时作为一类新型的互联网公司,游戏公司的企业价值更体现为创新价值以及与之关联的客户价值。本案例在综合考虑游戏公司技术创新与非技术创新以及传统价值影响因素的基础上,引入熵权法,对市场法运用中的可比公司选择与市盈率价值乘数使用进行了优化,而在以吉比特公司为案例的改进方法运用中,评估结果与其真实市价之间较小的偏差也验证了改进方法的合理性。本案例具体结论如下。

第一,通过研究相关创新价值理论与客户价值理论,并结合相关资产评估实务,本案例认为创新能力较之于企业规模、运营能力等因素对游戏公司价值存在更大的影响,从而在游戏公司的价值评估中,不仅要考虑传统财务指标,更应充分考虑反映技术创新能力及非技术创新能力的特征指标。

第二,市场法的本质在于选择或构造一个与目标企业高度相似的可比公司,进而通过比较得出合理的市场价值。引入熵权法可以在很大程度上解决可比公司的选择较为随机、权重确定较为主观以及传统乘数难以确定的问题,从而使估值结果更加客观合理。

本章进一步研究的两个方向:一是对于成熟的游戏公司而言,其客户往往同时购买该公司的多个游戏产品或者多项服务,从而客户数量并不能简单进行加总,如何确定客户数量以及客户所带来的价值需要进一步讨论;二是随着游戏公司经营的多元化,可综合考量游戏开发、发行、销售等各个产业环节对游戏公司价值的影响,并将其纳入价值评估模型。

参考文献

曹勇,苏凤娇.高技术产业技术创新投入对创新绩效影响的实证研究——基于全产业及其下属五大行业面板数据的比较分析［J］. 科研管理, 2012, 33 (9): 22-31.

陈修德, 彭玉莲, 卢春源. 中国上市公司技术创新与企业价值关系的实证研究［J］. 科学学研究, 2011, 29 (1): 138-146.

崔劲, 贺晓棠. 企业价值评估中市场法的改进［J］. 中国资产评估, 2018 (9): 39-43+57.

崔也光, 姜晓文, 齐英. 现金流不确定性、研发投入与企业价值［J］. 数理统计与管理, 2019, 38 (3): 495-505.

杜义飞, 李仕明. 产业价值链：价值战略的创新形式［J］. 科学学研究, 2004 (5): 552-556.

高闯, 关鑫. 企业商业模式创新的实现方式与演进机理——一种基于价值链创新的理论解释［J］. 中国工业经济, 2006 (11): 83-90.

高锡荣, 杨建. 互联网企业的资产估值、定价模型构建及腾讯案例的蒙特卡洛模拟分析［J］. 现代财经（天津财经大学学报), 2017, 37 (1): 90-100.

韩卉. DCF 模型在网络游戏企业价值评估中的应用［D］. 云南大学, 2017.

胡晓明, 赵东阳, 孔玉生, 赵弘. 企业异质与可比公司赋权——基于并购的非上市公司估值模型构建与应用［J］. 会计研究, 2013 (11): 53-59+96.

刘祥剑. 基于用户流量的互联网企业会计估值问题研究［J］. 中国总会计师, 2018 (12): 82-83.

吕峻. 管理层激励结构、研发投资与公司价值［J］. 投资研究, 2019, 38 (7): 105-118.

罗福凯, 于江, 陈肖丹. 高端装备制造上市企业技术资本测度及收益分析［J］. 经济管理, 2013, 35 (11): 59-70.

潘惠中. 基于 DEVA 模型的游族网络价值评估研究［D］. 湖南大学, 2018.

施焱旻. 中国互联网企业估值研究［D］. 上海交通大学, 2014.

吴敏华. 收益法在网络游戏企业价值评估中的应用分析［D］. 首都经济贸易大学, 2015.

吴延兵. 不同所有制企业技术创新能力考察［J］. 产业经济研究, 2014 (2): 53-64.

武宇超. EVA模型在游戏直播企业价值评估中的应用研究——以欢聚时代公司为例［D］. 暨南大学, 2020.

许秀梅. 技术资本与企业价值——基于人力资本与行业特征的双重调节［J］. 科学学与科学技术管理, 2015, 36 (8): 150-159.

姚霞波. 基于EVA模型的掌趣科技企业价值评估研究［D］. 南京邮电大学, 2020.

曾逸云. 基于B-S期权定价模型的移动游戏企业价值评估研究［D］. 江西财经大学, 2019.

张茜雨. 基于EVA的网络游戏企业价值评估——以恺英网络为例［D］. 江西财经大学, 2020.

赵春芳. 基于用户价值视角的手游企业价值评估——以创梦天地为例［D］. 天津财经大学, 2020.

赵欢. 改进Ohlson模型在互联网企业价值评估中的应用［J］. 财会通讯, 2019 (8): 13-17.

中国资产评估协会课题组. 2019年度我国主板市场资产评估情况统计分析报告［J］. 中国资产评估, 2021 (4): 4-10.

朱伟民, 姜梦柯, 赵梅, 等. 互联网企业EVA估值模型改进研究［J］. 财会月刊, 2019 (24): 90-99.

Daniel G, Jacek E, Lucia D. Influence of Government Grants to the Future Based Evaluation Methods During Economic Crises［J］. Acta Montanistica Slovaca, 2009, 14 (2): 168-176.

Kang W I, Hao Y, 이지원. A Study on the Influence of Brand Level Evaluation on Overall Company Evaluation［J］. The Knowledge Management Society of Korea, 2011, 12 (3): 27-37.

Parboteeah P, Jackson T, Wilkinson N. A Theoretically Grounded Model to

Reduce the Risk of Knowledge Loss in Organisations: An Energy Company Evaluation [J]. Knowledge and Process Management, 2016, 23 (3): 171-183.

Qi Y, Li X. Exploring the Roles of Government Involvement and Institutional Environments in the Internationalization of Chinese Internet Companies [J]. Chinese Journal of Communication, 2020, 13 (1): 1-21.

第三章　移动短视频直播平台企业价值评估：以快手科技为例[①]

伴随移动互联网的普及与智能设备、移动基建等领域的飞速发展，信息全面且极富创造力的社区型平台——移动短视频直播平台日渐盛行。自2016年底进入主动运营时代开始，移动短视频直播平台已经历了连续多年的快速增长期，在用户数量不断增长及行业内竞争日益激烈的趋势下，相关企业重组、并购、上市等资本运作活动也逐渐增加，迫切需要与移动短视频直播平台营业特征相适应的评估方法，对其企业价值进行合理评估。然而，由于兴起时间较短，可利用的财务报表等历史资料及其涵盖的可用数据均较少，同时企业整体经营常处于亏损状态，且难以预测其未来收益，再叠加业务的复合性，传统估值方法往往难以评估移动短视频直播平台这类新兴企业。

本案例在对移动短视频直播平台企业价值内涵进行界定的基础上，详细分析了移动短视频直播平台用户资源构成商业模式核心要素、用户内容创造特征明显、非主营业务成本影响较大、社区属性显著、应用黏性更强、马太效应显著、无形资产重要性凸显、双边网络效应显著、收益不稳定且常为负值等企业特征，并据此对常见互联网企业价值评估方法的适用性进行了逐一分析。研究发现，虽然实物期权模型对移动短视频直播平台企业价值评估具有基础的适用性，但对用户价值相关指标考察的缺失，以及对企业未来经营不确定性和相关业务特

[①] 本章案例原创：白林鹭；案例校正与修改：刘志坚、张艳、平一杉。

性关注的不足，决定了单一的实物期权模型在其价值评估中存在较大的局限性。鉴于此，本案例引入与实物期权模型具有较强互补性的梅特卡夫定律，既考虑用户资源价值以及发展的不确定性，也修正未体现在历史业绩中的企业经营策略和模式、内容生态建设成果等因素对直播平台未来潜在盈利能力的影响，从而根据行业业务特征从用户价值角度对实物期权模型进行改进。

利用改进与未改进实物期权模型分别对案例企业——快手科技公司进行价值评估，结果显示，与评估基准日快手科技市值相比较，改进实物期权模型得到的评估值与市值仅相差11.8%，而未改进实物期权模型评估值则与市值相差极大，由此也从侧面证明了本案例改进的评估模型评估移动短视频直播平台企业价值的合理性与准确性。

一 案例背景

随着移动互联网的普及以及智能设备、移动基建等领域的快速发展，尤其是4G网络的全面覆盖与5G新基站的大量建设，人们可以以更加便宜的资费获得更加快捷的网络，从而不再仅仅满足于传统文字和图片的分享，拍短视频、开直播等全新的交流形式逐渐成为潮流。与此同时，这也催生并促进了互联网中一个全新行业——移动短视频直播行业的发展。近十年的时间里，该行业就以惊人的增长速度吸引了数量庞大的用户群体，并形成了抖音、快手占据行业头部，多强跟进切入市场的格局。在用户数量不断增长与行业内竞争日趋激烈的趋势下，移动短视频直播行业相关企业的上市、并购、重组等资本运作活动也日益增多，迫切需要对其价值进行合理而准确的评估。

我国移动短视频直播行业首个上市企业——快手科技于2021年在港交所成功上市，上市首日股价增长近两倍，市值突破万亿港元，达1.38万亿港元，并一举超越百度、小米以及京东等知名传统互联网企业，成为中国互联网领域第五大上市公司。快手科技市值在同年2月17日达到1.74万亿港元的峰值。然而，在经此高点后短短不到一个月的时间,其市值便狂泻至7000余亿港元,且持续震荡下跌至9月的不到4000亿港元。仅仅七个月时间,快手科技估值猛跌超一万亿港元,明显体现了其实际企业价值与其初始估值的不匹配。因此,以快手科技为鉴,无论是日趋激烈的竞争环境,还是与日俱增的融资需求,抑或是空中楼阁般的估值泡沫,都对移动短视频直播平台企业价值评估方法提出了更高的要求。

由于移动短视频直播平台企业兴起时间较短、可利用财务报表及其涵盖的可用数据较少,同时前期高投入常使其整体经营处于负盈利状态,传统估值方法往往难以评估该类新兴企业。基于此,本案例选取快手科技作为案例企业,对移动短视频直播平台企业的价值评估方法展开研究。作为我国移动短视频直播平台领域的上市第一股,较之于行业内其他非上市公司而言,快手科技的业绩等信息披露更为充分细致,便于数据的收集与整理。同时,作为上市公司,快手科技在二级市场上有足量的流通股份,交易更为活跃且价格清晰可查,便于为估值结果提供参照。而更为重要的是,快手科技作为移动短视频直播平台行业的龙头企业之一,近年来用户数量节节攀升,运营和盈利模式在行业中较具典型性。对快手科技的价值评估进行的案例研究,能对业内其他企业的价值评估起到良好的借鉴作用。

二 相关理论研究

作为互联网行业的一大分支,移动短视频直播平台主要业务兼具视频与直播两大模块,从而相关研究主要从互联网、网络直播以及互联网视频三大领域对其价值评估方法进行探讨。相关方法主要包括现金流折现法(DCF)、经济增加值法(EVA)、实物期权法、相对估值法以及用户价值相关方法,以及以这些方法为基础进行的改进。而近年来随着互联网企业流量价值的日渐显著,评估界越来越多的学者开始专注于从用户价值角度对互联网企业价值展开评估。

在传统互联网领域,Meeker(1995)基于摩尔定律和梅特卡夫定律提出了股票价值折现分析法（DEVA），认为互联网企业价值与用户价值的平方成正比；而 Briscoe 等（2005）在认真研究 20 世纪 90 年代互联网泡沫后，将该结论修正为网络增长的价值与用户数成正比，且用户数的增长是有限制的。国内学者则进一步寻求在 DEVA 方法上的适用性改进，杜鑫（2016）在考虑了互联网企业用户广、资产轻、不确定性等特点后，为 DEVA 模型添加了调整系数；胡晓明和朱羽灿（2019）以拇指游玩并购为案例，结合对互联网发展形势的判断，量化了并购的协同效应，并在对用户价值界定、预测等方法进行创新的基础上改进了 DEVA 方法；韩兴国和许继博（2021）利用熵权法对互联网企业各项指标，尤其是用户规模、研发能力等非财务指标进行了权重分析，并将其纳入 DEVA 模型，而相关案例研究也验证了该改进模型的合理性。

在细化的网络直播领域，相对于对平台企业的直接估值而言，国外学者更加关注影响用户选择的因素、网络直播平台面临的困境以及涉及行业未来发展的价值指标。Tang 等（2016）认为与主流社交软件合作带来的大量社交性用户是网络直播企业兴起的主要原因，而通过采访调查形式对 Meerkat 和 Periscope 两个网络直播平台观众及主播进行的调查分析，也表明平台主播的内容多样性与真实性是影响直播受众接受度和活跃度的关键因子。Moffitt 和 Uslay（2016）则在 Periscope 被 Twitter 收购一年后，对 Periscope 的价值及其影响因素进行了分析，研究结果显示，更多的用户数与有趣真实的直播内容所带来的高活跃度用户是影响网络直播企业发展空间的最重要因素。国内方面，蔡磊（2014）通过分析网络直播互动性强、受众广泛等优势以及技术瓶颈、管理缺陷等相应的制约问题，发现技术、管理、运作模式等都会对网络直播的发展产生影响。王可（2017）认为与企业目标受众所对应的网红等头部资源的增加，对网络直播企业的营销水平以及未来发展更具积极意义。汤子帆和左庆乐（2021）重点关注了用户价值、创新能力等 5 个方面的非财务指标，并结合直觉模糊层次分析法对指标的影响程度和权重进行了一一衡量，最终通过案例分析发现，用户价值是网络直播企业价值中最重要的组成部分，其次是创新能力。

在互联网视频领域，国外研究更多关注用户分享意愿、内容评价等价值贡献因素。Christian 等（2012）建立了 CBV（Customer-Based Valuation）模型，以企业用户留存率、获取成本、现有数量、单位价值贡献等客户指标分类统计为基础，对美国著名付费视频公司 Netflix 进行了价值评估，并与依据传统财务数据进行的评估相比较，结果表明客户指标数据对于网络视频企业价值具有显著影响。Chiang 和 Hsiao（2015）研究了 YouTube 等网络视频平台用户分享视频意愿的影响因素，建立了需求、环境、个人三个维度的指标框架并进行了相关的效度分析，发现社会准则和社群认同等环境因素以及视频分享的能力和自信等个人因素相较需求而言，对视频制作分享有更大的影响，而视频制作分享则对视频平台用户黏性影响显著。国内方面，邓可（2018）通过对比分析各视频公司的用户数据和估值历史发现，用户数和行业龙头地位在很大程度上影响了该类企业的估值，与用户相关的活跃度、付费率等因素可能比短期的收益更加值得关注。张小艳和戴博访（2019）从活跃用户、广告收益、核心业务等方面切入，基于梅特卡夫估值模型构建对企业价值上下限修正的公式，并通过估值验证了用户流量变现能力对于视频公司合理估值的重要性。田陌桑（2020）用爱奇艺案例展示了将传统财务数据替换为用户相关现金流数据的合理性，而相关结论也表明用户指标尤其是用户黏性指标的变动，对视频公司整体价值影响巨大。张雪梅和马心怡（2021）则是结合互联网企业的六个特征因素修正了 DEVA 模型，利用哔哩哔哩等互联网视频企业数据进行验证，结果同样得出活跃用户数对企业价值影响最大的结论。

综合来看，从沿用传统的市场法、DCF、EVA 等方法到 DCF 模型结合实物期权模型等方法，理论界逐渐开始从用户价值角度展开对互联网企业价值评估的探索，这在细化的网络直播领域和互联网视频领域体现得最为明显。然而，由于行业兴起时间较短，目前国内对网络直播企业及互联网视频企业的价值评估仍然主要基于以往对互联网企业的研究，在具体方法运用及改进中，行业业务特点所涉参数仍在不断丰富。同时，目前国内移动短视频直播平台上市公司仅快手科技一家，该类新兴互联网企业的相关估值文献极少，短视频所独有的业务特点对估值的影响也亟待深入研究。基于此，本案例将在分析移动短视频直播平台企业特征的基础上，结合用户价值领域的梅特卡夫定律对实物期权模型展开修正，并以快手科技为例验证改进方法的可行性，以期为移动短视频直播平台类企业的价值评估提供有意义的方法借鉴。

三 移动短视频直播平台企业特征分析

移动短视频直播平台在移动端聚合了短视频、网络直播、电商零售等多种业务，是以"短视频+直播"业务模式为主的新兴互联网企业。虽然与传统互联网企业一样存在营收增速快、经营风险高、账面价值与企业价值不匹配等特征，但独特的运营模式也决定了其特有的企业价值内涵以及不同的价值影响因素，这成为选择及改进其价值评估方法的基础。

（一）用户资源构成商业模式核心要素

一般而言，移动短视频直播平台主要有三大收入来源：线上营销服务收入、直播业务收入以及包括电商业务在内的其他服务收入。无论是以广告收费为主的线上营销服务收入，还是以直播打赏抽成为主的直播业务收入，抑或是以电商业务手续费为主的其他服务收入，均以平台用户资源为核心，直接或者间接来源于用户。即使没有来自直播打赏或电商产品购买等的直接付费，用户只要不断地刷视频，就会带来持续增长的播放量与点击量，从而吸引更多的广告商在平台投放广告并支付相关费用，这成为近年来移动短视频直播平台营收利润的核心增长点，也是其较为独特的高曝光率和高转化率的显著体现。而不同于以往的视频或直播企业，移动短视频单个视频时长短、频次高，同时独特的单列沉浸式观看和视频推荐模式又大大提升了其随机性和用户的沉浸感，这使得广告的播放频次、用户的接受度以及转化效率均大大提高，相应的收益自然也更为丰厚。

（二）用户内容创造特征明显

不同于其他类型平台只有版权电影、电视剧、录播视频以及只有少数主播才能作为内容创造者的情况，移动短视频直播平台是典型的UGC（User Generated Content）模式平台，在平台中人人均可以是内容创造者。这一特点哪怕是以新生代、生活分享等标签而知名的长视频直播平台哔哩哔哩也无法比拟。因为制约用户内容创造的因素不仅仅是内容分享的需求，还包含视频制作分享能力，其影响相对更大。普通人在没有接受过视频制作、剪辑等方面训练的情况下，很难完成一段几分钟甚至数十分钟的长视频拍摄、剪辑工作，同时日常生活中也难以有可以支撑长时间视频分享的特殊事件，从而大大制约了用户内容分享的行为。相对而言，几秒到几十秒的简短视频正好符合大部分普通用户的日常分享需求，而且移动短视频直播平台提供了大量的内容模板，自带修图、剪辑等配套功能，用户只需选取喜欢的模板进行简单的拍摄即可完成大部分的分享工作，简单快捷且能够保证质量，这也进一步凸显了平台用户内容创造的特征。

（三）非主营业务成本影响较大

对于传统的网络视频公司而言，电影、电视剧等核心资源的版权费用是相关主营业务的一大核心支出，核心资源的多少决定了企业用户数量和收益，这正是当前三大网络视频公司——"爱、优、腾"不断提高会员费用以支撑其版权购买的原因。相较而言，移动短视频直播平台有着更广泛的创作群体，不再受制于高额的版权费用，相应的主营业务成本较低。但是，移动短视频直播平台的视频推荐模式对于数据分析、视频推荐算法的要求更高，平台需要根据客户的需求精准推送相关类型的视频以提高用户的沉浸感和依赖性，这就需要不断进行大量的研发投入以及时更新算法、提高软件适用性。同时，随着行业竞争的加剧，平台之间争夺用户资源需要投入大量的资金进行营销，通过观看领红包等方式增加自身平台的用户数、提高用户活跃度等，这部分成本的占比甚至能达到移动短视频直播平台营收的50%以上。因此，研发投入、营销费用等非主营业务成本是对移动短视频直播平台经营影响更大的成本支出。

（四）社区属性显著

与以往的网络视频平台不同，移动短视频直播平台进一步强化了自身的社区属性。传统的视频公司和直播公司也有相应的社区建设，但仅局限于影片评论区、直播栏等板块，难以有效实现完整的社区化功能。即便是长视频直播平台哔哩哔哩，虽然在社区分类和建设上成效显著，但受前述用户创造中拍摄、剪辑等技术及大型素材的限制，也难以形成双向高效的社交型社区。移动短视频直播平台则有着更为简便快捷的制作与分享方式，用户可以任意与亲人、朋友、志趣相投的网友互相关注，并在文字交流的基础上，随时随地用简短的视频、快捷准确的推送方式、方便的直播功能来进行高效直观的交流。同时，强社区属性以及高效的社群认同又进一步提升了平台资源的丰富度和多样性，进而促进了移动短视频直播平台的可持续经营。

（五）应用黏性更强

就平台功能而言，相较于之前的网络视频平台与直播平台，用户不再只是为了观看有趣的视频或直播而使用平台，更是为了简便、快捷地创作分享属于自己的短视频，以此与平台社区的亲朋好友进行社交，从而移动短视频直播平台有着更强的平台黏性。就平台内容而言，高比例、多样化的创作者使得平台内容更加丰富多样，更能满足客户群体和场景的内容需求，从而又进一步提高了用户的内容黏性。因此，无论是在平台功能方面还是在平台内容方面，移动短视频直播平台的应用黏性相较以往的视频与直播平台以及其他互联网企业均有更大的提升。

（六）马太效应显著

强者占据优势而越发强盛、弱者越发贫弱的两极分化现象在移动短视频直播平台行业中十分明显。根据 Quest Mobile 的去重口径计算，截至 2021 年 9 月，短视频行业的 CR1、CR2 已分别升至 72.61%、90.47%，即快手和抖音两家的月活跃用户已覆盖行业整体用户的 90% 以上。头部企业在市场份额、用户数量、资金储备上均处于绝对优势地位，这些优势不仅能吸引更多的新用户，同时也能使短视频对应的线上营销广告效果更佳，由此带来的丰厚收入又可以使龙头企业在引流营销投入、人才培养、数据算法等方面得到进一步的提升，进而实现直播平台发展的良性循环。

（七）无形资产重要性凸显

移动短视频直播平台在增加知名创作型用户的同时，必须不断引进人才、提升技术水平以完善视频推荐算法等，这样才能不断改善用户的观看体验，并形成企业独特的竞争力。因此，对于移动短视频直播平台而言，人才、视频推荐算法、用户资源等无形资产十分关键。例如，快手科技在 2020 年 9 月改版的单列沉浸式精选页模式，以及以普惠分发为核心的算法推荐策略和技术等，均显著影响了快手科技产品特性，增加了其广告曝光量，进而提升了其业务货币化率。

（八）双边网络效应显著

现有主流移动短视频直播平台通过工具开发大大简化了短视频的制作与分享流程，让众多用户在使用 App 观看视频的同时也成为短视频的创作者。双边网络对应视频内容创作用户与视频观看用户，其特点在于一侧用户数的增加会为另一侧用户带来互补的价值，从而促进另一侧用户数的增加，这又反向形成新的互补价值，并最终形成正向循环。这体现在移动短视频直播平台领域，即创作者数量的增加及比例的提升能有效增加平台的视频资源，而内容及层次丰富的视频资源又会吸引更多的用户加入平台成为新的观众或创作者，从而显示出移动短视频直播平台显著的双边网络效应。

（九）收益不稳定且常为负值

作为新兴互联网企业，移动短视频直播平台在前期往往需要投入巨大营销资本以快速获得大量新客，且由于激烈的行业竞争，中期也常常需要进一步增加投入以改变原有营销策略，这导致平台现金流及收益的不确定性增加并常为负值。同样以快手科技为例，2020年其营销费达266亿元，而年度调整后其净亏损额高达79.5亿元。同时，由于移动短视频行业近两年的激烈竞争环境，快手科技即便是在2021年2月5日上市后，利润状况也未得到根本改善，其2021年营销费用增至442亿元，全年经营亏损达780亿元以上，经调整，净亏损额依然高达188.52亿元。

整体而言，移动短视频直播平台较之于传统互联网企业特征明显，同时由于可比公司较少、历史数据匮乏，以及月活跃用户数、用户日均使用时长、创作者数量、创作者月活占比、单位用户平均收入等非财务指标对于企业营收的影响更为关键，虽然各类常用的互联网企业价值评估方法对其均有一定的适用性，但各种方法不同程度的局限性也更加凸显。根本而言，移动短视频直播平台的企业价值主要依赖于其所拥有的用户资源，这决定了对其进行估值时必须重点考察用户价值指标以及与用户价值相关的业务特性。鉴于此，本案例将结合梅特卡夫定律，从用户价值角度对实物期权模型进行改进，以期更加准确地评估移动短视频直播平台类企业的价值。

四 评估模型的构建

基于梅特卡夫定律构建用户价值视角的实物期权模型，关键在于用户资源的量化、实物期权法中参数的修正与确定以及行业业务特征参数的引入。

（一）评估模型理论基础

1. 梅特卡夫定律概述

梅特卡夫定律认为，随着网络用户数的增长，用户之间的链接交互不断增加，网络产生的价值也就持续提升，并与节点数（用户数）的平方成正比。同时，梅特卡夫还认为互联网企业的成本与用户数呈线性关系，从而随着用户数量的增长，指数增长的网络价值必然覆盖线性增长的企业成本，企业也就会赢利。梅特卡夫定律的基本公式为：

$$V = K \times N^2 \tag{3-1}$$

其中，V 为网络价值，N 为网络中节点个数，即用户数，K 为商业化系数。在实际运用中，K 往往是一个综合性系数，经常被拆分为变现因子、用户的忠诚度与依赖度、溢价率系数等，以便更合理地进行相关价值评估。

2. Netoid 方程说明

梅特卡夫定律在提出后即遭到了广泛质疑，诸多学者认为网络价值与用户数平方的正比关系激进且难以持续，而且互联网企业的用户数量也不可能持续快速增长。鉴于此，梅特卡夫参考了韦吕勒的人口增长规律——Logistic 函数（该函数是一种常见的 S 形函数，其大意是"当一个物种迁入一个新生态系统中后，起初随着种群基数的增加，数量会呈指数式增长，然而由于环境中有天敌且食物、空间等资源也有限，随着基数的进一步增加，增长速度会逐渐减缓，直至达到环境的最大容纳量"），认为互联网企业用户的增长规律为：在企业初创时，用户数较少，用户数呈指数式增长，而在用户达到一定规模后，行业竞争的加剧和总体在网用户规模的限制将会使企业的新客获取成本增加，用户增速逐步放缓，最终接近饱和。在此基础上，其建立了更加贴合互联网企业用户数增长规律的 Netoid 方程。方程具体形式如下：

$$Netoid = \frac{p}{1 + e^{-v(t-h)}} \tag{3-2}$$

其中，p 为最大活跃用户数量，t 为时间，v 为活跃用户增长速度，h 为在活跃用户数量达到最大值一半时的时间点。

Netoid 方程得到了很好的验证，Zhang 等（2015）使用 Facebook 和腾讯的真实财务数据展示了 Netoid 方程的较高拟合度，拟合效果如图 3-1 和图 3-2 所示。

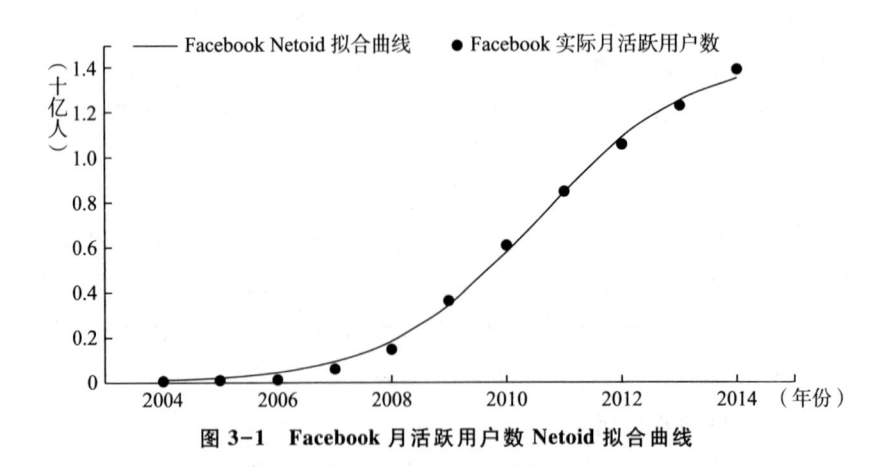

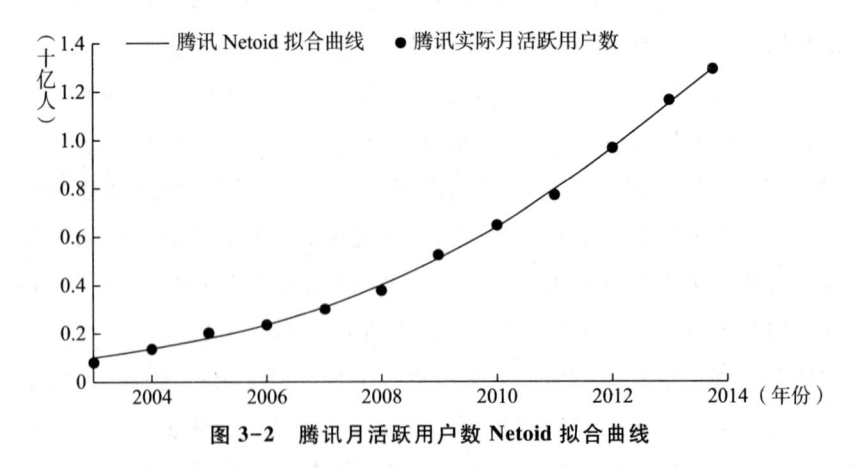

图 3-1 Facebook 月活跃用户数 Netoid 拟合曲线

图 3-2 腾讯月活跃用户数 Netoid 拟合曲线

3. 实物期权模型理论概述

期权是代表未来权利的合约，基于实物资产的期权即是实物期权。实物期权在资产评估中主要包括七类（夏健明、陈元志，2005）：延迟投资期权、转换期权、运营规模变更期权、放弃期权、增长期权、分阶段投资期权、复合期权。综合来看，以上七类实物期权中增长期权能够更好地体现出移动短视频直播平台企业的特殊性，即需要在前期大量投资以取得用户数和技术优势，从而能够在未来的激烈竞争中获得新的投资获利机会的权利合约。

实物期权在实际估值中通常使用 Black-Scholes（B-S）和二叉树两种期权定价模型。两者的主要区别在于，B-S 模型前提为连续时间状态，而二叉树模型则应用于离散时间状态。因为市场更偏向于连续时间状态且 B-S 期权定价模型在评估中应用更加简单广泛，故本案例采用 B-S 期权定价模型。同时，由于移动短视频直播平台企业前期需要高额的营销费用来抢占市场、争夺用户，往往没有红利支付给投资者，因此选用无红利的 B-S 期权定价模型。模型具体公式如下：

$$C = SN(d_1) - Xe^{-rT}N(d_2) \tag{3-3}$$

$$d_1 = \frac{\ln\left(\frac{S}{X}\right) + \left(r + \frac{\sigma^2}{2}\right)T}{\sigma\sqrt{T}} \tag{3-4}$$

$$d_2 = d_1 - \sigma\sqrt{T} \tag{3-5}$$

其中，C 为期权价值，S 为标的资产现值，X 为期权的执行价格，r 为与期权有效期相同的无风险利率，T 为期权距离到期日的时间，σ 为标的资产价格波动率，$N(d_i)$ 为正态分布变量的累积概率分布函数。

（二）评估模型的构建

基于用户资源是移动短视频直播平台企业价值核心的认知，本案例从用户价值视角出发，参考了梅特卡夫用 Facebook 财务数据对营收与月活跃用户数量平方的正比关系的验证（Metcalfe，2013），以及后续 Zhang 等（2015）用腾讯和 Facebook 财务数据对总成本与月活跃用户数量平方的正比关系的验证，引入梅特卡夫定律对用户资源进行量化。考虑到短视频行业竞争激烈、早期营销投入大、未来经营不确定性强等特征，单纯使用梅特卡夫定律存在明显的局限性，而实物期权法则恰好能弥补这一缺陷，将移动短视频直播平台企业未来经营的不确定性囊括其中。两者相结合建立的用户价值视角的实物期权模型，既考虑了经营的不确定性，又度量了用户资源这一核心要素。此外，由于模型拟合所用数据均为历史数据，而移动短视频直播平台的经营策略和模式、内容生态建设成果等影响企业未来潜在盈利能力的因素无法体现在现有营收数据中，本案例还引入了行业业务特征参数对未来营收进行修正，以体现这部分潜在价值。

具体模型构建思路如下：首先，运用梅特卡夫定律对营收及总成本与月活跃用户数平方的历史数据进行拟合，确定相关关系；其次，借助 Netoid 方程完成对未来月活跃用户数的拟合预测，进而通过前述相关关系式求得未来营收、总成本的预测值；再次，引入行业业务特征参数对未来营收预测值进行修正，计算对应的折现率并将修正营收与总成本进行折现；最后，将折现后的修正营收和总成本分别作为 B-S 期权定价模型中的标的资产现值和行权价格，计算移动短视频直播平台企业价值。

1. 用户资源的量化

（1）月活跃用户数的预测

基于 Netoid 方程对梅特卡夫定律中互联网企业用户数不会无限增长的诠释，本案例使用 Netoid 方程对移动短视频直播平台企业的最大月活跃用户数以及各年月活跃用户数进行拟合预测，以作为后续收入、成本及其余参数变量确定的基础。

（2）营业收入的预测

营业收入参考 Metcalfe（2013）和 Zhang 等（2015）关于营收与月活跃用户数平方正比关系的验证，对历史营收数据与月活跃用户数进行拟合，若拟合效果好，则进一步结合 Netoid 方程对月活跃用户数的预测，进行各年营业收入的预测。

（3）总成本的拟合预测

移动短视频直播平台企业的主营业务成本一般主要包括给直播间主播等内容创作者的收入分成、带宽费用及服务器托管成本、物业及设备折旧等。然而较为特殊的是，除了上述成本外，其还有研发成本、销售及营销成本等,且数额较大。作为互联网企业,移动短视频直播平台企业主要业务根植于移动 App,视频推荐算法研究、软件功能开发等是其保持核心竞争力的关键,因而往往需要持续大量投资人工智能、大数据及其他先进技术;同时,由于移动短视频直播平台在模式上存在一定的同质性,营销活动往往是除了平台内容外影响新增用户及留存用户的主要因素,其成本在移动短视频直播平台企业中的比例甚至能达到营收的 50% 以上,无论是与用户数量还是与平台业务的相关性均较强。因此,在考虑用户数与成本的关系时,不能仅用主营业务成本来进行拟合,而应使用总成本。本案例将在使用 Netoid 方程拟合得到各年月活跃用户数预测值后,以月活跃用户数的平方对总成本的历史数据进行拟合验证,然后以拟合良好的方程结合已预测的月活跃用户数对未来各年的总成本进行预测。

(4)折现率的度量

本案例评估所使用的营收、成本等均是以公司整体的口径进行测算统计,故折现率采用加权平均资本成本(WACC)替代。具体计算公式如下:

$$WACC = \frac{E}{D+E} \times R_e + \frac{D}{D+E} \times R_d \times (1-T) \quad (3-6)$$

其中,R_e 为权益资本成本,R_d 为债务资本成本,$\frac{E}{D+E}$ 为权益资本在全部资本中的占比,$\frac{D}{D+E}$ 为债务资本在全部资本中的占比,T 为企业税率。

权益资本成本是股东所要求的回报率,本案例采用资本资产定价模型(Capital Asset Pricing Model,CAPM)进行计算,具体公式如下:

$$R_e = R_f + \beta(R_m - R_f) \quad (3-7)$$

其中,R_f 为无风险利率,R_m 为市场平均收益率,$(R_m - R_f)$ 为市场风险溢价,β 为标的证券相对于市场的波动性。就具体参数而言,无风险利率使用年份一致的国债收益率表示;市场平均收益率使用标的证券所在市场的指数的平均收益率来表示；β 是度量标的证券系统性风险的一项指标，可以直接从 Wind、Choice 等数据库中查询得到。

2. 实物期权法的修正及各参数的确定

如前所述，增长期权能够更好地体现出移动短视频直播平台企业的特殊性，即需要在前期大量投资进行视频推荐算法研发、营销获客等来为后期的发展提供动力以及潜在的获利机会。本案例将在 B-S 期权定价模型的基础上，对所涉及的 5 个参数进行修正和量化。

（1）标的资产现值（S）的修正

在以往实物期权模型的具体运用中，诸多学者使用资产负债表中的资产数值直接作为模型中的标的资产现值，因为其容易获取且也能在一定程度上反映企业现有资产。但是，对于移动短视频直播平台这类轻资产互联网企业而言，视频推荐算法、创作者储备、用户资源等无形资产更为重要，这是资产负债表中难以体现的，而且仅依据资产的多少也无法描述其盈利能力。考虑到用户资源是移动短视频直播平台企业三大收入来源的核心，本案例将利用梅特卡夫定律所得的企业未来用户相关收入作为项目现金流流入，而后对折现后的现值进行业务特性参数修正，进而得到修正后的标的资产现值。

（2）执行价格（X）的修正

同样，直接使用资产负债表中的负债数值作为执行价格在评估中也较为常见，但这很容易受会计政策和财报质量影响，且无法反映未来价值，容易低估移动短视频直播平台企业的潜在负债或现金流出。因此，与标的资产现值（S）的修正类似，本案例将利用用户数拟合出的各期总成本作为项目现金流流出，再经折现得到修正后的执行价格参数。

（3）无风险利率（r）的确定

无风险利率在评估中一般选取与期权到期日相同或相近的国债利率。本案例中以标的企业所在地的与期权期限相符的国债平均利率作为无风险利率。

（4）标的资产价格波动率（σ）的确定

标的资产的价格波动率是衡量价格波动幅度的指标，通常以一年为周期。本案例以前复权方式收集标的企业上市日收盘价数据，以自然对数的形式取日收益率，而后将所对应的日标准差转化为年标准差作为标的资产价格波动率。收益率计算公式如下：

$$R_t = \ln \frac{P_t}{P_{t-1}} \tag{3-8}$$

其中，R_t 为股票在 t 时期的收益率，P_t 为股票在 t 时点的价格。
标准差计算公式如下：

$$\sigma = \sqrt{\frac{N}{n-1} \sum_{t=1}^{n} (R_t - \bar{R})^2} \tag{3-9}$$

其中，σ 为标的资产价格波动率，R_t 为股票在 t 时期的收益率，$\bar{R}$ 为股票样本平均收益率，N 为一年的交易天数，n 为样本量。

(5) 期权到期时间（T）的确定

实物期权法评估企业价值，到期时间即指企业破产清算的时间。移动短视频直播平台企业作为新兴互联网企业，外部竞争激烈、营收不确定性强，极易在激烈的竞争中逐渐失去活跃用户或无法支撑高额的营销成本从而消亡。同时，相关研究也发现我国互联网企业的平均寿命只有 3~5 年（管喆，2016）。因此，本案例取期权到期时间为 5 年。

3. 行业业务特征参数的引入

在移动短视频直播平台企业的价值评估中，普遍的行业特征也不应被忽略，本案例引入部分参数以修正相关营收预测值从而能更合理地进行平台企业的价值评估。

(1) 引入溢价率系数（P）

溢价率系数表示企业在行业中的地位。如前所述，移动短视频直播行业具有显著的马太效应，头部企业如快手、抖音等占据了大多数的用户资源。而其他企业在选择使用移动短视频直播平台推广产品时也大多会选择快手、抖音等头部平台以获取更高的曝光量。由此可见，现阶段市场占有率高低对企业未来的成长影响很大，即影响企业未来的潜在现金流，这需要使用合理的指标评定并以此对营收预测值进行修正。一般而言，企业月活跃用户规模与市场均值之比能较好体现企业市占率带来的影响，但由于移动短视频直播行业集中度过高，在考虑溢价率时若使用行业平均值作为对比极易形成高估。本案例将使用评估标的企业月活跃用户规模与行业核心竞对企业月活跃用户规模之比作为溢价率系数，并以此对企业营收预测值进行修正。具体公式如下：

$$P = \frac{目标企业月活跃用户规模}{核心竞对企业月活跃用户规模} \quad (3-10)$$

（2）引入平台黏性参数（v_1）

随着近几年移动短视频直播行业的迅猛发展，各顶层移动短视频直播平台用户数量虽然逐年递增，但增长速度已经开始放缓，同时企业间的竞争也在加剧，新客户的获取成本逐渐增高，有效留住用户并增加现有用户的使用频率已经成为影响其未来潜在盈利能力的关键因素。此外，老客户的维护成本也显著低于新客户的开发获取成本，其对企业的贡献也远大于后者（张梅花、张美茹，2019）。总之，平台黏性对移动短视频直播平台企业未来成长影响巨大，需要以合理的指标对其进行度量，并据此对企业营收预测值进行修正。

日活跃用户数与月活跃用户数之比（DAU/MAU）是常用于体现平台黏性、反映用户对平台忠诚度与依赖度的指标。该指标多用于Facebook等社交型平台，因为相对于携程等有特定出行需求时才会使用的非社交型功能性平台而言，社交型平台的需求频率更高，指标体现更为良好，可比性也更强。如上文对移动短视频直播平台应用黏性与社区属性两大特性的分析，移动短视频直播平台具有极强的社交属性，因此本案例使用DAU/MAU作为监测用户对平台忠诚度、依赖度，并体现平台黏性强弱的指标。具体公式如下：

$$v_1 = \frac{目标企业日活月活用户数之比}{核心竞对企业日活月活用户数之比} \quad (3-11)$$

（3）引入内容黏性参数（v_2）

内容黏性是指移动短视频直播平台企业通过平台激励、用户创造等多种途径进行内容生态建设后,用户对其形成的内容依赖性。由于移动短视频直播平台企业最主要的营收途径是线上营销即广告途径,因此除了体现使用频率的平台黏性参数外,体现参与深度的内容黏性参数也对企业未来潜在盈利能力产生显著影响。由此,本案例使用目标企业单位日活用户日均使用时长与行业核心竞对企业单位日活用户日均使用时长之比作为内容黏性参数指标,用以衡量平台内容对用户使用深度及企业未来潜在盈利能力的影响。具体公式如下:

$$v_2 = \frac{目标企业单位日活用户日均使用时长}{核心竞对企业单位日活用户日均使用时长} \tag{3-12}$$

(4) 引入双边效应转化系数(α)

移动短视频直播平台作为 UGC 模式的典型,拥有创作者、观看者两类相互促进的用户,从而存在明显的双边网络效应。显然,创作者的多少及层次的丰富度对移动短视频直播平台现有价值以及未来现金流具有显著的影响,因此本案例利用目标企业创作者月活用户占比与核心竞对企业创作者月活用户占比之比定义双边效应转化系数,并以此对营收预测值进行修正。具体公式如下:

$$\alpha = \frac{目标企业创作者月活用户占比}{核心竞对企业创作者月活用户占比} \tag{3-13}$$

(三) 评估模型的确定

基于梅特卡夫定律以及实物期权理论,本案例采用 Netoid 方程对用户资源这个核心因素进行拟合量化,并阐述梅特卡夫定律中收入、总成本与活跃用户数之间的逻辑关系,进而将这些变量以及反映行业特征的参数引入实物期权模型,同时对各变量与参数进行了定义及修正,最终建立了移动短视频直播平台企业用户价值视角的实物期权评估模型。模型具体公式如下:

$$C = S_M \mathrm{N}(d_1) - X_M e^{-rT} \mathrm{N}(d_2) \tag{3-14}$$

$$S_M = S_0 \times P \times v_1 \times v_2 \times \alpha \tag{3-15}$$

其中，C 为评估价值，S_M 为修正后的标的资产现值，X_M 为修正后的执行价格，r 为与期权有效期相同的无风险利率，T 为期权距离到期日的时间，$N(d_i)$ 为正态分布变量的累积概率分布函数，S_0 为未经业务特征参数调整的标的资产现值，P 为溢价率系数，v_1 为平台黏性参数，v_2 为内容黏性参数，α 为双边效应转化系数。

五 案例分析——改进评估模型对快手科技企业价值的评估

（一）用户价值视角的实物期权评估模型的应用

本案例选取快手科技作为价值评估样本企业。由于快手科技于 2021 年 2 月上市，其所披露财务数据仅包含 2017 年至 2021 年 9 月 30 日的年度数据及部分季度数据，且 2017 年、2018 年、2019 年部分季度数据缺失，故本案例数据分析跨度均以年为单位，同时为补足 2021 年经营数据，本案例将依据 2021 年前三季度的经营情况对 2021 年第四季度的营收、成本、月活跃用户数等数据进行预测，并与前三季度相关数据合并作为 2021 年数据引入后续的分析与拟合。

本次评估的基准日取研究时能获取公开数据的最近日期：2021 年 9 月 30 日。

1. 梅特卡夫定律的应用

（1）营业收入与月活跃用户数的拟合

参考梅特卡夫定律中收入与月活跃用户数平方的正比关系，本案例使用 SPSS 软件对 2017~2021 年快手科技营业收入与月活跃用户数进行了回归分析，得出调整 R^2 为 98.5%，系数显著性也达到 0.000，拟合效果良好（见表 3-1 和表 3-2）。根据表 3-3 可知，营业收入与月活跃用户数之间关系的具体表达式如下：

$$TR = 0.284 \times MAU^2 \tag{3-16}$$

其中，TR 为快手科技营业收入，MAU 为快手科技月活跃用户数。

第三章 移动短视频直播平台企业价值评估：以快手科技为例

两者关系的拟合情况见图 3-3。

表 3-1 快手科技营业收入与月活跃用户数拟合模型摘要

R	R^2	调整 R^2	标准估算的误差
0.994	0.988	0.985	5954.82180

表 3-2 快手科技营业收入与月活跃用户数拟合的方差分析

项目	平方和	自由度	均方	F 值	显著性
回归	12035234055.234	1	12035234055.234	339.404	0.000
残差	141839610.766	4	35459902.692		
总计	12177073666.000	5			

表 3-3 快手科技营业收入与月活跃用户数拟合系数

变量	未标准化系数 回归系数	未标准化系数 标准误差	标准化系数 回归系数	t 值	显著性
MAU^2	0.284	0.015	0.994	18.423	0.000

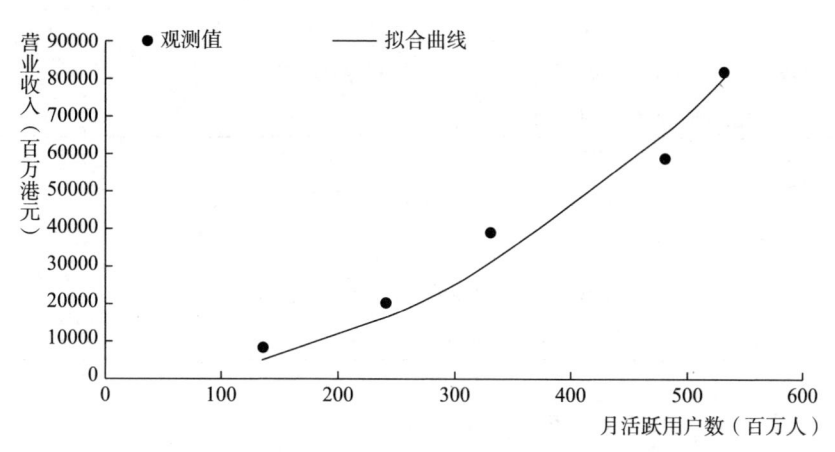

图 3-3 快手科技营业收入与月活跃用户数拟合情况
资料来源：快手科技公开财务报表。

（2）总成本与月活跃用户数的拟合

快手科技总成本主要包括创作者收入分成、带宽费用及服务器托管成本、物业及设备折旧、销售及营销成本、研发成本等。本案例参考 Zhang 等（2015）对 Facebook 和腾讯关于成本、月活跃用户数关系的验证，同样用 SPSS 软件对快手科技月活跃用户数的平方与总成本的历史数据进行回归分析，结果显示拟合效果良好，其中调整 R^2 为 98.2%，系数显著性也达到 0.000（见表 3-4 和表 3-5）。根据表 3-6 可知，两者的拟合方程如下：

$$TC = 0.357 \times MAU^2 \tag{3-17}$$

其中，TC 为快手科技总成本，MAU 为快手科技月活跃用户数。两者关系的拟合情况见图 3-4。

表 3-4 快手科技总成本与月活跃用户数拟合模型摘要

R	R^2	调整 R^2	标准估算的误差
0.993	0.986	0.982	8285.25127

表 3-5 快手科技总成本与月活跃用户数拟合的方差分析

项目	平方和	自由度	均方	F 值	显著性
回归	18935973069.644	1	18935973069.644	275.852	0.000
残差	274581554.356	4	68645388.589		
总计	19210554624.000	5			

表 3-6 快手科技总成本与月活跃用户数拟合系数

变量	未标准化系数 回归系数	未标准化系数 标准误差	标准化系数 回归系数	t 值	显著性
MAU^2	0.357	0.021	0.993	16.609	0.000

2. Netoid 方程的应用

基于 Netoid 方程对互联网企业用户增长规律的较好诠释，本案例使用 SPSS 软件对快手科技 2017~2021 年的月活跃用户数进行了非线性回归分析，结果显示拟合效果良好，其中回归分析中调整 R^2 达到 99.1%，且三个常量参数 p、v、h 均显著异于 0，模型可信度较高（见表 3-7 和表 3-8）。

第三章 移动短视频直播平台企业价值评估：以快手科技为例

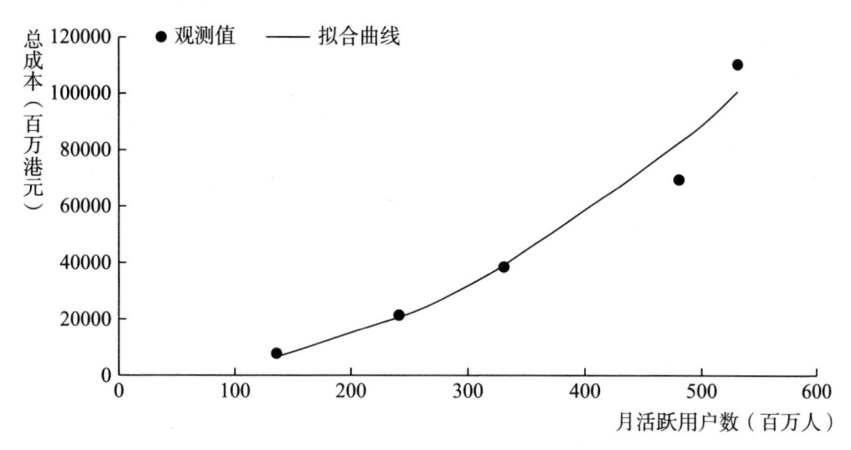

图3-4 快手科技总成本与月活跃用户数拟合情况
资料来源：快手科技公开财务报表。

表3-7 快手科技用户增长曲线拟合参数估计

参数	估算	标准误差	95%置信区间 下限	95%置信区间 上限	t值	Pr（>｜t｜）
p	634.360	78.727	295.624	973.096	8.060	0.015*
v	0.759	0.157	0.082	1.435	4.825	0.040*
h	2018.718	0.416	2016.930	2020.506	4858.215	0.000***

注：*、*** 分别代表在10%、1%的水平下显著。

表3-8 快手科技用户增长曲线拟合的方差分析

项目	平方和	自由度	均方
回归	698116.051	3	232705.350
残差	980.499	2	490.249
修正前总计	699096.550	5	
修正后总计	107760.500	4	
因变量：MAU			
调整 R^2 =1-（残差平方和）/（修正后平方和）= 0.991			

根据表3-7和表3-8，可得到快手科技用户增长的Netoid方程及拟合曲线，见式（3-18）和图3-5。

企业价值评估：理论创新与方法应用

$$Netoid_{快手} = \frac{634.36}{1+e^{-0.759(t-2018.718)}} \quad (3-18)$$

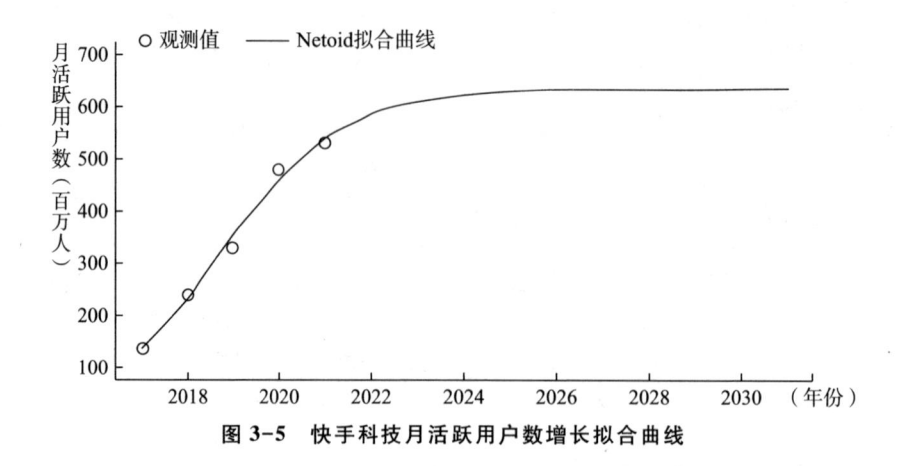

图 3-5　快手科技月活跃用户数增长拟合曲线

3. 快手科技月活跃用户数、营业收入和总成本的预测及折现

根据前文所得快手科技月活跃用户数增长规律及月活跃用户数与营业收入、总成本之间的关系，预测快手科技的月活跃用户数以及营业收入和总成本，预测结果如表 3-9 所示。

表 3-9　快手科技月活跃用户数、营业收入及总成本预测

单位：百万人，百万港元

预测时间	月活跃用户数预测	营业收入预测	总成本预测
2021 年第四季度	538.999	20626.877	25928.856
2022 年	585.839	97470.729	122524.825
2023 年	610.682	105912.895	133136.984
2024 年	623.051	110246.717	138584.782
2025 年	629.015	112367.487	141250.679
2026 年	631.847	113381.381	142525.186
2027 年及之后	633.181	113860.741	143127.762

鉴于移动短视频直播行业属于强现金流行业，主要融资渠道为权益

融资，故本案例采用 CAPM 模型［见式（3-7）］所得权益资本成本作为折现率。在确定权益资本成本之前，首先需确定无风险利率。本案例以 2021 年 9 月 30 日 5 年期国债平均利率作为无风险利率，具体为 2.65%。同时，快手科技为中国香港上市公司，选取 2016 年 9 月 30 日至 2021 年 9 月 30 日恒生资讯科技业指数的年化收益率作为市场平均收益率，测算结果为 13.56%。快手科技的 β 通过 Choice 金融终端查询，以恒生资讯科技业指数为标的指数，计算时间范围为 2021 年 2 月 5 日到 2021 年 9 月 30 日，得出调整 β 为 1.1792。参考 CAPM 模型，可计算快手科技的权益资本成本：

$$R_e = 2.65\% + 1.1792 \times (13.56\% - 2.65\%) = 15.52\%$$

将 15.52% 作为营业收入与总成本的折现率，可得各年预测值和现值，如表 3-10 所示。

表 3-10　快手科技营业收入及总成本的预测值和现值

单位：百万港元

预测时间	营业收入预测	总成本预测	营业收入现值	总成本现值
2021 年第四季度	20626.877	25928.856	19856.447	24960.393
2022 年	97470.729	122524.825	81224.135	102102.169
2023 年	105912.895	133136.984	76401.614	96040.058
2024 年	110246.717	138584.782	68843.380	86539.038
2025 年	112367.487	141250.679	60740.730	76353.664
2026 年	113381.381	142525.186	53054.704	66692.005
2027 年及之后	113860.741	143127.762	343292.604	431533.308
合计	673866.827	847079.074	703413.614	884220.635

4. 行业业务特征参数的确定及资产现值（S）的修正

考虑到抖音与快手两家龙头企业行业集中度高达 90% 的现状，在业务部分以两家龙头企业之间的对比作为业务特征参数更为合理，从而不易高估企业价值。经收集与计算，相关数据如表 3-11 所示。

表 3-11 行业业务特征参数各指标结果

参数	指标	快手	抖音	赋值
溢价率系数（P）	月活跃用户规模（亿人）	4.16	6.72	0.619
平台黏性参数（v_1）	DAU/MAU	0.5593	0.5981	0.935
内容黏性参数（v_2）	单位日活用户日均使用时长（分）	100.94	100.63	1.003
双边效应转化系数（α）	创作者月活用户占比	0.260	0.185	1.405

资料来源：快手科技招股书、Quest Mobile 数据、企业年报。

将表 3-11 各参数赋值代入公式（3-15），即可得到对营业收入现值进行修正后的标的资产现值 S_M：

$$S_M = 703413.614 \times 0.619 \times 0.935 \times 1.003 \times 1.405 = 573707.182 \text{ 百万港元}$$

$$= 5737.07182 \text{ 亿港元}$$

5. 实物期权法其余参数的确定

参照前文对于期权期限的分析，本案例估值期限取 $T=5$；无风险收益率 r 同前文一致，取 2021 年 9 月 30 日 5 年期国债平均利率，即 2.65%；本案例通过 Choice 数据库以前复权形式收集快手 2021 年 2 月 5 日至 2021 年 9 月 30 日的日收盘价数据，利用式（3-8）以自然对数形式取得日收益率，再根据式（3-9）计算出日收益率标准差为 5.01%，而后计算得到年收益率标准差 $\sigma = 79.26\%$，将其作为标的资产价格波动率。

6. 快手科技企业价值评估结果

通过相关计算，快手科技经业务特征参数修正后的资产现值 S_M 为 5737.07182 亿港元，总成本现值 X_M 为 8842.20635 亿港元，无风险收益率 r 为 2.65%，资产价格波动率 σ 为 79.26%，估值期限 T 为 5 年。将上述数据代入本案例构建的基于用户价值视角的实物期权评估模型[式（3-14）]，可计算得到快手科技于 2021 年 9 月 30 日的评估值为 3909.90 亿港元。

（二）未改进的实物期权法估值参照

为了进一步验证本案例基于用户价值视角的实物期权模型应用于移动短视频直播平台企业价值评估领域的合理性，继续使用未改进的实物期权法的估值结果与之相比较。传统实物期权法一般以企业总资产与总负债的账面值替代标的资产现值（S）与执行价格（X），其余参数计算方法不变，据此使用未改进实物期权法最终计算得到快手科技在 2021 年 9 月 30 日的评估值为 710.52 亿港元。具体参数及计算结果如表 3-12 所示。

表 3-12　未改进实物期权法计算结果

参数	数值
标的资产现值（S）（亿港元）	912.121
执行价格（X）（亿港元）	411.675
无风险利率（r）（%）	2.65
标的资产价格波动率（σ）（%）	79.26
估值期限（T）（年）	5
d_1	1.4098
d_2	-0.3625
$N(d_1)$	0.9207
$N(d_2)$	0.3585
估值结果（亿港元）	710.5247

资料来源：快手科技 2021 年第三季度财务报表。

（三）评估结果分析

相对于本案例所构建的模型而言，传统实物期权模型未能考虑用户资源、业务特征参数等影响移动短视频直播平台企业未来盈利能力的核心要素。而更为关键的是，在激烈竞争环境下，移动短视频直播平台企业往往会进行大量的营销投资，进而将其转化为企业的现有用户数及未来盈利增长潜力，但当前业绩往往处于亏损状态。因此，如果只是简单地使用企业账面总资产与总负债进行企业价值计算，只会体现出业绩亏损带来的影响而无法体现用户资源、增长潜力等方面的变化。

在评估基准日企业价值方面，本案例鉴于快手科技所属移动短视频直播行业属于强现金流行业，现金及等价物能够基本覆盖以互联网数据中心相关租赁负债以及应付账款为主的债务部分，因此以评估基准日的企业市值作为可比价值来与评估结果进行对比。

从估值结果来看，改进实物期权模型与未改进实物期权模型所得估值结果分别为3909.90亿港元和710.52亿港元，由2021年9月30日评估基准日股价82.7港元结合股本计算得到快手科技市值为3495.73亿港元（见图3-6）。通过对比，本案例构建模型所得结果更加接近于市值，仅相差11.8%，而传统实物期权模型估值结果则与市值相差极大。由此可见，本案例基于用户价值视角构建的实物期权模型更能准确、合理地对移动短视频直播平台企业进行估值。

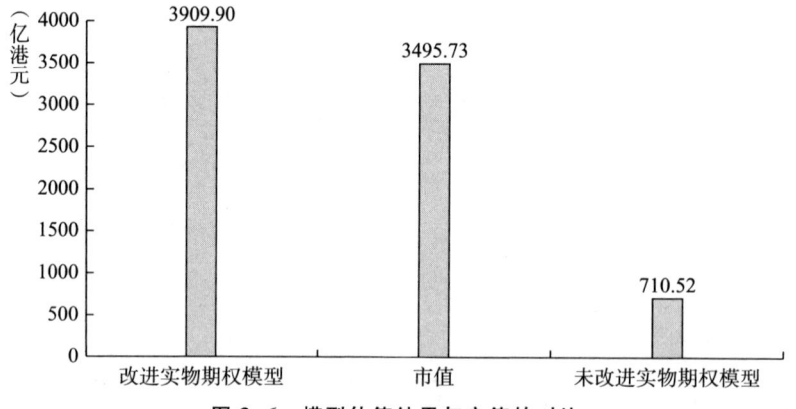

图3-6 模型估值结果与市值的对比

六 研究结论

本案例在对移动短视频直播平台企业价值内涵进行界定以及详细分析并量化其企业特征的基础上，引入与实物期权模型具有较强互补性的梅特卡夫定律，从而既考虑了用户资源价值以及平台发展的不确定性，又考虑了未体现在历史业绩中的企业经营策略和模式、内容生态建设成果等非财务因素对直播平台未来潜在盈利能力的影响，最终实现了从用户价值角度对实物期权模型的改进。同时，传统实物期权模型与改进实物期权模型评估值与快手科技市值比较的结果也显示，本案例构建的基于用户视角的实物期权模型更能准确、合理地评估移动短视频直播平台的企业价值,具体结论如下。

第一,明确价值内涵与价值构成是资产得到准确合理评估的前提。本案例通过文献整理和归纳,对移动短视频直播平台企业进行了明确的定义:在移动端聚合短视频、网络直播、电商零售等业务,并以"短视频+直播"业务模式为主的新兴互联网企业。该定义为移动短视频直播平台企业相关特性的分析及价值评估方法的选用奠定了基础。

第二,资产特征是评估方法选择与改进的依据。本案例详细归纳了移动短视频直播平台用户资源构成商业模式核心要素、用户内容创造特征明显、非主营业务成本影响较大、社区属性显著、应用黏性更强、马太效应显著、无形资产重要性凸显、双边网络效应显著、收益不稳定且常为负值等企业特征,进而结合这些特征对估值方法选用进行了分析,并最终确定了梅特卡夫定律结合实物期权模型的评估方法,以体现用户资源这一企业价值核心影响因素以及应对企业营收的高度不确定性。

第三,资产价值的评估必须反映其未来潜在的收益。为进一步量化企业特征的潜在影响,本案例引入了溢价率系数、平台黏性参数、内容黏性参数、双边效应转化系数等行业业务特征参数,以修正未体现在历史业绩中的企业经营策略和模式、内容生态建设成果等对未来潜在盈利能力的影响,而案例企业快手科技的实际评估结果也体现了将行业业务特征参数纳入评估模型的合理性。

参考文献

蔡磊. 网络直播的优势与制约因素——以网络直播体育赛事类节目为例 [J]. 青年记者,2014(23):92-93.

陈俞延. 互联网成长性亏损企业股价与估值讨论——以美团为例 [J]. 现代商业,2019(8):59-60.

单依晨. 网络视频直播的特点及发展研究 [J]. 传媒,2017(6):91-93.

邓可. 视频公司估值进化论 [J]. 21世纪商业评论,2018(8):14-

16.

杜鑫. 互联网企业价值评估方法探究 [J]. 国际商务财会, 2016 (6): 18-20.

管喆. 实物期权法在电子商务企业价值评估中的应用研究 [J]. 时代金融, 2016 (29): 297-298.

韩兴国, 许继博. 基于 DEVA 模型互联网企业价值评估研究 [J]. 内蒙古煤炭经济, 2021 (10): 187-188.

胡晓明, 朱羽灿. 三用户导向的互联网游戏企业投资价值研究——以天润数娱并购拇指游玩为例 [J]. 广西财经学院学报, 2019, 32 (5): 132-139.

黄超. 互联网视频企业价值评估研究 [D]. 暨南大学, 2020.

黄岚. 网络直播企业价值评估研究 [J]. 中外企业家, 2019 (27): 3.

黄杏. 基于 DCF 和实物期权法相结合的方法对网络直播企业价值评估 [J]. 广西质量监督导报, 2021 (1): 112-113.

金定海, 顾海伦. 论互联网企业的定义与再定义问题 [J]. 现代传播 (中国传媒大学学报), 2016, 38 (5): 137-142.

黎梦瑶. 基于用户资源视角的互联网企业价值评估研究 [D]. 浙江工商大学, 2019.

李慧马智子. 基于 EVA 模型的企业价值评估——以互联网公司百度为例 [J]. 中国市场, 2018 (1): 192+194.

李凌寒, 凤艳. 基于改进 CVBC 模型的企业价值评估研究 [J]. 财会通讯, 2020 (20): 96-99.

李寅龙, 胡志英. 实物期权视角下互联网企业价值评估的认知——基于美团的纵向案例研究 [J]. 投资研究, 2021, 40 (11): 123-130.

刘芸. 实物期权在网络企业估值中的应用——B2B 电子商务企业估值的实证分析 [J]. 商业研究, 2005 (18): 69-72.

刘姿麟. 中国短视频行业的现状分析 [J]. 电影评介, 2018 (10): 95-97.

齐安甜，张维．实物期权理论及在企业并购价值评估中的应用［J］．中国软科学，2003（7）：129-132．

帅青红．基于客户的互联网企业价值评估的实证研究［J］．网络安全技术与应用，2005（4）：34-37．

谭三艳．企业价值评估方法研究［J］．财会通讯，2009（23）：33-36．

汤子帆，左庆乐．基于非财务视角的网络直播平台企业价值评估［J］．中国资产评估，2021（10）：36-44．

田陌桑．用户价值视角下的互联网企业价值评估——以爱奇艺为例［J］．全国流通经济，2020（22）：77-79．

王飞航，徐迪．实物期权法在网络企业价值评估的应用［J］．技术经济与管理研究，2004，74（6）：43-44．

王可．以陌陌财报为例试论"网红"对于企业发展的推动作用［J］．财会学习，2017（1）：215．

王琳琳，苏李琴，李育冬．短视频平台商业模式研究——以快手为例［J］．上海商学院学报，2020，21（4）：65-80．

王治，李馨岚．互联网企业价值评估模型比较研究［J］．财经理论与实践，2021，42（5）：75-82．

夏健明，陈元志．实物期权理论评述［J］．上海金融学院学报，2005（1）：4-13．

杨春鹏，吴冲锋，吴国富．实物期权中放弃期权与增长期权的相互影响研究［J］．系统工程理论与实践，2005（1）：27-31．

殷俊，周梦洁．基于用户体验的短视频App设计研究［J］．包装工程（艺术版），2020，41（6）：198-204．

曾丽婷．基于梅特卡夫模型的互联网初创企业价值评估［J］．财会通讯，2019（23）：58-62．

张梅花，张美茹．关于短视频App用户粘性使用行为的影响因素研究［J］．现代经济信息，2019（19）：322-324．

张小艳，戴博访．梅特卡夫估值法研究——基于流媒体企业的案例研究［J］．价值工程，2019，38（29）：222-225．

张雪梅，马心怡. DEVA 模型在互联网企业估值中的应用 [J]. 财会通讯，2021（4）：129-132.

张智芳. 互联网企业的价值评估 [J]. 经济研究导刊，2009（21）：14-15.

周孝华，唐健，陈娅莉. 创业板公司估值模型研究 [J]. 经济与管理研究，2009（8）：85-90.

朱伟民，姜梦柯，赵梅，王玉玎. 互联网企业 EVA 估值模型改进研究 [J]. 财会月刊，2019（24）：90-99.

Briscoe J A, Fawcett S E, Todd R H. The Implementation and Impact of ISO 9000 Among Small Manufacturing Enterprises [J]. Journal of Small Business Management, 2005, 43 (3): 309-330.

Chiang H, Hsiao K. YouTube Stickiness: The Needs, Personal, and Environmental Perspective [J]. Internet Research, 2015, 25 (1): 85-106.

Christian S, Bernd S, Thorsten W. Linking Customer and Financial Metrics to Shareholder Value: The Leverage Effect in Customer-Based Valuation [J]. Journal of Marketing, 2012, 76 (2) 17-32.

Meeker M. Turning Ugly Ducklings into Swans [J]. Gifted Child Today, 1995, 18 (2): 30-48.

Metcalfe B. Metcalfe's Law after 40 Years of Ethernet [J]. Computer, 2013, 46 (12): 26-31.

Moffitt A, Uslay C. Periscope's Dawn: Up or Down? [J]. Information Rutgers Business Review, 2016, 1 (1): 123-139.

Tang C J, Venolia G, Inkpen M K. Meerkat and Periscope [P]. Human Factors in Computing Systems, 2016.

Zhang X X, Liu J J, Xu Z W. Tencent and Facebook Data Validate Metcalfe's Law [J]. Journal of Computer Science and Technology, 2015, 30 (2) 246-251.

第四章　泛娱乐直播平台价值评估：以欢聚时代为例[①]

随着互联网技术的极速发展与智能化电子设备的日新月异，人们使用互联网的渠道也愈加丰富，并由此萌生了一大批以互联网为载体的全新娱乐方式以及以互联网娱乐为业务的新兴企业。而伴随娱乐休闲需求的增长，泛娱乐直播平台突破了传统的商业模式，作为最热门的互联网娱乐方式迅速崛起，各种与之相关的投资、并购、上市等活动也层出不穷。频繁的资本运作活动增加了对其企业价值准确评估的需求，然而与传统企业相比，泛娱乐直播平台盈利模式和价值驱动因素均有其特殊性，传统企业价值评估方法难以适用，开发一套科学、准确的评估方法成为推动泛娱乐直播平台及互联网娱乐行业进一步发展的当务之急。

2020年11月，百度斥资36亿美元全资收购欢聚时代国内直播业务（YY直播），激起了实务界对于该类平台价值的探讨。作为典型的泛娱乐直播平台，欢聚时代业务收入主要来自观众打赏的分成收入、广告收入、会员订阅收入、游戏联营收入、赛事门票收入等，而其平台价值不仅受技术革新、行业监管完善性与力度、规模经济等外部因素影响，同时受自身用户因素、主播因素与平台因素影响。在综合考虑成本法、市场法、收益法三种企业价值评估方法使用原则及优缺点的基础上，结合欢聚时代盈利模式、价值驱动因素，本案例确定了以

[①] 本章案例原创：肖耿龙；案例校正与修改：刘志坚、刘千辉、张伦伟。

收益法作为泛娱乐直播平台基础的评估方法。同时，鉴于收入来源较多、业务发展不均衡等特征，本案例进一步将欢聚时代的收入构成划分为打赏分成收入板块与其他综合收入板块，从而将传统收益法进行拆分变形，得到更精确的收入预测数据及更为公允的企业价值。

研究结果表明，泛娱乐直播平台最核心的业务板块是打赏分成，而其他业务收入则普遍较少，因此不仅可以确定收益法更契合泛娱乐直播平台的价值评估，同时也可进一步以直播平台类企业的盈利模式为切入点，将泛娱乐直播平台的价值划分为两个组成部分并对各部分进行单独的评估，从而得到适合泛娱乐直播平台价值评估的改进收益法。最终，改进收益法对欢聚时代的评估值与评估日市值较为接近，从侧面印证了改进收益法对泛娱乐直播平台价值评估的适用性与有效性。

一 案例背景

互联网技术的飞速发展为人们日常生活提供了更多新的娱乐方式，由此也产生了一大批以互联网娱乐为基础的新兴企业，网络直播平台即是其中重要的一类。近年来，我国网络直播的观众数量呈现爆发式增长。中国互联网络信息中心（CNNIC）发布的第41次《中国互联网络发展状况统计报告》显示，截至2017年底，我国网络直播用户规模已达4.22亿人，占全体网民总量的54.7%。与此同时，资本市场上与直播平台有关的收购、并购等活动层出不穷，对网络直播平台价值的准确评估成为推动该行业健康发展的关键环节。

网络直播行业的龙头企业之一——欢聚时代于2005年4月在广州成立，其最早名为"多玩游戏网"，以提供游戏下载、游戏资讯、游戏讨论社区为主业。随着网站的发展壮大，"多玩游戏网"收获了一大批忠实的游戏爱好用户，并于2008年7月推出了针对游戏"开黑"而开发的YY语音软件，该软件收获大量好评，且各项数据逐渐超越类似软件Skype。在YY语音收获巨大成功的带动下，"多玩游戏网"随后又陆续推出了 YY 教育、游戏事业部、YY.COM、多玩论坛等诸多产品。2012 年，公司宣布启用新的公司品牌——欢聚时代，旗下"多玩游戏网"和 YY 语音作为产品品牌沿用。得益于国内巨大经济规模下游戏产业的迅速崛起，当前欢聚时代已发展成行业龙头企业，其旗下的"多玩游戏网"、欢聚游戏、虎牙直播等核心业务板块共同构成了全面的娱乐相关产品生态，其中虎牙直播更是于 2018 年独立赴美上市，成为国内少数几家上市直播平台之一。2020 年 11 月 17 日，百度斥资 36 亿美元，全资收购欢聚时代国内直播业务（YY 直播）。通过剥离虎牙直播、出售 YY 直播，欢聚时代"all in 海外"的大转移持续推进，这标志着公司打造"全球化新欢聚"的战略转型。

欢聚时代的持续资本运作活动成为我国网络直播行业快速发展的缩影，而科学、准确的直播平台价值评估成为进一步推进网络直播行业健康有序发展的必要工具。然而，与传统企业相比，直播平台类企业不仅具有盈利模式特殊、实物资产少、成长模式不确定等特点，同时还存在与其高成长性相对应的高风险性，难以用传统资产价值评估方法予以直接评估。本案例将以欢聚时代为例，以直播平台类企业的盈利模式为切入点，在对网络直播平台的价值驱动因素进行归纳总结的基础上，寻求一个适合于泛娱乐直播平台价值评估的方法，力求获得更为准确的对网络直播类企业的估值。

二 泛娱乐直播平台价值评估的相关研究

相关文献认为，直播平台类企业无形资产占比较大，缺乏严格可比案例，因此传统成本法、市场法在评估其企业价值时受到限制。同时，由于直播平台一般具有收益不稳定且波动性大的特点，传统收益法也不适合直接对其评估，故较多的研究依据直播平台特殊的商业模式对传统收益法模型进行适用性修正以评估其价值。此外，也有部分研究基于直播平台类企业用户贡献较大这一关键特征，从用户角度对直播平台价值构成进行分析，并将非财务指标引入评估体系，结合实物期权法对其进行评估,直播平台价值评估相关的理论与方法持续得到完善。

崇罡(2017)认为,由于直播平台具有独特性强而缺乏可比性、盈利波动较大、固定资产少而"轻资产"比重高等特点,传统方法均不能有效评估其价值,而鉴于用户数量是直播平台最直观的价值体现,将用户贡献量作为企业价值核心驱动因素的股票价值折现分析模型(DEVA模型)则具有较好的适用性。在此基础上,其进一步引入活跃用户数、用户平均贡献值、付费率三个参数对传统DEVA模型中的用户价值、直播平台价值与用户贡献间的关系进行了修正,使之更加注重用户对企业价值的贡献,同时也避免了传统估值方法对于财务数据高度依赖的弊端。

董忻榕(2018)认为,打赏分成、会员订阅和广告收入是目前直播平台企业主要的三个盈利渠道,但账面资产无法合理体现企业价值、收益前期为负后期可能实现高增长、客户数量直接影响企业价值、市场早入者具有先发优势等特点,使其价值不适合采用三大传统估值方法进行评估。而同样考虑客户价值对企业价值影响、通过计算客户给公司带来的未来收益进而估测企业价值的CVBC模型则符合直播平台企业的基本特点。通过对客户规模、客户利润贡献、取得新客户成本、企业现金流归集以及折现率的修正,其进一步对CVBC模型进行了适用性改进,而对于天鸽互动控股有限公司企业价值的案例分析也验证了改进方法的适用性与准确性。

王城超(2019)结合杜邦分析体系,将剩余收益模型从直接估测剩余收益改进为通过营业收入、销售净利率、资产周转率和权益乘数四个参数指标间接进行评估。同时,针对剩余收益模型未考虑非财务因素对网络直播企业价值评估的影响,其进一步引入了综合评价方法中的突变级数法对传统模型进行改进,并从财务、客户、内部经营和学习创新四个角度分析了网络直播企业价值影响因素,从而构建了以盈利能力、营运能力、成长能力和偿债能力作为财务因素,以用户能力、内部经营能力和学习创新能力作为非财务因素的网络直播企业价值评估改进剩余收益模型。

第四章　泛娱乐直播平台价值评估：以欢聚时代为例

汤子帆和左庆乐（2021）通过分析网络直播企业的盈利状况、创新能力、用户与主播等价值驱动因素对传统收益法进行改进。其从用户价值、企业创新能力、企业定位、企业外部环境、生态协同五个方面构建非财务指标体系，并引入直觉模糊层次分析法确定这五个非财务指标的权重以反映决策者的逻辑思维，进而结合模糊综合评价法得出企业价值影响系数，并将其与收益法得出的基础价值相乘得到网络直播企业价值的评估值。研究结果显示，网络直播平台企业作为一类新兴互联网企业，客户价值是其价值中最重要的组成部分，其次是创新能力，在对其进行价值评估时必须重视非财务指标因素的影响。

张雪（2021）认为，直播平台企业无形资产占比较大，且市场不够完善，缺乏可靠的可比案例，企业价值评估不适合采用成本法和市场法；收益法虽然能较好地反映企业现阶段的真实盈利能力，但是直播平台企业在发展过程中面临的不确定因素较多，需要结合实物期权法来对企业未来发展潜力进行评测。因此，其将直播平台企业价值划分为现时价值与潜在价值两个组成部分，并分别采用自由现金流量折现模型与实物期权模型予以评估。

综合来看，当前的文献对直播企业的特点、盈利模式均有了一定的探讨，并使用改进的收益法、实物期权法以及基于用户价值的DEVA等模型对直播企业进行了价值评估。但是，对于直播平台各业务板块收入状况以及未来发展状况、核心价值驱动因素对各业务的影响程度等，相关研究并不深入。鉴于此，本案例在对直播平台主要业务进行板块划分的基础上，将打赏分成这一份额最大、最重要的业务板块与其他业务区别开来，并在单独评估各业务收益能力的基础上，最终加总求得直播平台企业的整体价值。

三　泛娱乐直播平台价值分析

（一）泛娱乐直播平台运营模式与盈利模式分析

艾瑞咨询在《2017年中国泛娱乐直播用户白皮书》中，将泛娱乐直播平台定义为"以直播娱乐内容为主的直播平台,主要内容包括演艺直播、游戏直播、明星直播等"。随着通信技术以及互联网技术的进步,人们对于娱乐消费的需求增长,直播的主体不再局限于传统的电视广播媒体,直播的内容也不再局限于重大新闻事件的报道,而是逐渐丰富,成为一种娱乐方式的展现。当前,泛娱乐直播的内容几乎涵盖了所有能够进行直播的娱乐方式,包括但不限于脱口秀、游戏、社交、舞蹈、运动等,甚至普通的生活场景也可以成为直播的内容。

内容展示的丰富性使泛娱乐直播平台的竞争较为激烈,但其主流运营模式却相差不大,并可简化为三个关系方:直播平台、主播和观众。其中,主播可以进一步细分为个人主播与签约主播。直播平台为主播提供展示舞台,支付主播签约费和打赏分成,为观众提供一个观看直播节目的娱乐场所;主播负责为平台提供内容,从平台和观众处获取收入;而观众则在平台上收看直播节目,在平台充值、购买虚拟道具和各种服务,与主播进行互动(见图4-1)。

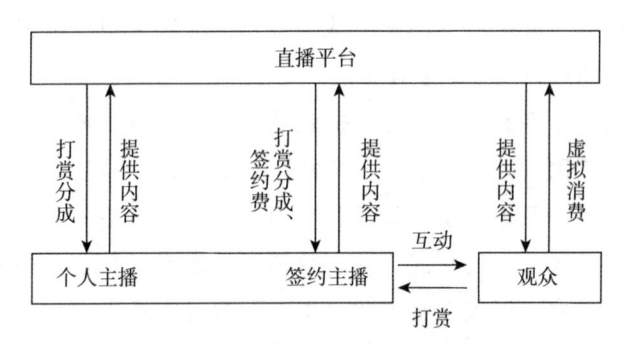

图4-1 泛娱乐直播平台运营模式

泛娱乐直播平台业务收入主要来源于平台观众,包括观众打赏的分成收入、广告收入、会员订阅收入、游戏联营收入、赛事门票收入等。

1. 打赏分成

打赏分成是泛娱乐直播平台最主要的收入渠道,其基本逻辑是:直播平台给主播提供一个展示自己的舞台,给观众提供一个观看主播直播的聚集地,而主播通过各种形式的表演等行为,获得观众的关注,并吸引观众进行打赏。通过观众打赏获得现金流的直播平台会与主播采用分成形式对收入进行分配,以达到获取收入并提高主播直播积极性的效果。不同直播平台分成比例不尽相同,一般在50%~70%。打赏分成成为网络直播平台最为成熟的商业模式,就欢聚时代而言,其旗下的两家一流直播平台,积累了上亿级别的用户基础,2014~2017年,其年付费用户数量增速达到75%,打赏分成是其主要的利润来源。

2. 广告收入

泛娱乐直播平台作为新兴互联网企业,同样拥有传统互联网企业的广告出租业务模式。直播平台在网站主页、直播界面、视频的空白处等设置广告栏位,出租给各品牌商家播放图文甚至是视频广告,利用热门主播等带来的巨大流量取得广告收益。泛娱乐直播平台广告收入相对较为稳定,如2017年第四季度欢聚时代旗下在线广告业务的营收为7950万元,只比2016年同期增加了360万元。

3. 会员订阅收入

会员订阅即用户购买平台会员资格,每月支付一定金额,以享受一定的"会员特权",如直播页面无广告、专属区域的聊天标识以及个性化表情等。欢聚时代拥有上亿级别用户基础,会员订阅收入也成为其三个最主要的收入来源之一。

4. 游戏联营收入

游戏联营指直播平台与游戏厂商达成合作,由游戏厂商负责开发、更新和维护游戏产品,直播平台则负责进行推广、提供流量入口以及代理运营,进而和游戏厂商共同分享利润。欢聚时代最早名为"多玩游戏网",经营游戏下载、游戏资讯和游戏讨论社区等业务。作为欢聚时代老牌业务,游戏联营的收入占比仅次于打赏分成,对企业可持续发展具有较大贡献。

5. 其他收入

除以上收入方式,不少泛娱乐直播平台还开发了一些新的收入渠道,如版权二次销售,平台把精彩节目内容重新打包后销售;线下活动,通过举办职业电竞战队水友赛、明星邀请赛等娱乐电竞赛事,收取冠名费、线下售卖门票等。此外，教育培训、电商等也是泛娱乐直播平台的收入渠道。

（二）泛娱乐直播平台的价值驱动因素

明确价值驱动因素是企业价值评估方法选择与改进的基础，通过分析，本案例将泛娱乐直播平台企业价值驱动因素分为外部因素与内部因素，其中外部因素主要来自行业整体的发展，而内部因素则主要源自用户、主播和平台三方面。

1. 外部因素

作为互联网企业的一类，泛娱乐直播平台与互联网的发展息息相关，其价值随网络行业的发展态势上下波动。行业发展状况的影响因素包括技术的革新、行业监管的完善性和力度、规模经济等。移动互联网技术的发展不仅丰富了娱乐的方式和内容，同时也为直播平台提供了新的载体和发展空间。根据中国互联网络信息中心（CNNIC）发布的第41次《中国互联网络发展状况统计报告》，截至2017年12月，我国网民规模达7.72亿人，手机网民规模达7.53亿人，网民使用手机上网的比例高达97.5%。而前瞻产业研究院数据显示，与此趋势相对应，截至2017年第一季度，我国泛娱乐直播市场用户规模为15192.6万人，较2016年第一季度增长33.5%。伴随网络直播平台受众群体的扩大，大多数网络直播平台企业也呈现良好的发展态势，以欢聚时代为例，其旗下已经拥有YY直播和虎牙直播两家一流直播平台，其中虎牙直播更是在2018年独立赴美上市，成为国内少数几家上市直播平台之一。

作为一个新事物，泛娱乐直播平台普遍存在内容质量参差不齐、数据造假的现象，迫切需要政府出台相关法律法规予以规范。当前，我国已出台《中华人民共和国网络安全法》《互联网直播服务管理规定》等相关法律法规，同时相关市场主体也从行业内部自律监管、自律整治角度出台了一系列自律性规范，如2017年在北京召开的首届中国移动互联网直播行业峰会发布了中国移动互联网直播行业联盟《北京宣言》,从内容、监管和行业自律等方面,对直播行业自律性的行业规范达成广泛共识。在法律法规和行业自身规范的不断完善下,网络直播平台的整体生态以及行业发展也会受到一定程度的影响,进而影响个别直播平台的企业估值。

2. 内部因素

泛娱乐直播平台内部价值驱动因素主要包括用户因素、主播因素、平台因素以及三者的关系。从用户因素来看,首先,用户数量是直播平台最核心的价值驱动因素。所谓"流量为王",高流量和长停留时间,能够提高页面广告栏目的"身价",同时,较多用户数量意味着较多的打赏收入和订阅收入,也意味着拥有较好的用户口碑,能营造良好的平台形象,吸引更多的用户。其次,用户付费率也是直播平台价值的影响因素之一。用户的付费率取决于用户群体、平台服务质量以及主播服务质量等,如高收入人群付费率一般显著高于低收入人群,寻求精神陪伴用户的付费率一般也会高于简单消磨时间的用户等。用户的付费率越高,平台收入也就越高。最后,用户平均收入(Average Revenue Per User, ARPU)也与平台收入息息相关,高端用户越多,则 ARPU 越高。

从平台与主播因素来看,平台人气和直播的内容是用户选择直播平台最先考量的两个因素,而这两者往往密不可分。同时,当红明星、网红和人气主播对于直播平台来说是最重要的资源,明星主播给直播平台带来的不仅仅是更高的关注度,往往他们自身就能带来数量庞大的"粉丝"群体,这也就意味着巨大的用户数量。此外,高质量主播本身也是平台形象的代言人,拥有一批高质量主播,有利于直播平台形象的提升。随着直播行业竞争加剧,寻求差异化发展已成为一种趋势,平台特色是吸引用户的基础,而各具特色的配套服务,则是保持用户忠诚度的最佳手段。就欢聚时代而言,其旗下的 YY 直播和虎牙直播均拥有许多优质明星主播,这不仅带来了上亿的用户数量,同时也增强了对订阅用户的吸引力,使用户黏性提高。

四 评估模型的构建

(一) 价值评估方法比较与选用

成本法、市场法与收益法三大传统评估方法均可用于对企业价值进行评估。从成本法来看，由于泛娱乐直播平台是轻资产类型的企业，主要成本在于研发和运营，账面资产少，除不动产外，一般价值较低，同时平台拥有的许多资源并不体现在资产负债表中，运用成本法很难考虑那些未在财务报表上出现的资产，比如签约主播的热度和数量、用户数量等，因而成本法不适用于泛娱乐直播平台的价值评估。从市场法来看，由于直播平台的兴起时间并不长，各大直播平台定位也各不相同，在评估某一平台企业价值时，很难找到足够数量的其他可比企业以及足够数量的可比交易案例，从而市场法在直播平台价值评估中的运用也受到很大限制。从收益法来看，由于其核心思想在于对企业未来收益潜力进行判断，并被较为广泛地运用于对高新技术企业、轻资产企业等的评估，而泛娱乐直播平台的价值评估关键在于刻画其未来收益曲线，反映其未来可创造价值，因此收益法更加契合泛娱乐直播平台的价值评估。

虽然收益法的内核对于泛娱乐直播平台价值评估具有适用性，但是传统收益法主要针对传统企业，而传统企业主要业务通常较为固定，不同业务之间的增长或衰退差异一般不会太过明显，这决定了可以从整体上对其收入进行预测，同时不会产生太大的误差。然而，直播平台各业务板块的收入状况、未来发展趋势等并不相同，几大核心价值驱动因素对各业务板块的影响程度也各不相同，如主播数量对打赏分成收入的影响可能较大，而对广告、游戏和其他收入的影响却不那么显著；同时，不同打赏分成率、用户数量的增长速度对打赏分成的影响也不一致。业务发展的不平衡会使得从整体上对企业价值进行预测难以保证其准确性，因此必须进一步改进收益法以使其适应泛娱乐直播平台特性。

（二）基于泛娱乐直播平台应用的收益法改进

1. 改进思路

本案例根据直播平台主要业务构成，将其收入划分为打赏分成收入板块与其他综合收入板块，从而将打赏分成这一份额最大、最重要的业务板块与其他业务板块区别开来，单独计算其收益，并最终将其收入与其他板块收入合并求出直播平台整体价值。该方法实质是收益法的一种拆分变形，期望通过精准预测企业主要模块的未来收入而更准确地预测企业未来收入。具体形式如下：

$$企业价值=(预测的打赏分成收入+其他综合收入)\times 折现率 \quad (4-1)$$

2. 打赏分成收入计算

打赏分成收入取决于用户数量、用户打赏意愿、打赏金额和平台分成率。可通过现有调研数据，确定目前直播平台用户总体打赏意愿情况，进而结合平台提供的用户数量、分成率等数据，对该部分收入进行计算。打赏分成收入（DS）基本计算公式如下：

$$DS = ARPU \times U \quad (4-2)$$

其中，$ARPU$ 为用户平均收入，U 为用户数。显然，付费意愿强、收入水平高的用户越多，则 $ARPU$ 越高。

（1）确定用户平均收入（$ARPU$）

根据用户统计口径不同，用户平均收入的计算方法也不同。传统的 $ARPU$ 计算方式是：

$$ARPU = 单位时间销售总收入 / 单位时间总平均在线用户数 \quad (4-3)$$

考虑到有效用户对于直播平台收入增长的实质意义，$ARPU$ 的计算方式也可修正为：

$$ARPU = 单位时间总收入 / 单位时间付费用户数 \quad (4-4)$$

或者：

$$ARPU = 单位时间总收入 / 单位时间活跃用户数 \quad (4-5)$$

相关数据通常可以通过上市公司财报取得,而对于未上市平台,或者自身未做相关统计的平台,则可从用户角度出发,通过问卷调查、抽样等方式获得。

艾瑞咨询调研数据显示,2017 年泛娱乐直播平台用户付费打赏率(PR)为 21.4%。在产生付费行为的用户中,每月付费数额及其比例如表 4-1 所示。

表 4-1　2017 年泛娱乐直播平台用户每月付费数额及其比例

单位:%

	0~100元	100~200元	200~500元	500~1000元	1000~2000元	2000~5000元	5000~10000元	10000元以上
比例	31.5	25.5	18.8	11.4	6.0	0.7	2.0	4.0

资料来源:艾瑞咨询。

根据上述数据,付费数额取区间中位数,其中最后一个区间取最低数额,将付费数额与用户比例相乘,再乘以平台的分成率、付费打赏率和 12 个月,即可得到直播平台行业的整体 $ARPU$:

$$ARPU = \sum_{i=1}^{8}(D_i \times K_i) \times CR \times PR \times 12 \qquad (4-6)$$

式(4-6)中,D_i 为第 i 个区间付费数额,K_i 为第 i 个区间用户比例,CR 为平台分成率。

根据式(4-6)可计算得到 2017 年泛娱乐直播平台行业整体 $ARPU$ 为($2233.65 \times CR$)元(平台分成率一般是直播平台的公开数据)。

(2)确定用户数(U)

用户数一般也是通过直播平台的定期报告或相关机构的研究报告即可得到的数据。但是,数据采集时仍需关注平台的信誉问题,提防数据造假的可能,在采用第三方的数据时,也需知晓其获取数据的方式,判断是否存在较大的偏差。此外,数据统计口径也是一个值得注意的问题,比如"活跃用户"这一概念,有些平台将其定义为每周至少登录一次的用户,而有些平台则将其定义为每月都发生付费行为的用户,依据不同定义得到的数据差异巨大。

(3) 预测未来打赏分成收入

一般而言，用户数量、用户打赏意愿、打赏金额和平台分成率均会对打赏分成收入造成影响。用户数量是对打赏分成收入影响最大的因素，平台拥有的用户数越多，在用户整体打赏意愿和打赏比例不变的情况下，相应的打赏分成收入也会越高。用户打赏意愿可通过获取平台的用户打赏比例、平均打赏金额等统计数据，分析其发展趋势进而进行预测，也可根据第三方机构的调查和调研结果予以确定。打赏金额和平台分成率则可通过平台统计数据直接获得。

3. 实现方法

本案例将直播平台的收入划分为打赏分成收入与其他综合收入两部分，并根据各部分的历史数据和对未来发展趋势的预测，确定各部分的未来现金流，选取恰当的折现率，运用收益法评估各部分未来收益的现值，其总和即为待评估平台的价值。其主要公式如下：

净利润＝打赏分成收入＋其他业务收入－主营业务成本－其他业务成本－营业税金及附加－销售费用－管理费用－财务费用－资产减值损失＋投资收益＋营业外收入－营业外支出－所得税费用　　　　　　　　　　　　　　　　　　　(4-7)

DCF＝净利润＋折旧与摊销－营运资本增加额－资本性支出增加额　　(4-8)

$$企业价值 = \sum_{i=1}^{n} \frac{DCF_i}{(1+r)^i} + \frac{DCF_n \times (1+g)}{(r-g) \times (1+r)^n} \quad (4-9)$$

其中，DCF_i 为评估基准日后第 i 年预测的自由现金流；DCF_n 为预测期末年的自由现金流；r 为折现率；i 为预测期第 i 年；n 为预测期；g 为永续增长率。

永续增长率 g 的计算公式如下：

$$g = \frac{净资产收益率 \times (1-股份支付率)}{1-净资产收益率 \times (1-股份支付率)} \quad (4-10)$$

股份支付率的计算公式如下：

$$股份支付率 = \frac{每股股利}{每股净收益} \times 100\% \quad (4-11)$$

（三）案例评估：以欢聚时代为例

1. 欢聚时代基本财务情况

根据欢聚时代公开的财务信息资料，整理得到其 2014~2017 年的综合业务成果与各业务收入（见表 4-2 和表 4-3）。

表 4-2 2014~2017 年欢聚时代综合业务成果

单位：百万元

项目	2014 年	2015 年	2016 年	2017 年
净收入共计	3678.37	5897.25	8204.05	11594.79
直播带货	2475.38	4539.86	7027.23	10670.95
网络游戏	811.70	771.88	634.32	543.86
会员	205.20	291.31	284.86	197.56
其他	186.09	294.20	257.64	182.42
收入成本	1849.149	3579.744	5103.430	7026.402
毛利	1829.219	2317.505	3108.620	4568.398
研究和开发费用	431.188	548.799	675.230	781.886
销售及市场推广开支	102.527	312.870	387.268	691.281
一般和行政费用	223.019	358.474	482.437	544.641
商誉减值		310.124	17.665	2.527
或有代价的公允价值变动		292.471		
总营业费用	756.734	1237.796	1563.600	2020.335
子公司分拆及处置的收益			103.960	37.989
其他收入	6.319	82.300	129.504	113.187
营业收入	1078.804	1162.009	1771.484	2669.231
其他营业外支出	36.714	2.165		
部分处置投资的收益	0.999		25.061	45.861
外币兑换收益或净额	10.399	38.099	1.158	2.176
利息支出	56.607	97.125	81.085	32.122
利息收入	164.969	137.892	67.193	180.384
所得税支出前的收入	1214.480	1162.512	1783.811	2891.178
所得税支出	154.283	178.327	280.514	415.811

续表

项目	2014年	2015年	2016年	2017年
净收入	1064.472	998.305	1511.576	2508.391
归属于 YY lnc 的净收入	1064.472	1033.243	1523.918	2493.235

表4-3 2014~2017年欢聚时代各业务收入

单位：百万元，%

类型	2014年 金额	占比	2015年 金额	占比	2016年 金额	占比	2017年 金额	占比
直播带货	2475.38	67.3	4539.86	77.0	7027.23	85.7	10670.95	92.0
网络游戏	811.70	22.1	771.88	13.1	634.32	7.7	543.86	4.7
会员	205.20	5.6	291.31	4.9	284.86	3.5	197.56	1.7
其他	186.09	5.0	294.20	5.0	257.64	3.1	182.42	1.6
总计	3678.37	100.0	5897.25	100.0	8204.05	100.0	11594.79	100.0

2. 评估过程

通过对2014~2017年欢聚时代的财报进行分析，结合上文对直播行业的展望，本案例利用企业自由现金流的两阶段模型对欢聚时代进行价值评估。其中，2018~2022年为明确的预测期，2023年及以后为永续稳定期，评估基准日为2017年12月31日。

（1）打赏分成收入预测

根据上文打赏分成收入（DS）的计算公式，以及欢聚时代财报的相关数据，得到2014~2017年欢聚时代的用户相关数据（见表4-4）。

表4-4 2014~2017年欢聚时代用户相关数据

类型	2014年	2015年	2016年	2017年
年付费用户（百万人）	3.4	5.8	11	16.6
用户平均收入（元）	726.7	780.5	637.8	643.2
总用户付费收入（百万元）	2470.78	4526.9	7015.8	10677.12

可以看到，2014~2017年欢聚时代的年付费用户数量增速迅猛，增长率分别为70.59%、89.66%、50.91%，但用户平均收入有升有降，

总体围绕 700 元水平上下波动。根据对欢聚时代发展趋势、市场份额情况的分析，本案例预测欢聚时代 2018~2021 年付费用户数量增长率分别为 60%、50%、40%、30%，此后每年保持 15% 的增速。而考虑到新增加的付费用户收入水平和付费意愿总体与现有用户没有本质差别，但随着经济发展，人们的收入会增加，预测用户平均收入将在 700 元的基数上保持 3% 的小幅增长。欢聚时代打赏分成收入的预测结果见表 4-5。

表 4-5　欢聚时代打赏分成收入预测结果

类型	基期	2018 年	2019 年	2020 年	2021 年	2022 年
年付费用户（百万人）	16.6	26.56	39.84	55.78	72.51	83.39
用户平均收入（元）	643.2	721	742.63	764.91	787.86	811.49
总用户付费收入（百万元）	10677.12	19149.76	29586.38	42666.68	57127.73	67670.15

（2）其他业务收入预测

该处的其他业务收入指欢聚时代公布的年报中除直播带货部分以外的所有营业收入（见表 4-6）。

表 4-6　2014~2017 年欢聚时代其他业务收入

单位：百万元

类型	2014 年	2015 年	2016 年	2017 年
其他业务收入	1202.99	1357.39	1176.82	923.84

可以看到，欢聚时代的其他业务收入总体存在一个缓慢下降的趋势，这可能是由于其重心主要在网络直播业务上。而随着欢聚时代行业地位的进一步巩固与影响力的持续增强，其他业务收入也必然会得到缓慢的增长。由此，预测其他业务收入将在前四年平均水平 11.65 亿元的基础上保持 10% 的增速（见表 4-7）。

第四章 泛娱乐直播平台价值评估：以欢聚时代为例

表 4-7 欢聚时代其他业务收入预测

单位：百万元

类型	基期	2018 年	2019 年	2020 年	2021 年	2022 年
其他业务收入	1165.26	1281.79	1409.96	1550.96	1706.06	1876.66

（3）主营业务成本预测

该处的主营业务成本指欢聚时代公布的年报中的收入成本（见表 4-8）。

表 4-8 2014~2017 年欢聚时代主营业务成本

单位：百万元

类型	2014 年	2015 年	2016 年	2017 年
主营业务成本	1849.149	3579.744	5103.430	7026.402

2014~2017 年欢聚时代主营业务成本率（本案例中的主营业务成本率指的是主营业务成本占总收入的比重）相对保持稳定，分别为 50.27%、60.70%、62.21% 和 60.60%，平均值为 58.45%。基于 58.45% 的主营业务成本率来对欢聚时代主营业务成本进行预测，结果如表 4-9 所示。

表 4-9 欢聚时代主营业务成本预测

单位：百万元

类型	基期	2018 年	2019 年	2020 年	2021 年	2022 年
主营业务成本	7026.40	11941	18114	25839	34382	40641

（4）经营费用预测

该处的经营费用指欢聚时代公布的年报中的总营业费用（见表 4-10）。

表 4-10 2014~2017 年欢聚时代经营费用

单位：百万元

类型	2014 年	2015 年	2016 年	2017 年
经营费用	756.734	1237.796	1563.600	2020.335

企业价值评估：理论创新与方法应用

通过财务报表可以看出，2014~2017年欢聚时代的经营费用率（本案例中的经营费用率指的是经营费用占总收入的比重）分别为20.57%、20.99%、19.06%和17.42%，平均值为19.51%，经营费用与主营业务成本类似，总体上与总收入保持相对稳定的比例。基于19.51%的经营费用率对欢聚时代经营费用进行预测，结果见表4-11。

表4-11　欢聚时代经营费用预测

单位：百万元

类型	基期	2018年	2019年	2020年	2021年	2022年
经营费用	2020.34	3986	6048	8627	11479	13569

（5）营业外收入预测

该处的营业外收入指欢聚时代公布的年报中的其他收入（见表4-12）。

表4-12　2014~2017年欢聚时代营业外收入

单位：万元

类型	2014年	2015年	2016年	2017年
营业外收入	631.9	8230	12950.4	11318.7

由于营业外收入是与企业日常营业活动没有直接关系的各项利得，具有较大的不确定性，因而无法对其进行准确的预测，但鉴于欢聚时代的业务面较广，近年来每年均存在营业外收入，且规模无法被忽略，2014~2017年分别为631.9万元、8230万元、12950.4万元和11318.7万元，本案例采用近4年平均值8282.75万元予以近似表达。

（6）所得税占税前收入比重预测

该处的所得税占税前收入比重由欢聚时代公布的年报中的所得税支出前的收入和所得税支出计算得出（见表4-13）。

表4-13　2014~2017年欢聚时代税前收入及所得税

单位：百万元

类型	2014年	2015年	2016年	2017年
税前收入	1214.480	1162.512	1783.811	2891.178
所得税	154.283	178.327	280.514	415.811

所得税是与税前收入成比例的数值，2014~2017年欢聚时代所得税占其税前收入的比重分别为12.70%、15.34%、15.73%和14.38%，平均值为14.54%，据此确定其预测值为14.54%。

（7）折旧与摊销预测

折旧与摊销指固定资产的折旧和无形资产、土地使用权的摊销，欢聚时代目前的固定资产、无形资产、土地使用权净值及其折旧与摊销如表4-14所示。

表4-14 2014~2017年欢聚时代折旧与摊销

单位：百万元

类型	2014年	2015年	2016年	2017年
机器设备净值	234.228	843.449	838.750	1016.998
土地使用权净值			1872.394	1832.739
无形资产净值	154.034	246.437	58.926	37.481
总计	388.262	1089.886	2770.070	2887.218
机器设备折旧	68.035	122.098	173.625	176.715
无形资产和土地使用权摊销	12.598	64.201	100.892	62.419
总计	80.633	186.299	274.517	239.134

根据欢聚时代现有资产规模和未来发展趋势，预测2018~2022年的折旧额分别为1.8亿元、2.0亿元、2.2亿元、2.4亿元、2.6亿元，摊销额分别为0.8亿元、1亿元、1.2亿元、1.4亿元、1.6亿元。

（8）权益资本成本的确定

权益资本成本的计算公式为：

$$r = R_f + \beta(R_m - R_f) + R_s + FSP \tag{4-12}$$

式（4-12）中，r为权益资本成本，R_f为市场无风险报酬率，R_m为市场平均风险报酬率，β为企业风险相对于市场风险的比值，R_s为企业特定风险溢价，FSP为企业规模溢价。

第一，市场无风险报酬率的确定。市场无风险报酬率的选择有多种方法，一般资产评估惯用的方法是参考同期国债利率或同期银行存款利率。本案例选取中国债券信息网 2014~2017 年国债收益率曲线标准期限信息中所有一年期国债,并取利率平均值 2.75%作为市场无风险报酬率。

第二,市场平均风险报酬率的确定。市场平均风险报酬率的确定,可以选择知名证券公司研报中对于相关市场类似企业投资收益率的预测,进而通过加权平均或几何平均得到。在本案例中,选取 5 年期恒生指数收益率的几何平均值 4.06%作为市场平均风险报酬率。

第三,β 的确定。根据 β 的定义,按照目标企业股票和市场指数收益率的协方差、股票指数的方差直接进行计算:

$$\beta = \frac{cov(K_i, K_m)}{\sigma_m^2} \qquad (4-13)$$

本案例选取欢聚时代 2013~2017 年共 60 个月的开收盘价计算得到收益率 K_m,通过计算其方差 σ_m^2,以及其收益率与纳斯达克指数的协方差,最终得出 β 系数为 1.4935。

第四,企业特定风险溢价的确定。特定风险溢价主要是针对一些非系统性特定因素所产生的风险进行的溢价或折价,一般企业特定风险溢价取值区间为 0~3%,本案例从模型简化角度考虑,将欢聚时代特定风险溢价确定为 2%。

第五,企业规模溢价的确定。企业规模溢价反映了企业规模与风险之间的关系。一些研究显示,企业规模是企业价值重要的影响因素之一,因此在衡量权益资本成本时必须关注企业规模的影响。同时,使用传统CAPM 模型计算得到的数据与真实数据普遍存在较大差异,这是由于CAPM 模型忽略了股票之外的其他资产回报。由于欢聚时代在美国纳斯达克上市,因此采用美国 Duff&Phelps 公司的研究数据(见表 4-15)。欢聚时代 2017 年 12 月 31 日市值约 67.96 亿美元,所对应的规模溢价为 2.4%。

表 4-15 美国股市规模溢价估计值

单位:百万美元,%

市场价值	规模溢价	账面价值	规模溢价
≥21589	0	≥11465	0

续表

市场价值	规模溢价	账面价值	规模溢价
7150~21589	1.3	4184~11465	1
2933~7150	2.4	1157~4184	2.1
1556~2933	3.3	923~1157	3
687~1556	4.4	382~923	3.7
111~687	5.2	60~382	4.4
<111	7.2	<60	5.6

根据上文所选取指标，可以计算得出权益资本成本：

$$r = R_f + \beta(R_m - R_f) + R_s + FSP$$
$$= 2.75\% + 1.4935 \times (4.06\% - 2.75\%) + 2\% + 2.4\%$$
$$= 9.11\%$$

3. 评估结果

由欢聚时代财报数据可得，永续增长率 g 为 -0.02%，此数据无效。由于预测未来现金流的增长率既计入了实际产出销售额的增长，也计入了预期通胀率，当在永续期有超额回报时，提升永续期增长率就会增加价值，故企业有动力通过增加再投资提升销售收入增长率，因此在实务中永续增长率通常可采用市场无风险报酬率替代。因此，本案例的永续增长率 g 选用市场无风险报酬率 2.75%。

$$企业价值 = \sum_{i=1}^{n} \frac{DCF_i}{(1+r)^i} + \frac{DCF_n \times (1+g)}{(r-g) \times (1+r)^n} = 1245.658 \text{ 亿元}$$

根据上文预测的收益以及确定的参数，得到最终的评估结果为1245.658亿元，折合为194.939亿美元（当期汇率为6.39）。鉴于该评估结果是建立在对未来价值增长预测的基础上，其与企业账面的资产价值以及证券市场的市值必然会有一定差异。

五 案例结论

与传统企业相比，泛娱乐直播平台盈利模式和价值驱动因素有其特殊性，难以利用传统评估方法评估其价值。在综合考虑成本法、市场法、收益法使用原则及优缺点的基础上，本案例结合泛娱乐直播平台典型企业欢聚时代的特征，确定了以收益法作为基础的评估方法。同时，鉴于收入来源较多、业务发展不均衡等特征，本案例进一步将直播平台收入构成划分为打赏分成收入板块与其他综合收入板块，从而将传统收益法拆分变形，以期通过该改进得到更精确的收入预测数据及更为公允的企业价值。

第一，泛娱乐直播平台的盈利模式与价值驱动因素决定了收益法对于直播平台价值评估具有基础的适用性，但收入来源较多、业务发展不均衡等特点同时决定了传统收益法难以直接应用。结合行业发展状况、大众收入水平以及市场需求等因素对收益法进行适用性改进，能更好地预测泛娱乐直播平台企业价值及未来盈利能力。

第二，打赏分成是泛娱乐直播平台最主要的利润来源，其他业务收入则普遍较少，因此对打赏分成进行单独评估，实际上抓住了泛娱乐直播平台企业价值评估的关键。同时，本案例运用改进收益法对欢聚时代企业价值进行评估，结果显示，评估值与同期欢聚时代市值差异较大，这可能是市场预期、宏观经济因素等共同作用的结果。本案例的改进收益法后续还应该综合考虑这些因素，以增强其适用性与有效性。

参考文献

晁贤媛．基于改进收益法的高新技术企业价值评估研究［D］．辽宁大学，2022．

崇罡．网络直播平台估值方法研究［D］．首都经济贸易大学，2017．

董可心．收益法在文化传媒企业价值评估中的应用研究——以 X 传媒并购事件为例［D］．西安外国语大学，2020．

董忻榕．直播企业价值评估——基于 CVBC 模型的改进［D］．暨南大学，2018．

李雪婷，宋常，郭雪萌．碳信息披露与企业价值相关性研究［J］．管理评论，2017，29（12）：175-184．

刘春燕，李珂．我国互联网公司企业价值评估研究——以掌趣科技为例［J］．经贸实践，2016（12）：99．

卢琪，胡东全．基于收益途径的 ZT 融资租赁公司价值评估案例分析［J］．商场现代化，2016（25）：222-226．

任媛媛．基于生命周期的新三板互联网企业价值评估研究——以 A 公司为例［D］．北京交通大学，2016．

沈捷．基于 EVA 模型的房地产企业价值评估运用［J］．现代营销（下旬刊），2017（12）：232-233．

汤子帆，左庆乐．基于非财务视角的网络直播平台企业价值评估［J］．中国资产评估，2021（10）：36-44．

王城超．基于剩余收益模型的网络直播企业估值研究［D］．浙江财经大学，2019．

杨荟萌．基于 EVA 修正收益法的新城控股集团股份有限公司企业价值评估研究［D］．中国矿业大学，2022．

张雪．虎牙直播企业价值评估研究［D］．东北石油大学，2021．

赵丹．基于修正 DCF 法的资源型企业价值评估研究——以中国石油天然气股份有限公司为例［D］．江西财经大学，2016．

钟诚．基于 EVA 模型的新三板医药企业价值评估研究——以星昊医药为例［D］．江西财经大学，2016．

周丽俭，刘璇．收益法在企业价值评估中的应用研究文献综述［J］．经济研究导刊，2021（5）：129-131．

周相成．基于收益法的新媒体互联网企业价值评估研究——以网易为例［D］．云南大学，2018．

邹璐．万科集团企业价值评估方法及其评价［D］．华中科技大学，2016．

Aras G, Hacioglu K E. Enhancing Firm Value through the Lens of ESG Materiality: Evidence from the Banking Sector in OECD Countries［J］. Sustainability, 2022, 14（22）: 15302.

Azimli A. The Impact of Climate Policy Uncertainty on Firm Value: Does Corporate Social Responsibility Engagement Matter? [J]. Finance Research Letters, 2023, 51: 103456.

Chang Y J, Lee B H. The Impact of ESG Activities on Firm Value: Multi-Level Analysis of Industrial Characteristics [J]. Sustainability, 2022, 14 (21): 2210-2233.

Connelly J T, Limpaphayom P, Nguyen H T, et al. A Tale of Two Cities: Economic Development, Corporate Governance and Firm Value in Vietnam [J]. Research in International Business and Finance, 2017, 42: 102-123.

Ge C. Applying the Value Assessment of New Energy Companies Based on the EVA Model—An Example from Ningde Times New Energy Technology Co. [J]. International Journal of Accounting and Finance Studies, 2022, 5 (2).

Hingurala A N, Perera W, Vijayakumaran R. The Impact of Working Capital Management on Firm Value: Evidence from a Frontier Market [J]. Asian Journal of Finance & Accounting, 2017, 9 (2).

第五章 社交化电商企业价值评估：以拼多多为例[①]

在历经二十多年的高速发展后，我国电商行业正面临内部企业竞争激烈、获客成本大幅提高、流量增长逐渐疲软等困境，与此同时，得益于数字化智能设备渗透率的持续提升，将社交元素融入购物过程的社交化电商平台应运而生并获得爆发式增长。社交化电商平台的"去中心化"特性使得每一位用户均成为一个流量入口，同时潜在用户也会根据熟人推荐增加对其的使用，这在大幅度降低电商企业获客成本的同时，极大促进了平台用户及流量的增长。面对新的发展机遇，各大传统电商纷纷开展相关业务，与社交化电商企业相关的投融资活动更是层出不穷，资本市场对社交化电商企业的估值需求大大增加。然而，鉴于独特的商业模式、难以预测的收益、较少的历史数据与可比公司以及强调"人"的重要性等，基于财务指标与历史数据的现金流折现法、资产基础法等传统估值方法在评估该类企业价值时适用性较差，迫切需要开发新的估值方法。

本案例在对社交化电商企业商业潜力大、马太效应显著、用户数量驱动增长、营业波动性大、非财务因素影响大等特征进行分析的基础上，引入基于梅特卡夫定律的国泰君安模型对社交化电商企业价值进行评估。与此同时，通过明确用户、网络节点等变量的定义和计算方式，以及引入商户数量和 Bass 模型，本案例进一步对国泰君安模型

[①] 本章案例原创：吴虹霖；案例校正与修改：刘志坚、管婧汝、郑汉卿。

进行了参数的调整和修正，构建了适用于社交化电商企业的新估值模型。应用改进模型对社交化电商代表性企业——拼多多的企业价值进行评估，结果显示，评估结果与市值高度一致，这也验证了改进模型的适用性。

社交化电商企业在发展初期会投入大量资金以抢占用户，并导致营业波动性大、现金流为负等，从而净现金流量、资产负债率等财务指标并不能很好地反映其真实价值。而通过改进的国泰君安模型对拼多多企业价值进行评估发现，商户数量也是影响电商企业价值的重要因素。因此，在社交化电商企业的价值评估中也应关注其活跃用户数、单位用户贡献值等非财务指标。这也从侧面表明，改进传统评估模型或构建新评估模型以适应行业、企业发展特征，是得到更加科学、准确的资产评估结果的必然途径。

一 案例背景

传统电商行业在我国经历了二十多年的高速发展后，正面临着头部企业流量增长疲软、尾部企业竞争激烈、消费者选择成本高昂等发展困境。一方面，网购用户数量已占据网民总量的八成，电商企业获客成本大幅度提高，流量增长却逐渐疲软；另一方面，在阿里巴巴与京东构成的"双寡头"格局中，中小企业市场份额被不断挤占，行业尾部竞争愈加激烈，投入高而回报低。与此同时，对高性价比商品的追求，使消费者产生了极高的选择成本，各类投诉事件更是层出不穷。当前，传统电商行业已接近饱和，各大企业均迫切寻求一种全新的商业模式，以期实现业绩的持续增长。

得益于数字化智能设备渗透率的持续提升，将社交元素融入购物过程的社交化电商平台应运而生。社交化电商企业在平台中加入评论、点赞、关注等社交元素，用户可以在完成购物后发布相关购物经验，自发地成为商品的导购员；同时，用户还可在社交圈内分享拼团链接，从而能以较低的价格购买相关商品。因此，社交化电商平台的"去中

第五章 社交化电商企业价值评估：以拼多多为例

心化"特性使得每一位用户均成为一个流量入口，这在大幅度降低电商企业获客成本的同时，助力了企业的流量增长，为中小型电商企业带来了新的发展机遇。特别是2020年新冠疫情暴发后，居民购买生活消费品对于线上渠道的依赖，使得网络购物与社交的比例急剧提升，华经情报网数据显示，2020年我国社交化电商用户规模已达7.8亿人，较2019年增加约7000万人，社交化电商企业迎来了发展的机遇，而以淘宝、京东为代表的多家传统电商企业为抢占市场纷纷开展相关业务，与社交化电商企业相关的投融资活动也层出不穷。

社交化电商行业的代表性企业——拼多多于2015年9月在上海正式上线，其突出社交元素，是一个专注于C2M拼单购物的第三方移动电子商务应用企业。拼多多的消费群体主要为中青年以及三线城市居民，该类消费者的社交圈较为活跃，对低价有着更大的偏好。拼多多充分利用用户消费心理，在平台发布价格低廉的产品吸引用户发起拼团，用户则可通过微信、QQ等即时通信软件邀请亲朋好友加入团购，从而实现低价购买。拼多多凭借其创新的"拼团"模式，于2018年就踏入了美国纳斯达克证券交易所的大门。得益于商品交易总额（GMV）的强劲增长及用户规模的迅速扩张，2020年其股价涨幅甚至达到330.92%，成为我国第二大电商平台。拼多多2021年第一季度的财报显示，截至2021年3月31日，拼多多的年度活跃买家达到创纪录的8.238亿人，进一步实现了其服务中国最广大用户的目标。

拼多多持续攀升的股价成为社交化电商行业蓬勃发展的缩影，而独特的商业模式与巨大的商业潜力也使其备受资本市场的关注，相关企业融资上市浪潮的掀起更是使得资本市场对社交化电商企业的估值需求持续增加。然而，社交化电商企业不仅具有独特的商业模式，且大部分企业历史数据难以获取、可比企业数量少；同时，其收益也难以预测，如拼多多自2015年正式上线以来，尽管市场给予很高的预期，但其一直未实现盈利。所以，传统估值方法在评估该类企业价值时适用性较差，迫切需要结合社交化电商企业特性，开发全新评估方法或对现有估值方法进行改进。

二 相关理论研究

综观国际国内关于电商企业价值评估的相关研究，其方法大致可以划分为两类：一类是改良传统价值评估法；另一类是开创新评估方法。前者注重企业的财务报表和财务指标，研究体系较为成熟，计算过程更加标准化，在实务上也更具操作性，如 EVA 估值法、市盈率估值法、收益折现法等。后者则注重企业投资项目价值、市场占有率、用户基数、单位用户平均贡献值等非财务指标，从而更加符合电商企业的商业模式与价值特性，如实物期权法、国泰君安模型等。

在传统评估方法的改良应用中，美国股票分析师 Wolf 和 Warburg（1998）指出，电子商务公司的价值应该反映企业当前的经营价值以及未来的成长潜力，据此，其结合电商企业的商业模式，提出了一个改进的 EVA 模型用于对电商企业价值的评估；김민석和 Whang（2005）将影响网络购物平台竞争力的相关因素归结为三类，即消费者的一般购买因素、网站表现以及品牌效应，并在分析估计各类因素对企业价值的贡献权重的基础上，引入层次分析法对电商企业整体价值进行评估，而通过对 38 个网络购物平台调查数据进行回归分析，其进一步指出竞争力评分可以成为互联网购物平台销售额的适度预测指标。

而在新评估方法的开创中，Yi 和 Hwang（2009）通过研究网络流量与互联网公司价值之间的关系指出，网络流量是衡量互联网企业未来发展的一个关键因素，在一定程度上代表了该类公司的技术进步与可销售性，因此需要将网络流量信息整合为互联网公司的主要资产。同时，通过网络流量与财务数据之间的假设检验，其发现唯一访问者数量、访问次数和页面浏览量均与互联网公司企业价值正相关，从而也验证了网络流量信息应被视作互联网公司价值评估的重要非财务指标。Metcalfe（2013）基于梅特卡夫定律（互联网各个节点之间的相互连接构成了互联网的价值，网络的价值与用户节点数的平方成正比），根据 Facebook 公司 2003~2012 年的收入与用户活跃度数据，分别使用梅特卡夫定律、齐普夫定律等进行了拟合，结果显示，基于梅特卡夫定律模拟的企业收入和用户贡献度之间的拟合优度最高，能更准确地反映过往长时间段互联网企业发展的真实情况。

社交化电商行业方兴未艾，国内学者也结合我国行业发展状况及社交化电商企业的特点，对该类企业的估值问题展开了研究。刘玲（2018）通过研究发现，一些难以准确计量的非财务因素，如单位用户平均贡献值、活跃用户数等，会对社交化电商企业的价值产生显著的影响。基于此，其根据社交化电商企业特点改进DEVA模型并将其应用于相关企业的评估，结果显示改进模型的评估结果更加准确、客观。魏嘉文和田秀娟（2015）基于梅特卡夫定律，借鉴国泰君安证券研究所提供的网络企业估值公式，选择新浪微博作为研究对象，利用传统的DCF模型和基于梅特卡夫定律的估值模型对其分别进行评估，结果显示，两种方法都有其局限性，但考虑到社交网站本身所具有的丰富信息资源，基于梅特卡夫定律的估值模型评估该类企业更为合适。卓唯佳和邹方雨（2021）认为，梅特卡夫定律初始公式中的用户规模没有明确定义，价值系数难以准确量化，从而在实际操作中会产生较大误差，针对电商企业以信息、用户为核心资源的特性，其进一步对原有梅特卡夫模型进行了改良，相关实证研究结果表明，修正后的估值模型在很大程度上提高了企业财务数据与企业价值的相关性。

整体而言，传统评估方法理论体系较为完善，在实务中更具操作性，而新评估方法则更具创新性，更符合社交化电商企业的价值特征。当前，社交化电商企业相关评估方法的不足大致可以归纳为三个方面：一是由于社交化电商商业形态出现较晚，大多数研究主要集中在对传统评估方法的改进上，而传统评估方法更适用于对成熟企业的评估，这使得相关评估结果并不能很好地反映社交化电商企业的实际价值；二是社交化电商企业价值评估的模型均不具有普适性，缺乏统一标准，对于企业价值的核心影响因素尚未达成一致，并且诸多模型的参数也难以准确定义和量化；三是从研究趋势来看，尽管从用户价值角度来评估企业价值的研究已经较为成熟，但是将其与社交化电商企业价值联系的相关研究却相对较少,在该方向需要深入分析研究。鉴于此,本案例将以社交化电商代表性企业拼多多为例,基于社交化电商企业的典型价值特性,引入新型模型——国泰君安模型,并量化用户价值和商户价值、合理定义节点间距,以对其参数进行调整和修正,最终通过对比评估结果与市值,检验模型的可靠性。

三 社交化电商企业的价值特征

社交化电商是一种基于社交媒体的电子商务模式,其以人际关系为基础,以社交媒体(比如微博、微信)为传播载体,通过引导用户互动、买家自发分享、用户辅助引流等方式在交易过程中为消费者提供一定的参考与引导,同时其将交易流程融入关注、分享、沟通等社交中,是一种以信任为中心的新型交易方式。具体而言,社交化电商企业价值特征可概括为以下几点。

(一) 商业潜力大

与传统电商行业相比,社交化电商行业的发展速度更快,增长空间也更大。互联网的广泛覆盖和智能手机的全面普及,使得以微信、QQ和新浪微博为代表的社交平台成为人们日常生活中离不开的沟通媒介和消遣渠道。这些社交平台聚集了大量的现实用户,他们与自己的亲友、"粉丝"共同构成了巨大的潜在用户群体,而正是这种逐渐扩大的人际交往圈为社交化电商的发展提供了无限的商机。社交化电商平台与传统电商平台的一个巨大区别在于,用户在进行网络购物后,还可能在社交平台或社区对其购物体验进行发布和分享,并且为其他潜在消费者解答"在哪买"以及"是否值得买"等问题,不经意间成为商品的网络"导购员",这将激发还未形成清晰消费需求用户的购买热情,从而提高社交化电商平台的用户转化率。

2017年初,拼多多以社交化电商平台这一创新的电商模式正式上线,仅用了两年零三个月时间,就获得年 GMV 突破千亿元、用户数突破3亿人这一惊人的好成绩,突破了传统电商行业的瓶颈。拼多多高速增长的用户数和GMV向投资者展示了企业巨大的商业潜力,即便企业尚未实现盈利,资本市场仍然对其股价有着较高的估值,这充分体现出市场对社交化电商行业巨大潜力的乐观预期。

(二) 马太效应显著

阿里巴巴和京东共同构成了中国电商行业的"双寡头"格局,尾部企业之间竞争激烈,市场份额被不断挤压,体现出显著的马太效应。1968年,美国学者罗伯特·莫顿观察到一种强者愈强、弱者愈弱的现象,并由此提出了马太效应(Matthew Effect)。该理论指出,任何个人、团体或地区在某一方面的成就与进步,都将为今后发展积累有利条件,因而其能获得更广阔的发展空间。综观国内数万家电商平台中,最具知名度而占据市场份额又最大的仅有阿里巴巴、京东两家龙头企业,其余电商平台在竞争中则基本处于劣势地位。行业头部企业,除市场份额外,在团队管理、用户和渠道资源等方面均领先于后端企业,又在马太效应的加持下进一步增强其竞争优势,使得行业的新进入者与尾部企业难以撼动其地位。马太效应的存在表明,电商行业中规模较大企业往往具有更高的价值。

马太效应对企业价值的影响也显著体现在社交化电商企业之中。截至2021年3月31日,拼多多的年度活跃买家达到8.238亿人,以创纪录的速度正式迈入8亿用户的新时代,成为中国用户规模最大的社交平台。一方面,市场份额的增加使得拼多多更容易获得用户的信赖,用户口口相传后又进一步扩大了用户规模。2016年,拼多多的单位获客成本仅为10元,是同期阿里巴巴获客成本的1/10。另一方面,具有较高知名度的品牌也更倾向于入驻市场份额较高的拼多多,以此来拓展其线上销售渠道,而拼多多也获得了更多的广告收入,达成品牌与平台双赢。行业中的马太效应会使拼多多等头部企业自身优势进一步放大,用户黏性不断提高,广告收入也会相应增加,从而实现增值,并进一步巩固其行业龙头的地位。

(三) 用户数量驱动增长

传统实体企业的关注点一般在已购买商品或服务的用户上,其更在意老用户的满意度和复购率,而电商企业采用的则是"用户驱动"的商业模式。若想进一步扩大市场规模、提升企业所在层级,仅凭现有消费者的购买力是不够的,更重要的是发展新用户。电商企业在拥有了一定的用户基础,进入稳定的商业发展阶段后,可以通过已积累的用户资源开拓新的业务,寻找其他的盈利点。因此,电商企业前期往往会将主要精力集中于用户发展和市场开拓上,通过低价的商品和服务来扩大用户规模、培养用户在平台消费的习惯,这期间产生的大量成本,使其基本无法实现盈利。

在商业模式上,以"人"为中心,依靠用户数量这一核心驱动因素实现业绩增长,明显地体现出社交因素对于社交化电商企业发展的关键作用。以拼多多为例,其仅成立 5 年就创造了 1000 亿美元的价值,跻身于 2020 年胡润中国 10 强电商,位列第四。但拼多多披露的财务数据显示,直至 2020 年,拼多多仍然未能实现盈利,而值得注意的是,拼多多年度活跃买家数已达 7.88 亿人,高于行业巨头阿里巴巴的 7.79 亿人。由此可见,正是庞大的客户群体和其创造的网络流量使得其能在短时间内实现高速增长,并成为行业新贵。

(四) 营业波动性大

电商企业在诞生初期的营业波动性较大,很多中小型电商企业在这一发展阶段就因经营不善而被迫退出行业。在发展初期,电商企业需要在营销推广、平台建设和售后服务中投入大量的人力物力,而这部分资金需要等产品上线创收后才能逐渐回笼。从商业模式来看,我国初创电商企业所提供的产品或服务大多数是"大部分免费、小部分收费",以此来获得用户并扩大市场规模,这使得大部分电商企业在前期处于亏损状态,甚至陷入资金链断裂的局面。虽然电商企业前期投入成本较高,但由于其提供的产品或服务具有体量大、可复制和共享方便等特点，随着企业经营规模和用户规模的扩大，企业收入的增加并不会显著增加成本，产品边际成本会持续降低甚至可以忽略不计，而通过积累用户形成的厚积薄发态势，使企业一旦进入盈利阶段就可实现利润的持续快速增长。

社交化电商企业营业波动性大的特征更加明显，并体现为发展初期持续的亏损状态。从拼多多公开发布的财务数据来看，自2015年正式上线以来，其一直未实现正常的盈利，这是由于企业前期投入了大量营销费用，同时也开展了诸多优惠补贴活动以吸引用户。前期巨量的成本投入，使得拼多多现金流一直为负。2018~2020年拼多多净利润见图5-1。

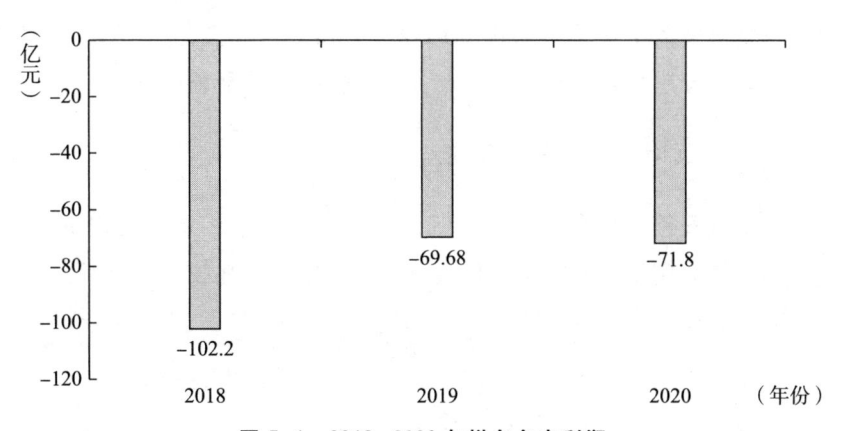

图5-1　2018~2020年拼多多净利润

资料来源：2018~2020年拼多多公司年报。

（五）非财务因素影响大

电商行业的创业门槛较低，投资方主要看重企业领导团队、运营模式、对目标用户群体需求的理解等，同时轻资产的属性决定了用户数量、获客成本、用户转化率等非财务因素成为影响电商企业核心竞争力的主要因素。而电商消费者则更为关注平台的渠道资源和售后服务，电商企业为了提高用户黏性，会不断更新技术和创新购物模式，使消费者的购物体验更好。因此，电商企业在品牌声誉、用户流量和商业模式等方面投入的成本将远大于投入有形资产的成本，这也决定了非财务因素对社交化电商企业价值的影响较大。就拼多多而言，其正是凭借创新的"拼团"商业模式，瞄准下沉市场，精准定位用户群体，才实现了用户规模的迅速扩张，非财务因素也成为驱动其企业价值增长的关键因素。

四 评估模型的构建

基于社交化电商企业商业潜力大、马太效应显著、营业波动性大等特点，本案例认为以梅特卡夫定律为基础、从用户价值角度对企业进行估值的国泰君安模型对该类企业更具适用性。同时，考虑到国泰君安模型对参数定义不够明确等局限，必须针对社交化电商企业的特征对国泰君安模型进行优化，以此提高评估结果的准确性。

（一）国泰君安模型概述

国泰君安模型是由国泰君安研究所依据梅特卡夫定律提出的、国内最早专门应用于互联网企业价值评估的模型，其基础公式如下：

$$V = K \times P \times \frac{N^2}{R^2} \tag{5-1}$$

式（5-1）中，V 表示企业价值，N 为用户数。K 表示变现因子，其衡量了企业的变现能力。对于互联网企业而言，其变现能力主要体现为用户资源和网络流量为其带来现金流的能力，如果企业拥有庞大的用户群体，但用户并未给企业带来价值，那么企业就没有足够的现金流来支持其经营活动，更加无法达到持续盈利的状态。P 为溢价率系数，是对行业马太效应的考虑。如果企业处于行业领先地位，拥有更高的市场占有率和品牌知名度，那么企业的溢价也会随之增加，从而获得更高的估值。溢价率系数的引入也从侧面反映了国泰君安模型对于社交化电商企业的适用性。R 为网络节点间的距离。网络的价值不仅与节点的数量有关，而且与节点之间的距离密切相关，节点距离越短的网络，其价值越大。

可以看出，虽然国泰君安模型实现了对梅特卡夫定律的改进，但其缺陷仍然明显，并突出表现为：一是对用户数 N 的界定模糊，国泰君安模型没有区分活跃用户与非活跃用户，而是假设所有用户为互联网企业带来的价值均相同，这可能会导致企业价值被严重高估；二是网络价值不会随用户的增加而无限增长，根据经验，互联网企业中新用户的忠诚度和活跃度会低于老用户，创造的价值也更少，因此国泰君安模型中企业价值可以随着用户规模扩大而无限制增长这一论断缺乏现实依据；三是网络节点间的距离 R 难以量化，国泰君安模型中对 R 的研究只停留于定性分析阶段，在实务中很难对该参数进行定量计算；四是模型未考虑获客成本，国泰君安模型只重视客户价值，却未考虑获得客户所需投入成本。

（二）国泰君安模型改进

1. 修正变现因子（K）

当前，社交化电商企业大多处于发展初期，尚未形成稳定的盈利模式，企业倾向于将大量资金运用于提高用户基数和扩大市场规模，从而该类企业的现金流一般为负，并难以确定其变现能力。考虑到社交化电商企业的主要收入来源是平台中活跃用户的成交额，单位活跃用户为企业创造的营收就成为变现能力的一个关键指标。因此，本案例选用单位用户平均收入（ARPU）替代原模型中的变现因子（K）。该指标不仅反映了单位活跃用户对企业价值的贡献程度，同时也在很大程度上反映了企业未来的发展潜力。ARPU 的计算公式如下：

$$ARPU = \frac{年营业收入}{年活跃用户数} \tag{5-2}$$

2. 修正溢价率系数（P）

社交化电商行业存在极强的马太效应，企业市场份额越高，马太效应对其价值的影响也就越明显。自 2015 年开始营业，拼多多很快以创新的营销模式与极致性价比的商品填补了阿里巴巴和京东之外的大片空白，成为历史上"跑得最快"的电商平台。鉴于此，本案例选用企业的市场占有率（S）来替代模型中的参数 P，它反映了某一平台中用户群体的销售额占行业总销售额的比例，体现了该企业的行业地位。

3. 修正用户数与企业价值的关系

虽然社交化电商企业具有很强的社交属性，但其本质上仍然是电商企业的一类，企业提供交流平台的最终目的还是实现商品的销售，而购买行为不仅仅涉及用户，更是与商户的经营方式息息相关，商户对平台规模的影响不可忽视。因此，梅特卡夫定律更适用于只起到媒介作用、更注重用户对平台依赖性的社交网络公司，而对于社交化电商企业的评估并不适用。对于社交化电商企业而言，一方面，商户会选择入驻高知名度平台来拓宽销售渠道，而平台则可以收取入驻费和广告费，进而实现双赢；另一方面，用户会根据消费偏好追随商户，选择商户入驻的平台来完成购买。因此，商户数量以及用户和商户之间的联系也是衡量社交化电商企业价值的重要指标。本案例将商户数（n）纳入改进模型，使用用户数和商户数的乘积替换用户数的平方，以此来体现用户和商户之间的联系。

4. 明确用户定义

对于社交化电商企业而言，部分消费者的注册动机可能只是参加一些商家补贴的优惠活动，当活动结束后便不再产生消费行为，这部分群体能使企业的注册用户数量显著增加，却没有为企业持续的营业收入做出贡献，从而规模庞大的注册用户数并不意味着更高的企业价值。因此，社交化电商平台的注册用户可以分为两类：活跃用户和非活跃用户。其中，活跃用户是指在注册后能频繁地使用平台并发生购买行为，还会在完成交易后发布相关内容，与熟人或"粉丝"分享购买经验的用户，这类用户群体成为社交化电商企业营业收入的主要来源。鉴于此，本案例对用户做出明确定义，提出以活跃用户数衡量用户规模。

社交化电商平台是一个由电商企业推出的创新商业产品，平台使用者的增加反映了这个创新产品的扩散过程。据此，本案例引入普遍应用于创新产品扩散过程研究的 Bass 模型估计电商平台用户数。该模型认为，创新者和模仿者在新产品的扩散过程中分别受创新因素和模仿因素的影响。其中，创新因素主要指一些外部影响因素，包括新闻、广告等大众传媒的传播和宣传；模仿因素则是指用户之间的内部影响，包括已经使用过该产品群体的自发分享和人与人之间的交流传播。而一个新产品的成功扩散主要源自内部因素的影响，也即模仿系数大于创新系数。Bass 模型的基本公式为：

$$\frac{dH(t)}{dt} = p[M-H(t)] + q\frac{H(t)}{M}[M-H(t)] \tag{5-3}$$

式（5-3）中，$H(t)$ 为新产品 t 时刻的使用人数，M 为最大市场潜量，p 为创新系数，q 为模仿系数，t 为某一时点。

Bass 模型对于社交化电商平台用户数增长趋势的预测具有良好的适用性，主要表现为：一是对于社交化电商企业而言，社交化电商平台就是其推出的创新产品，全国现有的互联网用户数即为该社交化电商平台能容纳的最大市场潜量，而社交化电商平台的用户数也会受到大众传媒、熟人推荐和他人评价等内外部因素的影响，这符合 Bass 模型的基本要素；二是从新产品扩散过程来看，在社交化电商平台传播过程的前期，大部分潜在用户处于观望状态，而前期采用者的评价与推荐是他们使用这一平台的关键，这符合 Bass 模型对于新产品采用者中创新者与模仿者的分类，同时也符合 Bass 模型的基本观点，即一个新产品成功扩散主要源于内部因素的影响。通过 Bass 模型对创新系数和模仿系数的估计，可以较为准确地预测各个时间点社交化电商平台的活跃用户数。

5. 考虑获客成本

社交化电商企业在其发展过程中需要投入大量营销费以招揽客户，因而在对企业价值进行评估时须将单位获客成本考虑在内，但国泰君安模型在关注用户价值的同时，却忽略了企业为了获取客户所投入的成本。同时，考虑到一般情况下，节点距离越远网络价值越低，这与成本对企业价值的影响有相似之处，因此本案例将相对难以计量的节点间的距离（R）用单位获客成本予以替代，其表示一定时间内企业的营销费用分摊至每一个新增活跃用户的成本，计算公式为：

$$单位获客成本(C) = \frac{营销费用}{新增活跃用户数} \tag{5-4}$$

6. 改进的国泰君安模型

根据社交化电商企业商业潜力大、马太效应显著、非财务因素影响大等特征，本案例对国泰君安模型中的变现因子、溢价率系数等参数进行了明确定义，并引入了商户数，从而使改进模型在实务中更具操作性。改进后的国泰君安模型具体计算公式为：

$$V = ARPU \times S \times \frac{M \frac{1-e^{-(p+q)t}}{1+\frac{q}{p}e^{-(p+q)t}} \times n}{C^2} \tag{5-5}$$

式（5-5）中，V 为企业价值，$ARPU$ 为单位用户平均收入，S 为市场占有率，M 为最大市场潜量，p 为创新系数，q 为模仿系数，t 为某一时点，n 为商户数，C 为单位获客成本。

五 拼多多企业价值评估

本案例将改进的国泰君安模型应用于拼多多的企业价值评估，评估时点为 2020 年 12 月 31 日。

（一）数据的选取与确定

1. 单位用户平均收入的确定

经查阅财务报表，拼多多 2018~2020 年的营业收入分别为 131.2 亿元、301.4 亿元与 594.9 亿元。而拼多多的年报也披露了平台 2018~2020 年的活跃用户数，分别为 4.185 亿人、5.852 亿人、7.884 亿人。根据式（5-2），可以计算得到各年的 ARPU（见表 5-1）。由于评估基准日为 2020 年 12 月 31 日，本案例选取 2020 年的 ARPU 值。

表 5-1　2018~2020 年拼多多单位用户平均收入统计

项目	2018 年	2019 年	2020 年
营业收入（亿元）	131.2	301.4	594.9
活跃用户数（亿人）	4.185	5.852	7.884
单位用户平均收入（元/人）	31.35	51.50	75.46

资料来源：2018~2020 年拼多多公司年报。

2. 市场占有率的确定

对于市场占有率的统计主要有两种方式：一种是细分领域，如小红书、网易考拉海购等属于跨境电商，美团、大众点评等属于 O2O 电商，天猫、京东等属于 B2C 电商等，每个领域都有着不同的企业，相应的市场占有率也就不同；另一种是将电商行业作为一个大类，统计行业中所有电商企业的市场占有率。考虑到现实生活中，大部分电商企业均有着混业经营的发展趋势，本案例采用第二种方式来统计拼多多的市场占有率，结果见表 5-2。

表 5-2　2018~2020 年拼多多市场占有率统计

单位：%

项目	2018 年	2019 年	2020 年
市场占有率	5.2	9.3	12.8

资料来源：根据公开数据整理。

3. 用户数的确定

本案例根据网购用户的发展轨迹确定最大市场潜量 M，并将拼多多 2018 年第一季度至 2021 年第三季度的月活跃用户数作为初始数据，利用 SPSS 软件，选用非线性最小二乘法对参数 p、q 进行估计。

（1）最大市场潜量的确定

截至 2021 年 6 月，我国网购用户规模已达 8.12 亿人，占网民总数的 80.3%（见图 5-2），与此相对应，在中国电商行业逐步进入成熟期以后，电商市场交易额的增速也开始减缓。因此，本案例假设电商行业用户数将在 2021 年 12 月达到最大值，且 2021 年下半年的用户增长率与上半年持平，最终得出社交化电商最大市场潜量为 84283 万人。

企业价值评估：理论创新与方法应用

图 5-2　中国网购用户规模及网民使用率

资料来源：前瞻产业研究院整理。

（2）影响参数 p、q 的估计

本案例选取的初始数据为拼多多 2018 年第一季度至 2021 年第三季度的月活跃用户总数，总共 15 个季度，如表 5-3 所示。

表 5-3　2018 年第一季度至 2021 年第三季度拼多多月活跃用户总数

单位：万人

t	时间	月活跃用户总数
1	2018 年第一季度	16620
2	2018 年第二季度	19500
3	2018 年第三季度	23170
4	2018 年第四季度	27260
5	2019 年第一季度	28970
6	2019 年第二季度	36600
7	2019 年第三季度	42960
8	2019 年第四季度	48150
9	2020 年第一季度	48740
10	2020 年第二季度	56880
11	2020 年第三季度	64340
12	2020 年第四季度	71990
13	2021 年第一季度	72460

续表

t	时间	月活跃用户总数
14	2021年第二季度	73850
15	2021年第三季度	74150

资料来源：2018~2021年拼多多公司年报。

采用非线性最小二乘法进行回归，导入上述初始数据并输入Bass模型，通过8次迭代最终确定了p、q的值，得到的参数拟合结果如表5-4所示。

表5-4 Bass模型非线性回归拟合结果

参数	估计值	标准误差	95%置信区间	
			下限	上限
p	0.076	0.013	0.049	0.103
q	0.120	0.042	0.029	0.211
R^2			0.975	

可以看出，模型的拟合优度为0.975，说明模型具有良好的拟合效果。其中，$q>p$说明模仿系数大于创新系数，这符合Bass模型的基本要求，同时也说明影响社交化电商平台扩散过程的主要因素是内部因素，即人与人之间的分享和使用者的口碑，这也符合社交化电商商业模式的基本特征。根据以上数据，可得拼多多用户数的预测模型：

$$H(t) = 84283 \times \frac{1 - e^{-0.196t}}{1 + 1.579 \times e^{-0.196t}} \quad (5-6)$$

式（5-6）中，$H(t)$为t时刻拼多多的月活跃用户数，t为某一季度。根据该公式对拼多多各季度的月活跃用户数进行预测，其预测值和误差率如表5-5所示。可以看出，预测结果较为理想，平均误差率仅为5.53%，但2018年第一季度和第二季度的误差率较大，这可能是由于拼多多在2018年7月刚上市时相关数据波动较大，而将2018年第一季度和第二季度的误差率剔除后，平均误差率下降为-0.79%，模型预测精度得到了进一步的提升。

表 5-5　模型预测误差率分析

单位：万人，%

时间	实际值	预测值	残差	误差率
2018 年第一季度	16620	6508.43	10111.57	60.84
2018 年第二季度	19500	13185.89	6314.11	32.38
2018 年第三季度	23170	19908.11	3261.89	14.08
2018 年第四季度	27260	26547.47	712.53	2.61
2019 年第一季度	28970	32982.55	-4012.55	-13.85
2019 年第二季度	36600	39106.67	-2506.67	-6.85
2019 年第三季度	42960	44834.34	-1874.34	-4.36
2019 年第四季度	48150	50104.69	-1954.69	-4.06
2020 年第一季度	48740	54882.09	-6142.09	-12.60
2020 年第二季度	56880	59154.13	-2274.13	-4.00
2020 年第三季度	64340	62928.08	1411.92	2.19
2020 年第四季度	71990	66226.33	5763.67	8.01
2021 年第一季度	72460	69081.84	3378.16	4.66
2021 年第二季度	73850	71533.99	2316.01	3.14
2021 年第三季度	74150	73625.04	524.96	0.71
平均误差率				5.53
修正后平均误差率				-0.79

4. 商户数的确定

与其他互联网公司不同，电商企业服务的对象不仅有买家，还有商户。一方面，拼多多与其他传统电商平台相比有着较低的入驻门槛，这吸引了众多中小型企业入驻；另一方面，拼多多直连了全国超 1600 万农户，极大地帮助了农民减少对批发商的依赖，是中国最大的农产品上行平台。拼多多 2020 年的活跃商户数较前一年激增 69%，达到 860 万户的新高（见表 5-6）。

表 5-6　2018~2020 年拼多多商户数

单位：万户

项目	2018 年	2019 年	2020 年
商户数量	360	510	860

资料来源：2018~2020 年拼多多公司年报。

5. 单位获客成本的确定

拼多多2020年季度财报显示，其各季度的营销费用分别为72.97亿元、91.14亿元、100.72亿元、147.12亿元，单季度新增活跃用户数分别为4290万人、5510万人、4810万人、5710万人，由此可计算各季度的单位获客成本（见表5-7）。

表5-7　2020年拼多多各季度单位获客成本统计

项目	2020年第一季度	2020年第二季度	2020年第三季度	2020年第四季度
营销费用（亿元）	72.97	91.14	100.72	147.12
单季度新增活跃用户数（万人）	4290	5510	4810	5710
单位获客成本（元/人）	170.09	165.41	209.40	257.65

资料来源：2020年拼多多公司季度财报。

评估基准日为2020年12月31日，本案例中各季度单位获客成本的均值为200.64元/人。

（二）拼多多企业价值评估结果

将拼多多的相关数据代入修正的国泰君安模型，可得拼多多在2020年12月31日的企业价值为13679.74亿元，而评估基准日拼多多企业的总市值为14216.24亿元，相差3.92%。

拼多多企业价值评估值与市场价值有差距的原因可能主要有两点：一是低估最大市场潜量，根据2021年上半年电商用户的增长率预测2021年12月的网购用户数，可能忽略了宏观经济形势带来的拼多多用户的大幅度增长；二是未考虑新推出的"多多买菜"业务，作为拼多多新推出的业务，其相关数据相对匮乏，难以进行客观的价值估算，从而导致整体估值偏低。

六　案例结论

针对传统评估方法在评估社交化电商企业价值中的局限性，本案例结合社交化电商企业的特征,选用了基于梅特卡夫定律的国泰君安模型作为该类企业价值评估的基础模型,并在明确用户、网络节点等变量定义和计算方式的基础上,引入商户数量和 Bass 模型,对国泰君安模型的溢价率系数、变现因子、用户数等参数进行了调整和修正。基于改进的估值模型,本案例进一步以拼多多为例展示社交化电商企业价值评估的过程,检验评估结果的可靠性,具体研究结论如下。

第一,社交化电商企业一般会在发展初期投入大量资金以抢占用户,从而具有营业波动性大、现金流为负以及用户数量驱动增长等特征,企业的财务指标并不能真实反映企业价值。传统的评估方法并没有考虑活跃用户数、单位用户贡献值等对社交化电商企业价值产生重大影响的非财务因素,同时社交化电商企业的历史财务数据一般较少,这最终导致估值结果与企业的实际价值相差较大。要对社交化电商企业价值进行准确的评估,必须结合其企业特征改进或开发新的方法。

第二,结合社交化电商企业商业潜力大、用户数量驱动增长等特征,将商户数引入国泰君安模型中,同时对用户数、溢价率系数、变现因子等参数进行改进,使模型更加适用于社交化电商企业的价值评估。对拼多多的企业价值进行评估,也验证了本案例改进模型评估结果的准确性。

第三,虽然改进的国泰君安模型的评估效果还需更多实证分析予以验证,但本案例为后续社交化电商企业价值评估研究提供了新的思路与线索,同时从用户角度对企业进行评估也会促使其更加注重用户质量,从而以更好的服务态度开展业务,提升用户的购物体验。未来如能对最大市场潜量进行更准确的估计,以及更加全面地考虑社交化电商企业的各项业务,本案例的改进模型将更具普适性。

参考文献

段文奇,宣晓. 基于价值创造视角的互联网企业价值评估体系研究 [J]. 财贸研究,2018,29(9):85-97.

第五章 社交化电商企业价值评估：以拼多多为例

高锡荣，杨建．互联网企业的资产估值、定价模型构建及腾讯案例的蒙特卡洛模拟分析［J］．现代财经（天津财经大学学报），2017，37（1）：90-100.

胡晓明，赵东阳，孔玉生，赵弘．企业异质与可比公司赋权——基于并购的非上市公司估值模型构建与应用［J］．会计研究，2013（11）：53-59+96.

刘佳颖．基于用户价值的初创互联网企业估值研究［D］．北京交通大学，2019.

刘玲．电子商务类互联网企业价值评估——基于京东商场的案例分析［D］．北京交通大学，2018.

刘湘蓉．我国移动社交电商的商业模式——一个多案例的分析［J］．中国流通经济，2018，32（8）：51-60.

鹿翠，沈函廷．基于改进剩余收益模型的企业价值评估实证［J］．财会月刊，2016（6）：12-17.

秦志华，王永海．商业模式的企业价值测评功能与内容结构［J］．中国人民大学学报，2013，27（3）：70-79.

石海娥．社交电商：下一个独角兽聚集地［J］．光彩，2019（3）：20-29.

王静，王娟．互联网金融企业数据资产价值评估——基于B—S理论模型的研究［J］．技术经济与管理研究，2019（7）：73-78.

魏嘉文，田秀娟．互联网2.0时代社交网站企业的估值研究［J］．企业经济，2015（8）：105-108.

叶宇希．社交电商企业价值评估研究［D］．中南财经政法大学，2019.

张彬，杨国英，荣国辉．产品扩散模型在Internet采用者分析中的应用［J］．中国管理科学，2002（2）：52-57.

张田田．初创互联网企业价值评估研究——基于每日优鲜的案例分析［D］．北京交通大学，2018.

朱伟民，姜梦柯，赵梅，王玉玎．互联网企业EVA估值模型改进研究［J］．财会月刊，2019（24）：90-99.

卓唯佳, 邹方雨. 基于梅特卡夫模型的电商企业估值应用——以云集为例 [J]. 商场现代化, 2021 (4): 33-35.

Ali M, Haddadeh R E, Eldabi T, et al. Simulation Discounted Cash Flow Valuation for Internet Companies [J]. International Journal of Business Information Systems, 2010, 6 (1): 18-33.

Dess G G, Lumpkin G T. E-Business Strategies and Internet Business Models: How the Internet Adds Value [J]. Organizational Dynamics, 2004, 33 (2).

Ho C T, Liao C K, Kim H T. Valuing Internet Companies: A DEA-Based Multiple Valuation Approach [J]. Journal of the Operational Research Society, 2011, 62 (12): 2097-2106.

Lazer R, Lev B, Livnat J. Internet Traffic and Portfolio Returns [J]. Financial Analysts Journal, 2001, 57 (3): 30-40.

Metcalfe B. Metcalfe's Law after 40 Years of Ethernet [J]. Computer, 2013, 46 (12): 26-31.

Rajgopal S, Venkatachalam M, Kotha S. The Value Relevance of Network Advantages: The Case of E-Commerce Firms [J]. Blackwell Publishing Inc, 2003, 41 (1): 135-162.

Schwartz E S, Moon M. Rational Pricing of Internet Companies [J]. Financial Analysts Journal, 2000, 56 (3): 62-75.

Steinrucke M, Hering T, Olbrich M. Valuation of Start-Up Internet Companies [J]. Social Science Electronic Publishing, 2006, 33 (4): 406-419.

Wang X, Zhang H. Valuation of CCS Investment in China's Coal-Fired Power Plants Based on a Compound Real Options Model [J]. Greenhouse Gases: Science & Technology, 2018, 8 (5): 978-988.

김민석, Whang K S. A Relative Valuation Model for Internet Shopping Malls [J]. Business, Economics, Computer Science, 2005.

Wolf C R, Warburg D R. Valuing an Internet Stock [J]. Business Week,

1998（12）.

Yi S W , Hwang S J. An Empirical Study on the Relevance of Web Traffic for Valuation of Internet Companies［J］. Journal of Intelligence and Information Systems，2009（15）：79-98.

Zhang X Z，Liu J J，Xu Z W. Tencent and Facebook Data Validate Metcalfe's Law［J］. Journal of Computer Science and Technology，2015，30（2）：246-251.

第六章 第三方支付平台企业价值评估：以 Visa 为例[①]

以网络购物为代表的电子商务的飞速发展，对支付体系的安全、高效提出了全新的要求，与此相适应，一大批第三方支付平台进入支付服务市场并获得爆发式的增长。随着第三方支付市场的开放以及行业竞争的日趋激烈，第三方支付企业上市、兼并、收购、重组等资本运作活动屡见不鲜。第三方支付企业价值的准确评估，对于支付行业的健康发展、相关投资活动的科学决策以及整个支付体系的完善均具有重要现实意义。Visa 成立于 20 世纪 70 年代，是一家全球性的第三方支付企业，高风险、低成本、无形资产占比大等企业经营特征，导致其未来收益存在巨大不确定性，而传统的企业价值评估方法以及期权定价模型等均不能充分有效考虑这些特征，迫切需要开发新的估值方法以适应该类企业的价值评估。本案例即以 Visa 为案例企业，着重把握 Visa 所在行业内部的严重同质性以及企业未来收益不确定性两大特征，探讨将市销率法与实物期权法相结合评估第三方支付企业价值。研究结果表明，本案例评估方法不仅能体现第三方支付企业的历史发展状况，还能体现对企业未来发展的合理预期，从而对第三方支付企业价值评估具有良好的适用性。

一　案例背景

成立于 1970 年的 Visa 是全球性的支付技术公司，它连接着全世界

---

① 本章案例原创：郑继平；案例校正与修改：刘志坚、龚建娇、戴睿辰。

的消费者，并且创造了数字货币。Visa 公司拥有全球化的集中处理平台 VisaNet，为金融机构和商户提供交易处理服务，同时还提供一系列支付产品，帮助金融机构向其客户提供信贷、借记、预付费和现金处理等服务。同时，为了扩大市场规模、保障客户的支付安全，Visa 公司还致力于每一个服务环节的安全控制工作，以便及时发现和制止有损客户利益的欺骗行为。经过多年的发展，Visa 逐步成为全球最受欢迎和最值得信任的第三方支付企业之一。

类似于 Visa 公司的第三方支付企业和传统企业有着很大的不同：一是具有高风险性和低成本性，由于前期投入较高而后期投入相对较低，现实的成本投入不能反映其真实的资产，同时需要对诸多无形资产的价值进行可靠计量，故资产基础法不适用于此类业务重合度较高、同质化严重、竞争激烈企业的价值评估；二是作为以科技为支撑的新兴企业，现代信息技术的不断突破将为其未来发展注入更大动力，同时这也意味着预测其未来收益较为困难，从而收益法也不适用于其企业价值评估。相较而言，市场法虽然具有一定的适用性，但也只能评估企业的现时价值。而第三方支付行业处于高速发展阶段，Visa 公司的企业价值显然还受其巨大发展潜力的影响。鉴于此，本案例尝试通过实物期权法预测企业的未来价值，同时将实物期权法与市场法相结合，以弥补单纯使用市场法评估第三方支付企业价值的不足。

二　文献综述

国内外尚未有针对第三方支付企业价值评估的直接研究。第三方支付企业主要以网络为业务平台，是网络公司的一个组成部分，且其价值来源本质上与其他类型网络公司相同，且均具有高风险、低成本、无形资产占比大等特点。因此，网络公司价值评估的相关研究，也可为第三方支付企业价值评估提供重要参考。当前，国内外网络公司价值评估的方法主要有市盈率法、市场比较法、实物期权方法等。

美国投资银行的网络股投资专家 Andrikopoulos 提出了网络企业价

值评估的理论收益乘数分析法（TEMA）（郑红岩，2000）。该方法认为网络企业的收入与成本呈指数化关系，收入增长，成本下降，利润率上升；反之，收入降低，则成本上升，利润率下降。在具体操作上，该方法首先预测企业未来盈利状况，然后再根据预测的盈利状况与当前股价计算企业的市盈率。由于初创期网络企业的收入变量不易估计，该方法主要适用于评估相对较为成熟的网络企业，而成立时间短、盈利历史数据少的初创网络企业的运用则受到很大限制。

美国证券分析师 Blodget 和 Anning（1998）以市场法中的市盈率法为基础，提出了一种新的网络企业估值市盈率模型。该模型的创新之处在于其考虑了网络企业未来的成长能力，解决了传统方法难以计算企业成长价值的难题，从而能够计算企业的公允价值。同时，该方法数据获取较易，计算过程简单，且能直接体现投入与产出两者之间的关系。然而，市盈率受经济景气程度、企业基本面等多种因素的影响，市盈率法不适用于收益为负的企业。

Jiang 和 Koller（2007）提出一种改进的现金流折现模型以对高成长性企业进行估值，其认为高成长性企业的估值不能以历史盈利为依据，而应从企业的长远盈利能力出发，根据企业未来的盈利水平倒推出企业现在的价值。以此为基础，Ali 等（2010）认为网络企业的未来现金流具有不确定性，可将这种不确定性引入传统 DCF 模型，从而使用基于概率的估值模型（蒙特卡洛模型）对其进行价值评估。

Briginshaw（2002）在对传统评估方法比较分析的基础上，提出可基于网络公司具有的期权性质，用实物期权法对其企业价值进行评估。按照该思路，Krafft 等（2005）进一步提出可以将公司的客户资产模型化从而评估成长期公司的价值，其预测优秀的企业在成长期会有较多的客户且总量在短期内能够迅速增加，而较差企业的客户数量则很少，甚至会倒闭。据此，Krafft 等建立了基于客户数量以及每个客户带来现金流的二项式以评估成长期网络公司的价值。

基于以上方法，我国学者也探讨了网络企业价值评估的方法选择与改进问题。代表性的研究，如刘国庆（2004）根据网络企业的特点，建立了相应的价值影响因素指标评价体系，并根据目标企业各指标权重的大小及其与可参考对象指标的对比，对相应的系数进行修正，进而构建出基于市场法的网络企业价值评估方法；赵瀛（2005）提出改进的现金流折现模型，该模型将与企业主营业务不相关的管理费用全部资本化，进而通过主营业务收入与相关成本费用的差额求取企业未来的现金流；刘芸（2005）认为期权定价模型能充分挖掘网络企业的商业潜力，从风险投资角度看，可基于初创期网络企业面对的不确定因素将其看作一种复合看涨期权，进一步通过确定各种系数，采用期权定价模型对网络企业价值展开评估。

可以看出，国内外网络企业价值评估的相关研究，更多的是结合企业现状及运营模式等对传统估值方法进行改进，并突出表现为进一步考虑非财务因素与针对不确定性引入期权定价模型。然而，互联网企业的类型众多，并没有普遍适用的企业价值评估方法，需根据不同企业业务模式，有针对性地选择并改进适宜的评估方法。考虑到现阶段第三方支付企业的市盈率不能很好地反映其未来的盈利能力，本案例将尝试结合市销率法与实物期权法对其企业价值进行评估。同时，本案例还拟将模糊综合评价法和层次分析法运用于市销率法中，对公司之间影响市销率的差异因素进行分析，将原来难以衡量的、模糊的定性分析转换为具体的定量分析，从而增强评估结果的科学性与合理性。

三　第三方支付企业特征及价值影响因素

第三方支付企业是指提供第三方支付交易平台，为客户提供各种资金支付服务、信用担保服务，并对客户间的交易进行监督和约束的一种中介机构。第三方支付企业本质上是一种非银行机构的信用担保中心和支付中介，并以互联网为运作基础，与各商业银行达成合作协议，在消费者、商家和银行等不同交易主体间建立联系，提供货币支付、现金结算等金融服务。

(一) 第三方支付企业特征

1. 企业的同质性

第三方支付企业不存在大量如机器设备等的固定资产，而拥有较多的专利使用权、高端技术等无形资产，同时其提供的产品也以无形的服务产品为主，很少提供传统企业所提供的有形产品。一般而言，第三方支付企业产品差异化不明显，可模仿性强，企业规模大小与企业进入行业时间呈正相关，且企业之间无实质性差别，一个资金雄厚、经营规模较大的企业，往往具有兼并小型企业的实力，从而获得更大的市场份额。

2. 与银行的竞合关系突出

第三方支付企业与银行的合作主要表现在三个方面：一是为方便支付结算，第三方支付企业采用银行的网关接口和支付渠道；二是个人和商户通过第三方支付，降低了银行小额交易的人力和财务成本；三是第三方支付企业可以与银行共享客户信息。伴随第三方支付行业的发展壮大，二者之间的联系愈加紧密。然而，由于部分业务重叠，两者也不可避免存在竞争关系，并突出表现为支付成本降低对银行业的冲击。为应对第三方支付企业快速发展下支付成本降低带来的挑战，诸多银行采取了提高网上交易限额等策略以降低竞争对手的规模。从当前的市场格局来看，第三方支付企业与银行的关系仍体现为现代与传统金融服务模式的互补。

3. 成长模式的特殊性

第三方支付企业初期投入成本较大，并突出表现为平台建立时软件开发的支出、与银行合作的支出等。因前期投入的大量资金在短期内无法收回，故其具有网络企业具有的"盈利滞后性"。而顺利经过初创期后，其随即进入高速增长阶段，并以高盈利性吸引大量投资者。第三方支付企业的成长可以通过三个典型阶段予以刻画（见图6-1）：第一阶段，利用多种优惠条件获取用户的关注，例如提供免费信息服务等，此时处于持续亏损的状态；第二阶段，随着用户数量的增加，网络效应开始显现，总收入迅速增加，而总成本增加的速度趋缓；第三阶段，当收入和成本达到均衡点时，收入上升，成本下降，利润开始迅速增加。

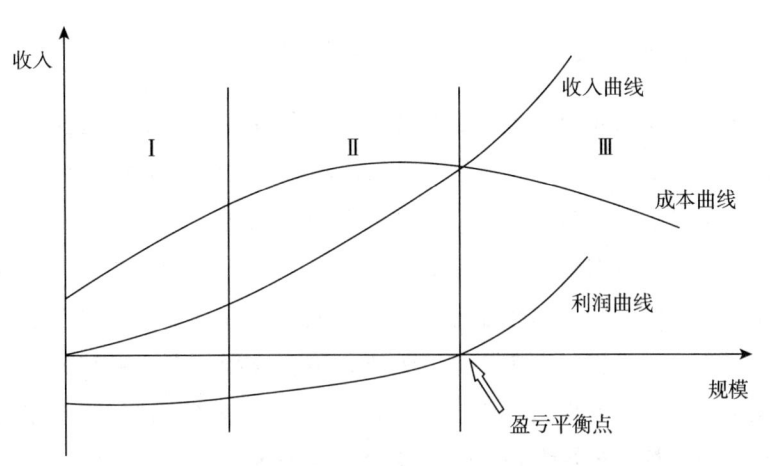

图 6-1　第三方支付企业成长曲线

4. 马太效应显著

市场中一些大型商务网站为满足自身需求而开发的第三方支付平台，如支付宝、财付通等，起点高、背景雄厚，且拥有较多的潜在目标客户。这些平台进入市场后，会迅速崛起，并占据较大的市场份额。同时，也存在一些小型的第三方支付平台，其起点低，取得国家要求的支付牌照较为困难，吸纳客户成本也较高，从而常常被大企业所兼并。随着同质化竞争越来越激烈，先进入市场的平台企业愈加强大，第三方支付行业的马太效应也愈加明显。

5. 盈利模式固定与高风险性

第三方支付企业主要通过向企业收取手续费、服务费、增值费等获取收入并实现盈利，而对于个人用户则往往免费，因此其盈利模式单一，收入来源很大程度上取决于服务企业产生的交易额。在盈利模式较为固定的同时，第三方支付企业经营的高风险性愈加凸显。为了规避第三方支付平台系统愈加庞杂带来的市场风险，我国金融监管当局出台了一系列的法律法规，如央行颁布《非金融机构支付服务管理办法》等,对第三方支付行业进行规范,从而对第三方支付企业的要求也愈发严格。与此同时,为充分整合资源,第三方支付企业间的兼并、重组等资本运作活动也持续增加。

(二)第三方支付企业价值来源

第三方支付企业最基本、最核心的价值在于其能够促进交易的达成。第三方支付企业不仅能够解决以往转账、货到付款等存在的问题,还可为交易担保,对于用户采取的"先消费后还款"消费模式,能够对每一笔交易进行详细的记录,从而防止欺诈行为的发生。第三方支付企业所提供的相关衍生服务,整体上极大地降低了社会经济运行的交易成本。对于银行而言,第三方支付平台连接了多家银行的支付结算网关,在统一的界面上为众多用户提供支付服务,使银行不用花费更多时间和精力处理零散的小额交易,大幅度降低了银行的人力成本和网关建立成本,从而提高了银行的经营管理效率;对于企业而言,通过第三方支付平台,可以节约以往必须去金融机构办理业务的时间、财务等成本,同时也不用和各个银行的网关连接,减少了网关建设维护费用,使得企业拥有更多的时间专注于其主营业务;而对于个人而言,同样节省了时间和财务成本,并突出表现为第三方支付平台突破了银行之间的壁垒,个人通过统一的第三方支付平台交易界面即可进入不同银行的网络完成所需办理业务。

在为客户服务并创造社会价值的同时,第三方支付企业也获取了收益,实现了自身价值。第三方支付企业提供的业务主要有互联网支付、预付卡、银行卡收单等,它们均需向银行支付一定的手续费,并向客户收取一定的手续费,手续费之差就成为其收益的来源。以我国最有影响力的第三方支付平台支付宝为例,其收入约60%来自天猫、淘宝等的交易手续费。此外,日常沉淀在第三方支付企业账面上的资金数额巨大,其利息也构成第三方支付企业收入的重要组成部分。但在2010年后,由于央行出台新规,规定第三方支付企业不拥有备付金的所有权,该项收入受到巨大影响。为获得更多利润,我国第三方支付企业在发展中持续拓展各种盈利渠道，并在基金、教育、保险等领域占据了一定市场，同时还强化与银行的合作，为企业提供在供应链和各种往来款基础上的金融增值服务。由于第三方支付企业潜在收益主要体现在支付产品本身的用户与用户信息上，对于用户的争夺，也成为第三方支付企业间激烈竞争的关注重点。

(三) 第三方支付企业价值主要影响因素

1. 宏观经济条件

宏观经济条件体现为一个国家的整体经济发展水平及经济未来的发展方向，通常用 GDP 及其增速予以衡量。一个国家经济的快速稳定发展能够为第三方支付企业的产生、发展和壮大提供强有力的支撑。同时，由于第三方支付企业科技含量较高，是科技创新的体现，国家一般会在相关政策上给予支持，这也为第三方支付企业的快速成长提供了有利条件，并使之产生更高的溢价。

2. 员工素质

第三方支付企业是典型的轻资产企业，智慧资产等无形资产是其资产构成的主体，而固定资产则只占较小比例。人才是企业价值的创造者，对于竞争激烈的第三方支付企业而言，领导核心至关重要，其拥有的专业素质可能是企业发展战略正确制定、组织运转更加顺畅高效、不必要损失大大降低的关键所在。优秀的管理层往往能将企业治理得井井有条，实现企业价值的最大化。与此同时，高素质的人才团队，也有利于第三方支付企业整体工作效率的提升，从而有助于降低服务产品单位成本，增加企业收益。

3. 客户因素

由第三方支付企业的盈利模式可知，其盈利主要来自与客户产生的交易，企业必须基于客户的交易习惯，推出更具人性化的服务，提供更优质的产品，以满足客户的要求并使之产生忠诚度。客户的重要性，一方面体现在对企业的产品及服务满意时，客户会自觉支付价款，该过程实现了企业与客户的双赢，既实现了客户价值，也实现了企业价值；另一方面体现在"口碑"效应上，当客户对消费结果满意时，其会自觉自愿地为企业宣传，这将在无形中降低企业的宣传成本。

4. 技术因素

第三方支付是以高科技为支撑的经济形态，其发展离不开网络技术的支持。网络技术瞬息万变，如果不能及时和先进技术接轨，则企业在严重同质化的竞争环境中极容易被淘汰。对关键技术的开发与拥有，在提升第三方支付企业核心竞争力的同时，能够显著提高企业整体价值。企业能够持续实现技术突破的原因在于保持创新精神，对于第三方支付企业而言，判断其是否具有创新精神的最简单最直接方法即是了解用户体验——产品设计与服务质量是否适应客户不断变化的需求。只有维持技术的推陈出新，才能吸引市场关注并保证客户规模，从而在竞争中立于不败之地。

四　评估模型构建

网络技术的飞速发展使第三方支付企业产品的更新换代速度越来越快，服务水平也越来越高。因此，评估第三方支付企业的价值，应充分考虑现有业务价值和投资机会潜在价值，其价值应是现有价值与潜在价值的结合。第三方支付企业相似度极高，大多具有一致的成长模式与单一的盈利模式，同时国外也有第三方支付企业陆续上市，这为采用参考企业比较法创造了条件，本案例将采用市场法中的市销率法对第三方支付企业现有价值进行评估。值得注意的是，市销率法固然具有应用参数的简便性，但在确定调整系数时，又往往带有较强的主观性，鉴于综合评价法中的层次分析法与模糊综合评判法能够较好地解决主观定性和模糊信息的问题，本案例拟将层次分析法与模糊综合评判法应用于市销率法。此外，针对第三方支付企业的高成长性特征以及未来收益不确定性特征，本案例将引入实物期权法对其潜在盈利能力所体现的企业价值进行评估，这也是对传统评估方法的修正和完善。

第六章 第三方支付平台企业价值评估：以 Visa 为例

（一）现有企业价值评估

1. 市销率法

作为市场法的具体运用，市销率法将财务指标中的市销率作为比较系数确定的依据，其能及时反映企业战略、价格政策等发生的变化，且不容易被人为扩大或缩小。同时，市销率法既适用于处于盈利状态的企业也适用于处于亏损状态的企业，其中营业收入也不受存货、折旧等采用何种会计制度计算的影响。而该方法的难点则在于确定可供比较的参考企业并在计算出参考企业的市销率后，根据目标企业和参考企业间的差异进行系数调整。市销率法的基础模型如下：

$$\frac{V_1}{X_1} = \frac{V_3}{X_3} \tag{6-1}$$

也即：

$$V_1 = X_1 \frac{V_3}{X_3} \lambda \tag{6-2}$$

其中：V_1 为待评估企业的价值，V_3 为可比企业的价值，X_1 为待评估企业的销售收入，X_3 为可比企业的销售收入，λ 为市销率法的调整系数。

2. 市销率法调整系数的确定

调整系数的确定有多种方法，如中位数法、加权平均法、多元线性回归分析法等，本案例采用模糊综合评判法和层次分析法相结合的方法。模糊综合评判法在评判具有多种属性的事物时，需要主观判断各因素的影响权重，层次分析法则可以通过对统计数据的计算获得各个因素的影响权重，从而弥补模糊综合评判法的不足。两种方法的综合应用使得市销率法的评估结果更具客观性与准确性，具体过程如下。

（1）确定评估对象的因素集和评语集

首先确定评估对象的因素集，根据需要将其划分为不同级别，$U = (U_1, U_2, \cdots, U_n)$，建立评语集 $V = (v_1, v_2, \cdots, v_s)$，同时定义不同级别所对应分值组成的向量 $M = (m_1, m_2, \cdots, m_s)$。

(2) 确定评价因素的权重向量

采用层次分析法计算出各因素的权重 W。

(3) 确立评价矩阵

聘请 N 位相关专家对单个因素进行评价，假设认为评语为 v_1 的有 n_1 位，认为评语为 v_2 的有 n_2 位，其中 $N = n_1 + n_2 + \cdots + n_s$，以此类推，则评价矩阵中 $r_{11} = n_1/N$，再计算其他的概率值，可得评价矩阵 R。

(4) 确定模糊综合评价结果

将第二个步骤算出的权重 W 与第三个步骤建立的评价矩阵 R 相乘得到模糊综合评价结果 $B = W \times R = (b_1, b_2, \cdots, b_n)$。

(5) 计算调整系数

根据层次分析法计算各因素的权重向量，再根据权重向量逐级得出因素集 U 的评价向量，由 B 和 M 求出市销率法的调整系数 λ。

（二）企业未来盈利能力的潜在价值评估

第三方支付企业在实际经营中有着很强的投资决策与经营管理的灵活性，可以根据整体经济形势以及企业具体情况，制定有利于自身发展的战略规划，在有利的时机扩大企业规模，兼并弱小企业，占据更多的市场份额，而在不利时机缩减规模、降低损失。决策者结合企业自身状况，灵活地依据经济环境变化不断调整战略决策，这种灵活性带给企业的价值就是期权的价值，而第三方支付企业拥有的潜在获利能力实质就是一种实物看涨期权。可以将第三方支付企业的发展具体分为初创期、发展期、衰退期三个阶段。在初创期，如果经济形势有利，可以增加相关投资项目，扩大企业的规模，如果无利可图，则放弃项目投资；在发展期，面临市场的不确定性，预测未来经济形势较好，则进一步扩张，不好则延迟项目的开发；在衰退期，主要面对的是延迟期权和放弃期权（见图 6-2）。

常用的期权定价模型主要是 Black-Scholes 模型，该模型弥补了传统评估方法中低估或者无法估计投资决策、机会价值的缺陷。Black-Scholes 模型的具体公式为：

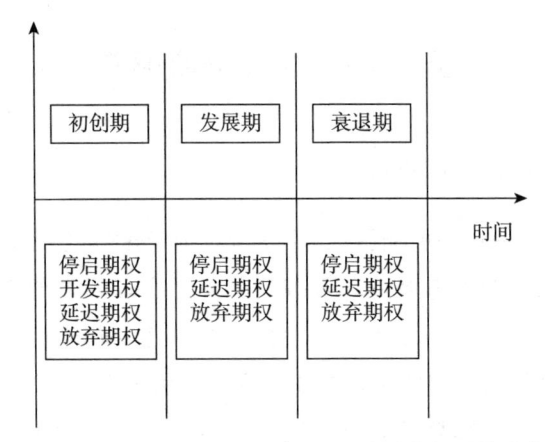

第六章 第三方支付平台企业价值评估：以 Visa 为例

图 6-2 第三方支付企业成长过程中的期权特性分布

$$V_2 = C = SN(d_1) - Xe^{-rT}N(d_2) \tag{6-3}$$

$$d_1 = \left[\ln\left(\frac{S}{X}\right) + \left(r + \frac{\sigma^2}{2}\right)T\right]/\sigma\sqrt{T} \tag{6-4}$$

$$d_2 = d_1 - \sigma\sqrt{T} \tag{6-5}$$

其中，S 为待评估标的资产价值，X 为期权的执行价格，T 为期权的期限，r 为无风险利率，σ 为价格波动率，$N(d_i)$ 为正态分布变量的累积概率分布函数。

（三）第三方支付企业整体价值评估模型

综合以上分析，将市销率法和实物期权法相结合应用于第三方支付企业的价值评估，使最终的评估结果既能反映其现有资产价值，又能体现其所蕴含的潜在价值。具体评估公式如下：

$$V = V_1 + V_2 = X_1 \frac{V_3}{X_3}\lambda + SN(d_1) - Xe^{-rT}N(d_2) \tag{6-6}$$

其中，V 为第三方支付企业整体价值，V_1 为运用市销率法评估的企业现时价值，V_2 为运用实物期权法评估的体现企业未来盈利能力的潜在价值。

五　Visa 企业价值评估

（一）参考企业的选择

综合考虑 Visa 公司的情况，本案例选取 PayPal 公司和万事达公司两家上市公司作为参考企业。万事达公司是全球领先的支付企业，主要经营与信用卡有关的业务，其发行的万事达卡在全世界流行，同时为应对支付领域的激烈竞争，其业务逐步向更加全面的支付体系发展，并成功发展为一个综合的第三方支付上市公司。PayPal 公司是国际知名的第三方支付企业，它的出现改变了以往银行转账、邮寄支票等业务的模式，通过在其网站上注册电子邮件信息，即可实现付款、转账等只有通过金融企业才能实现的传统业务。此外，PayPal 公司作为电子商务第三方支付的合作伙伴，更是致力于向多种支付方式发展。

Visa 公司与 PayPal 公司、万事达公司的共同之处在于三者均是立足于国际的第三方支付金融服务企业，属于新兴网络技术企业大类，拥有大量的无形资产且固定设备类资产较少。从收支来看，三家企业的盈利方式也较为单一，主要收入来源于手续费、担保费用等，支出则主要体现为对网络的管理和维护等产生的费用。

（二）相关评估数据的确定

根据企业价值评估的定义，选择 2015 年 9 月 30 日作为评估基准日。

1. 参考企业市销率

根据万事达公司和 PayPal 公司 2015 年的相关财务数据计算两家公司的市销率，结果如表 6-1 所示。

表 6-1　参考企业市销率

指标	万事达	PayPal
市值（百万美元）	101323	37870

第六章 第三方支付平台企业价值评估：以 Visa 为例

续表

指标	万事达	PayPal
主营业务收入（百万美元）	7150	6692
市销率	14.17	5.66

资料来源：东方财富网。

2. 市销率调整系数的确定

（1）确定影响市销率的因素集和评语集

影响因素集为：

$U = \{U_1, U_2, U_3, U_4, U_5\} = \{$财务因素，员工素质因素，技术因素，客户因素，发展潜力$\}$

$U_1 = \{u_{11}, u_{12}, u_{13}\} = \{$盈利水平，可持续增长能力，抗风险能力$\}$

$U_2 = \{u_{21}, u_{22}\} = \{$管理能力，员工执行能力$\}$

$U_3 = \{u_{31}, u_{32}, u_{33}, u_{34}\} = \{$用户使用便捷度，数据处理能力，系统的稳定性和安全性，创新能力$\}$

$U_4 = \{u_{41}, u_{42}, u_{43}\} = \{$客户规模，客户黏性，客户满意度$\}$

$U_5 = \{u_{51}, u_{52}, u_{53}\} = \{$品牌竞争能力，国内发展能力，国外发展能力$\}$

以参考企业为标准，根据被评估企业与参考企业的比较结果确定相应的评语集：

$V = \{v_1, v_2, v_3, v_4, v_5\} = \{$好，稍好，同等，稍差，差$\}$

对应赋予的分值向量 $M = \{1.3, 1.1, 1.0, 0.9, 0.7\}$。

（2）建立评价矩阵

本案例在收集参考企业和被评估企业详细资料的基础上，以相关领域的专业人士和客户为问卷调查对象，并让其依据自身经验对给定资料做出评价。

第一，对财务因素的评价结果。单因素 U_1 的评价矩阵：

$$R_1 = \begin{bmatrix} 0 & 0 & 0.3 & 0.6 & 0.1 \\ 0 & 0.3 & 0.6 & 0.1 & 0 \\ 0.6 & 0.4 & 0 & 0 & 0 \end{bmatrix}$$

用层次分析法确定各因素的权重，判断矩阵如表6-2所示。

表6-2 财务因素的判断矩阵

U_1	u_{11}	u_{12}	u_{13}	权重
u_{11}	1	2	3	0.54
u_{12}	1/2	1	2	0.30
u_{13}	1/3	1/2	1	0.16

最终，得出财务因素综合评价向量为 $B_1 = (0.10, 0.15, 0.34, 0.35, 0.05)$，该评价向量也说明Visa公司的盈利能力弱于万事达公司。

第二，对员工素质因素的评价结果。同理得到表6-3。

表6-3 员工素质因素的判断矩阵

U_2	u_{21}	u_{22}	权重
u_{21}	1	1/3	0.25
u_{22}	3	1	0.75

最终，员工素质因素综合评价向量为 $B_2 = (0, 0.65, 0.23, 0.13, 0)$。以此类推，得出影响Visa公司市销率调整系数$A$的评价矩阵为：

$$R = \begin{bmatrix} B_1 \\ B_2 \\ B_3 \\ B_4 \\ B_5 \end{bmatrix} = \begin{bmatrix} 0.10 & 0.15 & 0.34 & 0.35 & 0.05 \\ 0 & 0.65 & 0.23 & 0.13 & 0 \\ 0.16 & 0.36 & 0.44 & 0.03 & 0 \\ 0.23 & 0.43 & 0.34 & 0 & 0 \\ 0.6 & 0.12 & 0.45 & 0.28 & 0.14 \end{bmatrix}$$

确定影响A各因素的判断矩阵，如表6-4所示。

表6-4 影响A各因素的判断矩阵

U	U_1	U_2	U_3	U_4	U_5	权重
U_1	1	3	5	1/2	2	0.26
U_2	1/3	1	2	1/5	1	0.10
U_3	1/5	1/2	1	1/7	1/2	0.06

第六章 第三方支付平台企业价值评估：以 Visa 为例

续表

U	U_1	U_2	U_3	U_4	U_5	权重
U_4	2	5	7	1	3	0.45
U_5	1/2	1	2	1/3	1	0.13

得到 A 的评价向量为 $B=(0.22，0.33，0.35，0.14，0.03)$，进而得到 Visa 公司相对于万事达公司的市销率调整系数为 1.15，同理可得 Visa 公司相对于 PayPal 公司的市销率调整系数为 0.92。

3. Visa 公司现时价值

综上，Visa 公司市销率 $P=(1.15×14.17+0.92×5.66)/2=10.75$，由 Visa 公司的利润表可知，该公司 2015 年 1 月 1 日至 2015 年 9 月 30 日的主营业务收入为 104.98 亿美元，得到 Visa 公司的市场价值为：

$$10.75×104.98=1128.54 亿美元$$

4. Visa 公司潜在价值

基于良好的发展前景，Visa 公司持续兼并有类似业务的小型第三方支付企业，以不断扩大自身规模，获取更多的收益，可以预计 Visa 公司未来将处于长期的高速发展期，这相当于公司获得了一个扩展性期权，以下即以期权法计算 Visa 公司扩张所带来的潜在价值。

（1）期权的期限 T

根据 Visa 公司发展规划，可预测之后 6 年的企业现金流，且 2020 年为企业的发展转折点，因此将期权的期限确定为 6 年，则 $T=6$。

（2）无风险利率 r

以评估基准日银行的存款基准利率作为无风险利率，则 $r=3.0\%$。

（3）标的资产价值 S

期权标的资产当前价值可利用项目投资产生的营业收入根据一定的折现率贴现求得，由标准普尔 500 指数可知美股近 30 年的平均收益率为 10.73%，2015 年 Visa 公司的 β 系数为 1.05，因为公司处于稳定运行阶段，可认为未来公司的 β 系数与 2015 年相同，可计算折现率为 11.12%。根据 Visa 公司利润表可知，2015 年 1 月 1 日至 2015 年 9 月 30 日，其营业收入为 104.98 亿美元，基于处于高速发展期的预期，预测公

司未来每年营业收入会以13%的速度递增,则未来营业收入的现值为:

$$S = 104.98 + \left[104.98 \times 1.13 \times \frac{1}{(1+11.12\%)^1}\right] + \left[104.98 \times 1.13^2 \times \frac{1}{(1+11.12\%)^2}\right] +$$

$$\cdots + \left[104.98 \times 1.13^5 \times \frac{1}{(1+11.12\%)^5}\right] = 552.15 \text{亿美元}$$

(4) 期权的执行价格 X

在实物期权法的运用中,投资项目的成本可以作为执行价格,由于可将公司整体作为一个独立的项目,因此采用评估基准日Visa公司的所有股本总额作为实物期权的执行价格,总计为274.13亿美元。

(5) 价格波动率 σ

将Visa公司股票波动率作为其价格波动率,可查询截至评估基准日Visa公司股票波动率为8%,因此采用的价格波动率为8%。

(6) 期权价值的计算

根据上述数据,可得:

$$d_1 = \left[\ln\left(\frac{S}{X}\right) + \left(r + \frac{\sigma^2}{2}\right)T\right] / \sigma\sqrt{T} = 4.59$$

$$d_2 = d_1 - \sigma\sqrt{T} = 4.40$$

$$V_2 = SN(d_1) - Xe^{-rT}N(d_2) = 323.14 \text{亿美元}$$

(三) Visa公司企业价值评估结果

通过计算,采用市销率法评估的Visa公司的现时价值为1128.54亿美元,采用期权法评估的Visa公司的潜在价值为323.14亿美元,两者之和为1451.68亿美元。较之评估基准日网易财经网所报Visa公司市场价值1695.41亿美元,本案例评估所得总价值少243.73亿美元,折价14.38%,根据相关资产评估准则,该结果在可接受范围之内。

六 案例结论

在文献研究的基础上,本案例结合企业价值评估相关理论以及第三方支付企业运营特征,创造性地提出高速发展的高新技术企业的企业价值不仅应包括反映当前状况的现时价值，还应包括反映未来发展前景的潜在价值，从而弥补了传统评估方法只体现现有资产价值的不足，使评估结果更加贴近企业的真实价值。同时，市销率法与实物期权法相结合对第三方支付企业 Visa 公司的价值评估的结果也显示，本案例相关理论分析以及具体构建的模型具有合理性。

第一，针对 Visa 等具有巨大发展潜能、高成长性以及未来收益不确定性特征的公司，必须考虑反映其未来盈利能力的期权价值，而市场法等常用的传统评估方法的估值结果只是对企业当前经营状况的反映，往往会低估该类企业的价值。在传统评估方法的基础上引入实物期权法可能是准确评估该类企业价值的有效途径。

第二，在市销率法的具体运用过程中，引入模糊综合评判法和层次分析法，能够有效地将传统市销率法中的单纯定性分析转变为定性与定量分析的结合，从而大大弱化评估方法运用的主观性。改进的市销率法的评估结果更加合理准确。

与此同时，本案例研究也存在诸多不足之处：影响企业市销率的因素很多，只针对部分影响因素进行了分析；对评语集赋值的相应分值相差较小，而现实中极度相似的企业也可能在某些方面存在较大的差异；只考虑了企业具有的扩张性期权，没有考虑其具有的复合期权，存在高估企业价值的可能性。诸多缺陷都成为本案例所创新方法未来进一步改进或修正的要点。

参考文献

曹凌云. 基于实物期权理论的互联网企业价值评估研究 [D]. 哈尔滨工业大学，2015.

陈剑莎. 基于企业生命周期的互联网企业价值评估方法研究 [D]. 长安大学，2012.

程明辉. 中国第三方支付平台：产业组织、运行机制与价格竞争 [D]. 东北财经大学，2013.

代林涛. 第三方支付企业价值评估方法研究——对市场法应用的探索研究 [D]. 西南财经大学, 2013.

方晓成. 网络企业价值理论和评估方法研究 [D]. 合肥工业大学, 2008.

冯耕中, 吴月琴, 于洋. 新兴网络企业价值评估研究述评 [J]. 预测, 2003 (5): 66-70.

管伟. 互联网企业价值评估探究 [J]. 现代商贸工业, 2010, 22 (2): 237-238.

韩跃峰. 基于剩余收益方法的互联网企业价值评估的研究 [D]. 云南大学, 2015.

林丹, 张睦晗. 简析第三方支付企业的商业模式、营销模式和运营模式的分析 [J]. 商业文化 (上半月), 2011 (4): 130.

刘国庆. 网络企业价值评估研究 [D]. 广东工业大学, 2004.

刘芸. 实物期权在网络企业估值中的应用——B2B电子商务企业估值的实证分析 [J]. 商业研究, 2005 (18): 69-72.

潘学锋. 实物期权理论及其发展展望 [J]. 牡丹江大学学报, 2012, 21 (1): 86-87+96.

王晶. 中国第三方电子支付平台的盈利模式研究 [D]. 内蒙古大学, 2011.

王艺霏. 论实物期权估价模型在公司价值评估中的适用性 [J]. 中国管理信息化, 2011, 14 (13): 25-28.

王自然. 我国网络企业价值评估方法研究——以新浪公司为例 [D]. 首都经济贸易大学, 2014.

夏彦娉. 第三方支付企业发展问题研究——基于价值链的视角 [D]. 江西师范大学, 2013.

杨国明. 第三方支付经营模式探析 [J]. 华南金融电脑, 2006 (4): 10-12.

尹晓娟. 关于我国第三方支付企业跨境支付业务监管问题的思考 [J]. 经济研究参考, 2012 (23): 69-71.

于贞妮. 基于EVA的B2C电子商务企业价值评估研究——以亚马逊公

司为例 [D]. 首都经济贸易大学, 2014.

袁力. 贝叶斯方法在 Black-Scholes 期权定价模型中的应用 [D]. 武汉理工大学, 2008.

张文博. 市场法在并购重组目标企业价值评估中的应用研究 [D]. 暨南大学, 2015.

张晓霞. 企业价值评估的实物期权定价法分析 [D]. 对外经济贸易大学, 2006.

张芷榕. 基于实物期权理论的互联网企业价值评估 [D]. 北京交通大学, 2013.

赵昕, 王静. 金融监管的新课题: 第三方网上支付平台 [J]. 上海金融, 2006 (9): 40-42.

赵瀛. 电子商务企业价值评估方法的研究 [D]. 大连理工大学, 2005.

赵颖. 第三方支付的模式分析及问题探索 [D]. 对外经济贸易大学, 2006.

郑红岩. 网络价值评估中的"比率法" [J]. 财经界, 2000 (10): 60-61.

Abel B A, Eberly C J. Investment, Valuation, and Growth Options [J]. The Quarterly Journal of Finance, 2012, 2 (1): 1-32.

Ali M, El-Haddadeh R, Eldabi T, Mansour E. Simulation Discounted Cash Flow Valuation for Internet Companies [J]. International Journal of Business Information Systems. 2010, 6 (1): 18-33.

Blodget H, Anning E. Amazon.com Raising Price Target to \$ 400 [R]. New York Equity Research Report, 1998.

Briginshaw J. Internet Valuation: The Way Ahead [M]. Business, Computer Science, 2002.

Jiang B, Koller T. How to Choose between Growth and ROIC [J]. The Mckinsey Quarterly, 2007.

Krafft M, Rudolf M, Rudolf-Sipötz E. Valuation of Customers in Growth Companies—A Scenario Based Model [J]. Schmalenbach Business Review, 2005 (57): 103-125.

第七章 轻资产公司价值评估：
以光线传媒为例[①]

随着物质文明的发展，人们对精神文明的需求日益增加，我国文化企业也如雨后春笋般激增，其中影视类企业作为文化企业的代表在资本市场上较为活跃，兼并、重组等活动日益频繁。影视类企业价值主要来源于影视及影视项目的创造性收入，而影视剧的拍摄本身就是一项具有高投入、高收益、高风险特点的投资性活动，整个影视项目的收入面临极大的不确定性。因此，影视企业价值的合理评估，不仅能有效提高其市场价值的公允性，有利于其在资本市场上吸引资金，缓解资金压力并实现企业的有效扩张，同时也有益于其加强对自身价值来源与价值增值过程的认识，助力企业以及产业可持续发展。

有别于一般企业，影视类企业资产结构中以无形资产为主的非流动资产占比较高而固定资产占比较低，同时以智力投入和创意投入为主的核心无形资产也无法通过资产负债表予以体现，使用类似于制造业企业账面资产价值加总法进行估值有可能使企业价值被严重低估。与此类似，由于决定影视类企业价值的关键因素在于行业影响力、人才储备、制作能力等无形实力，而非拍摄道具、录制器械等实物资产，且同行企业中的无形实力一般又相差甚远，难以进行量化比较，通过修正与同行企业之间的可比参数来确定所评估企业价值的方法也较难实现。鉴于收益法持续经营的假设以及企业价值等于其未来能够创造

---

① 本章案例原创：黄洋；案例校正与修改：刘志坚、李江雄、营增、王婷。

第七章　轻资产公司价值评估：以光线传媒为例

价值的现值的核心理念，特别是收益法分支中的 EVA 估值法既考虑了负债的成本又考虑了资本的成本，充分体现了实现股东价值最大化这一企业最终目标，收益法对影视类企业价值的评估具有基础的适用性。然而，即使如周全的 EVA 估值法，也因为影视类企业价值主要来源——影视项目所带来的创造性收入面临极大的不确定性，必须改进评估模型对收益稳定性的依赖以适应影视类企业的特征。

基于影视类企业的轻资产特征，本案例在前人相关研究的基础上，结合企业管理者依据发展时机对影视项目可能行使的投资决策权，运用实物期权理论对传统 EVA 估值法进行改进，从现时价值和潜在价值两个方面评估影视类企业的整体价值。通过对光线传媒企业价值进行评估，不仅验证了本案例改进模型的可操作性，同时评估结果也表明将实物期权概念引入价值评估体系，能较好地解决无形资产所带来的不确定性增值问题，这对于当前轻资产企业的价值评估方法应用形成了有益的补充。

一　案例背景

中国最大的民营传媒娱乐集团——北京光线传媒股份有限公司成立于 1998 年，2006 年以前其主要业务是制作和发行娱乐资讯、综艺和生活类电视节目，自 2006 年推出第一部电影后，其业务转变为以投资发行电影和电视剧为主。2011 年 8 月，光线传媒（300251）在深圳证券交易所创业板上市。经过多年的发展，光线传媒现已成为中国最大的民营传媒娱乐集团以及国内排名前三的民营电影公司，其业务包括电影、电视剧、电视娱乐节目、新媒体互联网、艺人经纪、网络游戏等，其中主营业务收入主要来自电影制作与宣传发行。依托传媒娱乐的背景，光线传媒与内地、港台、日韩明星合作，并将公司的目标定位为打造成为具有国际竞争力的传媒娱乐集团原创电影品牌，2015 年其电影业务收入突破 3 亿元，比 2014 年同期增加 54.8%。

光线传媒是我国民营影视企业的代表，其发展反映了我国目前电影市场需求量大、票房逐年攀升的趋势，而影视类企业作为文化类企业中的代表，在资本市场上的并购、重组活动更是日益频繁、日趋活跃。2015年，影视类企业并购事件总共发生33起，总金额高达507.78亿元，占整个行业并购总额的33.87%。基于影视类企业的整合与集团化发展趋势，资本市场对其价值的准确评估也提出了迫切的需求。但是，影视类企业资产结构以行业影响力、人才储备、制作能力等无形资产为主的流动资产占比较高而拍摄道具、录制器械等固定资产占比较低的轻资产特征，以及以智力投入和创意投入为代表的核心无形资产无法在企业资产负债表上体现的特点，共同决定了三大传统评估方法的直接应用均对其具有不适性，必须重构评估方法或改进传统评估方法以应对其价值评估存在的难题。基于此，本案例根据影视类企业的经营特点，考虑管理者针对不同情况进行的选择决策、内外市场的持续变化等因素，引入实物期权理论对EVA估值法加以改进，以期构建一个包含现时价值和潜在价值的企业整体评估模型，并通过对光线传媒价值的评估验证该模型的合理性与可行性。

二 相关研究综述

基于影视类企业所具有的轻资产性、高风险性、高投入性、高创意性以及主要通过影视项目收益实现其价值的特点，大部分研究者认为成本法和市场法不适用于对其企业价值的评估。同时，影视项目收入面临的较大不确定性，也使得收益法对其的评估受到严格限制。综合比较，EVA估值法在一定程度上克服了三种传统评估方法的局限性，能够基本满足影视类企业价值评估的需求，从而相关研究也主要围绕EVA估值法展开。

王军辉（2013）认为文化企业具有高度创新性，其发展与人的创意密切相关且经营模式多样，企业经营的独特性决定了企业核心价值不尽相同，但均主要体现为无形资产的贡献及未来现金的流入，故采用收益法对其企业价值进行评估较为合适。在后续研究中，其进一步提出文化企业的创意性产品具有很强的价值衍生性,尤其当一部影视作品产生较大的社会影响之后,其可能会形成社会品牌,从而对企业价值的增长有巨大贡献,相关估值工作应充分考虑这部分潜在衍生价值对企业价值产生的影响。

阮咏华(2014)认为影视类企业是典型的轻资产企业,其对于固定资产等有形资产投资的比重较小,而在无形资产方面的投资则比重较大,但无形资产作为核心贡献资产并未充分体现在其账面价值上。同时,影视作品具有较高的知识产权附加值,价值不确定性较大且价值衰减较快。因此,对影视类企业价值进行评估,需要充分考虑其核心资产即无形资产的价值与预测未来收益的难度,以及行业政策和市场竞争对企业发展的影响,进而合理选择评估方法。

张琪(2015)认为影视类企业的价值更多体现在为投资者创造的价值上,考虑到EVA估值法既考虑了企业过去创造的价值,又考虑了企业未来可能创造的价值,因此其适合用于影视类企业的价值评估。但同时,EVA估值法没有深入考虑影视作品所带来的增值价值,这成为EVA估值法应用于影视类企业价值评估的改进方向。

张浩(2018)认为EVA模型既考虑了影视类企业的权益成本,也凸显了影视类企业的核心资产价值,根据影视类企业高资产负债比的特点,对其财务费用、无息流动负债、各项减值准备、递延所得税、研究与开发费用、商誉、非经常性损益、在建工程和金融资产等会计科目进行调整,能使EVA模型计算的结果更加贴近于企业的"经济利润",从而反映企业真实的价值。通过对华谊兄弟的企业价值评估,其验证了EVA模型对于影视类企业的适用性,但同时也指出EVA模型存在较大的主观性局限。

杨奇菲洪(2020)同样认为三大传统评估法在影视类企业的价值评估中受到很大限制,而EVA评估模型较之于股利折现模型和现金流量折现模型等有利于展现企业价值创造能力,更加适合于对影视类企业价值进行评估。通过将杜邦分析体系和市净率引入基础的EVA评估模型,其在使用会计信息辅助确定模型参数从而使参数预测更加有效的同时，还优化了 EVA 模型关于企业经营无限期的假设，提升了企业价值预测的准确性。最终其选取 16 家影视类企业进行价值评估，相关结果也验证了改进模型的准确性。

可以看出，目前对于影视类企业价值的评估，更多是在 EVA 估值模型的基础上进行修正，以契合影视类企业的特征。但是，一个显著的缺陷是，相关的 EVA 改进评估法只估测了影视类企业的现时价值，并没有计算和衡量影视作品所带来的衍生价值，这可能导致对影视类企业价值的严重低估。对此，本案例将尝试引入实物期权法对影视作品所带来的衍生价值进行评估，同时对投资机会的选择和收益的高不确定性进行细分与说明，从而进一步形成对 EVA 估值法的改进，以期使其能更准确地评估影视类企业的价值。

三 影视类企业的价值特性

根据 2012 年出台的《国家"十二五"时期文化改革发展规划纲要》，影视类企业属于满足人类精神需求的文化创意企业，主要通过制作、发行、放映影视作品实现其价值。企业性质决定了影视类企业在知识资本等方面的投资远高于厂房设备等固定资产，剧本丰富量、演员水平、拍摄剪辑技术、营销渠道等决定了其制作影视作品的质量，进而直接影响其企业价值。具体而言，影视类企业价值具有如下一些显著特征。

(一) 无形资产价值占比高

轻资产成为影视类企业的标签。影视类企业属于文化创意产业，其最宝贵、最能带来价值增值的就是人力资源，并且以著作权、合同权益、客户关系、营销渠道、商标权、专利权和商誉等无形资产的形式体现。因此，与传统企业在厂房、设备等固定资产方面投入较多不同，影视类企业一般在知识资本等无形资产方面的投入比重更大，这些无形资产直接影响影视作品质量，进而对其载体企业的价值产生深远影响,甚至从某种程度上讲,凝聚无数工作人员智慧和创意的影视作品就是影视类企业价值的源泉,只有影视作品的价值得以充分实现,初始的投资才能收回,企业才能盈利,从而在以电影票房和电视剧收入为主要收入的影视类企业中,即使无形资产本身不在资产负债表中体现,其价值驱动核心因素的地位也不容忽略。

(二) 价值不确定性大

较之于其他领域的企业,影视类企业收益的影响因素较多,从而其收益不确定性较大,波动性也更强。

1. 相关政策法规的影响

由于影视作品所宣传的价值观、道德观会对社会产生较大、较深远的影响,国家对影视作品的上映以及影视类企业的发展有着严格的管制措施。时代进步会促使国家对文化产品推行的审查制度放宽,如我国民营全资影视类公司的设立等,但即使在这种利好的大环境下,国家广播电视总局仍就影视节目娱乐过度、广告过多出台了相应的"限娱令""限广令"等,使得很多已经拍摄的电视电影作品被禁播,相关影视类企业也遭受了不同程度的损失。此外,拍摄周期较长的影视作品,也很有可能在完成之后因为相关政策的变动而无法播出,不仅无法为企业带来收益,反而会对企业可持续经营产生严重影响。

2. 影视作品价值的不确定性

影视类企业的价值在很大程度上就是通过影视作品的放映来实现的,故影视作品收入的不确定性直接导致了影视类企业价值的不确定性。从属性上讲,影视作品作为无形资产,具有很高的知识产权附加值,而该种既受智力投入影响又受消费者偏好影响的附加值,难以进行准确预测。因此,在影视作品进入市场之前,一般无法得知市场反应,这就使得影视作品收益以及其所属企业价值会产生很大不确定性。高投入、大制作电影不一定热卖,小投入、自制剧也不一定遇冷,典型的例子如《疯狂的石头》《屌丝男士》《太子妃升职记》等都是票房火爆的低成本影片,而《澳门风云3》等,尽管群星云集、万众期待,却票房不高。

3. 相关技术发展的不确定性

影视类企业对本领域的技术进步较为敏感。信息技术的进步意味着更加广泛的发行渠道，拍摄技术的进步意味着人力物力成本的降低，放映技术的进步意味着更好的视觉效果，而这些都会影响影视作品的收益，并最终影响发行企业的价值。随着电视网、电话网、互联网"三网融合"的加快，影视作品将会拥有更加宽广的发行渠道以及更多的受众资源，而3D、4D视觉呈现上的革命也将持续增加观众的观影乐趣。但是，未来相关技术的发展仍具有很大的不确定性，并对影视作品前期投入和后期收益产生较大影响，相关企业通过科学管理规避各种不确定性，也成为其提升经营效率、凸显企业价值的重要环节。

（三）价值衰减速度快

一般而言，大部分影视作品的价值在其第一次放映后迅速衰减。在影院上线和影视剧首播时，影视类企业都享有作品保护权，通常电影和电视剧的档期是1~2个月，而一旦过了这段时间，随着人们新鲜感的退却，观众和其他企业可能都不再愿意为该影视作品买单。同时，绝大部分作品可在网络上通过多种途径免费获取，从而影视类企业的创收可能主要来源于前两个月。

四 评估模型的构建

（一）影视类企业价值评估方法的选择

《资产评估执业准则——企业价值》第十七条规定，执行企业价值评估业务，应当根据评估目的、评估对象、价值类型、资料收集等情况，分析收益法、市场法和成本法（资产基础法）三种基本方法的适用性，选择评估方法。依据企业特征合理选择评估方法成为影视类企业价值准确评估的前提。

从成本法来看，不仅影视类企业未来收益与成本之间可能并不存在必然联系，同时其也可能忽视各项资产之间经过有机组合产生的整合效应，更为关键的是，在评估实操中，影视类企业无形资产价值占比远高于实物资产，主要依靠人力资本、客户资源等进行经营，而这些均无法在资产负债表中进行反映，导致企业价值被严重低估。从市场法来看，除了常用的衡量指标外，对影视类企业价值影响较大的制作能力、资金规模、人才储备量、剧本储备量、在拍片数等都是特定价值的调整因素，这决定了影响影视类企业生命力和价值的软实力难以比较，修正系数不易确定。从收益法来看，其主要包括DCF法和EVA法。一方面，作为新兴企业，影视类企业具有投资高、风险高、回报高、附加值高的特点，其现金流并不稳定，同时DCF法一般只考虑负债成本而不考虑股权成本，成本计算不全将会导致企业价值被高估，因此DCF法不适合作为影视类企业的价值评估方法；另一方面，虽然EVA法综合考虑了债务资本和权益资本的成本，且在很大程度上能够通过对会计数据的修正反映投资产生的价值和公司治理结构，同时能将短期投资收益等营业外收入排除在业绩范围之外以真实反映公司的生产、管理与技术能力，从而更适合于高投入、高风险、高收益、高附加值的影视类企业价值评估，但其基于劳务经营和对外投融资所产生的现金流量进行计算，同样缺乏对无形资产价值的考虑，从而忽略了影视作品所带来的潜在收益。

对于影视类企业而言，影视作品的收益成为其绝对的主营业务收入，虽然该收益受未来国家政策、市场环境以及消费者偏好等的不确定性影响，但精明的企业家总能在种种不确定性中选择最为有利的方案，使企业向期望目标靠拢，而根据不确定性调整决策所产生的价值，最可行的评估办法就是调整传统EVA法。综合而言，针对企业特征改进EVA法，充分体现影视作品的潜在价值，成为完善与开发影视类企业价值评估方法的方向。

（二）评估模型构建——基于期权理论的EVA法

1. 现有价值的计算

影视行业在我国存在的时间并不长，属于新兴行业的一类，其中的企业多选择在创业板或中小板上市。正因为发展时间较短，该行业目前仍处于高速增长的阶段，但根据行业发展周期规律可预见，在经历快速发展后其也会逐渐进入稳定增长期。因此，本案例根据增长速度将企业发展分为成长期和成熟期，并在运用 EVA 法计算影视类企业现时资产价值时采用两阶段模型，分别从两个阶段对影视类企业的价值进行评估，具体公式如下：

企业的现时价值V_1 = 初始资本总额 + 未来经济增加值的折现值 =

$$C + \sum_{t=1}^{m} \frac{EVA_t}{(1+WACC)^t} + \frac{EVA_{m+1}}{(WACC-g_m)(1+WACC)^m} \quad (7-1)$$

其中，$EVA = NOPAT - WACC \times CAP$，$EVA$ 为经济增加值，$NOPAT$ 为调整后的税后净营业利润，$WACC$ 为加权平均资本成本，CAP 为调整后的资本总额，m 表示高速增长的时间，g_m 为平稳时期增长率。

根据 EVA 法原理，在具体评估时还需在现有会计报表基础上对一些项目进行调整，而考虑到时间成本问题，相关调整通常只涉及对影视类企业价值影响较大的项目，包括存货、研究与开发费用、各种准备金、商誉、在建工程现值、递延税款、政府补助等。据此，分别对上述模型中的变量进行确认。

（1）税后净营业利润（NOPAT）的确定

税后净营业利润是衡量企业盈利能力的重要指标，其具体公式如下：

$$\text{税后净营业利润}(NOPAT) = \text{息税前利润}(EBIT) \times (1-T) + \text{商誉摊销} + \text{研发费用} + \text{少数股东损益} - \text{研发费用在本年的摊销} + \text{递延所得税贷方增加额} - \text{递延所得税借方增加额} \quad (7-2)$$

需要注意的是，息税前利润的处理需要对税收进行调整，息税前利润并未扣除利息支出和公司营业税收等，对于一般企业而言，利息支出可以在会计报表的财务费用中进行调整，其中一般工商企业的工商税税率为 6%~8%，增值税税率为 17%。

（2）资本总额（CAP）的确定

资本总额表示所有账目资本的额度，包括债务资本和权益资本，是所有投资者对企业的投入，其计算公式如下：

$$资本总额（CAP）=债务资本+权益资本+资本调整额 \quad (7-3)$$

$$债务资本=短期借款①+一年内到期的长期借款+长期借款+应付债券 \quad (7-4)$$

$$权益资本=普通股东权益+少数股东权益 \quad (7-5)$$

资本调整额=存货跌价准备+研发费用+坏账准备+短期投资跌价准备+长期投资减值准备+固定资产减值准备+无形资产减值准备+累计商誉摊销+递延所得税贷方余额-递延所得税借方余额-在建工程净值-政府补助 $\quad (7-6)$

（3）加权平均资本成本（WACC）的确认

加权平均资本成本是根据权益和负债所占比重确定的综合资本成本，使用 WACC 的好处在于既考虑到了债务成本又考虑到了权益成本。WACC 计算公式如下：

$$WACC = \frac{E}{E+D} \times k_e + \frac{D}{E+D} \times k_d \times (1-T) \quad (7-7)$$

其中，E 为权益资本，代表所有所有者的权益；D 为债务资本，代表所有债权人的权益；k_d 为税前债务资本成本，是企业为实现经营或者扩张，对外部金融机构进行贷款或者发行债券而付出的利息；T 为所得税税率，用 k_d 扣除所得税带来的影响，即为债务资本成本；k_e 指权益资本成本，表示为了取得权益资本所要付出的代价。

2. 潜在成长价值的计算

（1）实物期权法

实物期权法实质是将金融期权的内涵延伸到实际项目中，使企业管理者的管理价值得到体现，其优势主要在于对一些不确定项目进行定价时，充分考虑了风险带来的可能收益。与传统方法不同，实物期权法不再是将未来收益百分百折现，而是通过数学模型对收益变化进行模拟，将项目推进不能达到预期的可能也纳入考虑，从而使估测过程更加科学、结果更加准确。

---

① 短期借款是指企业根据生产经营的需要，从银行或其他金融机构借入的偿还期在一年以内的各种借款。一年内到期的长期借款是指一年内到期的但偿还期限超过一年的借款，虽然这些负债最初被分类为长期借款，但由于其到期日在资产负债表日后的一年内，因此需要在财务报表中体现其即将成为流动负债的性质。

一般而言，实物期权法是作为一种补充，用于评估一些高风险企业通过柔性管理将不确定性转化为潜在投资机会的能力，而影视类企业面临的较大不确定性使之具备了使用实物期权法的前提。企业拥有的潜在期权包括扩张期权、转换期权、收缩期权、增长期权和多阶段期权等。其中，增长期权是由期初一定投资所创造的，在未来某个时间点决定是否实施项目以获得更大收益的一种选择权。该类期权在影视类企业中体现明显，如正处于计划书雏形的电影项目其本身即附有后期选择性投资的权利。对于影视类企业来说，同一时期或许存在诸多不同性质的期权，而同一性质的期权也可能存在于不同的时期，它们之间相互交错，构成了复杂的复合期权。但当前使用复合期权对潜在增值机会进行评估的理论还相对不成熟，在实践中各期权之间的相互关联也无法清晰解释。鉴于此，本案例将选用单一增长期权对EVA法进行补充，旨在重点考虑潜在价值中占比最大的影视项目选择投资价值。

（2）基于实物期权的潜在价值计算

对于主要依靠影视作品实现价值的影视类企业而言，影视作品的收益受多种因素的影响，票房浮动接近于几何布朗运动，符合随机漫步理论。因此，本案例采用当前应用性最强、适用范围最广、所需参数最少的B-S模型对潜在价值进行估算。

B-S模型有5个重要假设：一是标的资产价格变动符合随机漫步理论，按几何布朗运动方式始终围绕一个固定值上下波动；二是无风险利率和标的资产收益在期权持续期内固定不变；三是市场无摩擦，即不存在税收、佣金费用、买卖价差、市场冲击等交易成本，同时无保证金要求，也无买空的限制；四是在期权持续期内，标的资产没有分红及其他收入所得；五是该期权属于欧式期权，期权买方只能在期权到期日行权。具体公式如下：

$$g = SN(d_1) - Xe^{-rT}N(d_2) \qquad (7\text{-}8)$$

$$d_1 = \frac{\ln\left(\dfrac{S}{X}\right) + \left(r + \dfrac{\sigma^2}{2}\right)T}{\sigma\sqrt{T}} \qquad (7\text{-}9)$$

第七章 轻资产公司价值评估：以光线传媒为例

$$d_2 = d_1 - \sigma\sqrt{T} \tag{7-10}$$

其中，S 为股票现在的价格；X 为执行价格；T 为期权的有效期限；σ 为股票价格的不确定性；r 为折现率；g 为当前期权价值；$N(d_i)$ 为正态分布变量的累积概率分布函数。

同时，在实物期权评估领域，通常将金融期权定价模型中的输入变量进行替换，包括：股票当前期权价值 g 对应实物期权价值 V_2；股票现在的价格 S 对应项目收益现值 P；执行价格 X 对应项目投资费用 x；期权的有效期限 T 对应项目投资机会的持续时间 T；股票价格的不确定性 σ 对应项目的不确定性 σ。而在具体运用该模型进行定价时，需确定公式中的 5 个参数：项目不确定性、无风险利率、项目投资机会持续时间、项目投资费用及项目收益现值。

第一，项目收益现值 P 的确定。影视项目选择投资的时点与产生收益的时点并不一致，因此影视项目收益现值的确定须考虑项目投资产生收益的时滞性。一般而言，对时滞性进行调整的简单办法是，根据时滞期的长短对项目未来的收益进行折现，即项目收益折现的时间应该调整为选择投资权的持续时间与收益时滞期之和。对于大多数影视项目而言，收益时滞期约为一年，而对于收益预期，在本案例中参考标的公司历史影视项目的平均收益率。

第二，项目投资费用 x 的确定。本案例将重点考虑在潜在价值中占比较大的影视项目的选择投资价值，企业所拥有的、可投资却尚未投资的影视项目，其投资费用可以在披露的计划书和年报中获知。因此，本案例中的项目投资费用为各个可投项目计划书中的预投资额之和。

第三，项目投资机会持续时间 T 的确定。评估基准日到行权日之间的时间即为项目投资机会剩余持有时间。对于影视类企业而言，项目的可投资期即为期权的时间，该时间越长，则期权的价值越大。影视类企业考虑到资金的周转，一般不会存储太多的影视项目，而只会精挑细选一些影视版权购买，以备下一年投资使用。因此，可近似认为企业已经购买却未投资的影视项目的期权有效期为 1 年。

第四，项目不确定性 σ 的确定。项目收益的不确定性是使用实物期权法的前提。影视项目的期权价值在很大程度上取决于未来收益的变动情况,变化越大,则期权的价值越大。在项目的实际估算中,对于 σ 一般有三种确认方式。一是用项目市场价值的波动衡量项目的收益波动。如果标的项目拥有一个公平公正的市场,项目在市场上的售价能够反映项目的收益水平,那么市场售价的变化就能体现其收益的变化。二是用该项目所在行业的股市波动衡量项目的收益波动。该方法认为股市能够有效地传递行业发展状况,进而反映项目收益的不确定性。三是采用历史项目的波动率衡量,即假设项目收益的波动率不会发生太大变化,项目不确定性 σ 可用历史项目收益率的标准差确定。由于影视项目的交易价格并不公开,因此相关数据难以获得,第一种方法并不适用,使用较多的是第二、第三种方法。

第五,无风险利率 r 的确定。无风险利率多指企业在不冒任何风险的前提下进行投资所能实现的回报率。一般认为国债的违约率很低,近似于无风险类型的投资,因此在实践中常采用国债利率作为无风险利率。

3. 整体模型构建

根据 Myers(1977)提出的理念,企业价值应该包括现有资产价值和未来成长机会的现值,即企业价值应该从两个方面去考虑:一方面是多年来已投入的资本和规模化经营所能带来的未来稳定收益;另一方面是企业目前所拥有的潜在项目投资机会。结合上文分析,可将影视类企业价值划分为现时价值和期权价值两部分,前者运用 EVA 方法进行评估,后者则利用实物期权法对企业拥有的增长期权进行评估。同时,由于 EVA 法和实物期权法本质上都属于定量评估,核心都是对现金流及折现率等收益、风险因子进行准确预测,因此二者具有可加性。综上所述,考虑到影视类企业潜在期权价值而针对传统 EVA 法进行改进后的整体估值模型为:

$$V = C + \sum_{t=1}^{m} \frac{EVA_t}{(1+WACC)^t} + \frac{EVA_{m+1}}{(WACC - g_m)(1+WACC)^m} + PN(d_1) - xe^{-rT}N(d_2)$$

(7-11)

（三）改进方法的运用——光线传媒企业价值评估

1. 光线传媒现时价值计算

本次评估以 2014 年 12 月 31 日为评估基准日。根据整体市场表现，预测 2015~2018 年为影视类企业的高速增长期，随后进入稳定增长期。在假定企业永续经营的情况下，本案例认为光线传媒 2018 年后的生产经营收入始终按 2018 年的生产情况稳定增长，即 $g_m = 0$。在 EVA 模型的使用中，本部分主要涉及 WACC（加权平均资本成本）、CAP（资本总额）、NOPAT（税后净营业利润）三大指标的确认，根据光线传媒 2013 年和 2014 年的财务报表，具体计算如下。

（1）加权平均资本成本（WACC）的测算

根据光线传媒 2013 年和 2014 年的财务报表，可得资产负债相关指标（见表 7-1）。

表 7-1　2013~2014 年资产负债情况对比

单位：万元，%

指标	2013 年	2014 年
所有者权益	221938.01	324685.58
负债总额	37126.38	173691.95
资产总额	259064.39	498377.53
资产负债率	14.33	34.85

资料来源：北京光线传媒股份有限公司 2013 年和 2014 年财务报表。

在本案例中选用银行的一年期贷款基准利率 6% 为税前债务资本成本，所得税税率 T 为 25%。因此，光线传媒 2013 年、2014 年的债务资本成本均为 4.5%。权益资本成本则用经典的 CAPM 公式计算：

$$k_e = R_f + (R_m - R_f) \times \beta \quad (7\text{-}12)$$

选用 3 年期国债利率作为无风险报酬率（R_f）。根据中国债券信息网发布的信息，2013 年、2014 年的无风险报酬率分别为 4.76% 和 5.00%。风险溢价（$R_m - R_f$）是指投资者对一个风险充分分散的市场投资组

企业价值评估：理论创新与方法应用

合要求高于无风险利率的回报率，国际上通常根据成熟市场的风险溢价进行调整。根据北京中企华资产评估有限责任公司出具的报告，2013年和2014年的风险溢价分别为6.93%和7.19%。

贝塔系数（β）反映个股对市场变化的敏感性，即个股随市场变化比例而发生的变化比例。通过Wind资讯系统相关信息可得，光线传媒至2013年12月31日的100周内的β系数平均值为0.60，至2014年12月31日的β系数平均值为0.56。

由上可得，光线传媒2013年、2014年的权益资本成本分别为8.92%、9.03%，进而光线传媒2013年、2014年的WACC分别为8.28%、7.45%，平均WACC为7.87%。

（2）资本总额（CAP）的测算

根据光线传媒2013年、2014年年报资料中的数据，整理出资本总额计算情况，如表7-2所示。

表7-2 资本总额计算情况

单位：万元

指标	2013年	2014年
权益资本	221938.01	324685.58
加：应付债券	—	—
加：一年内到期的长期借款	—	—
加：短期借款	—	50000
加：长期借款	—	9851.59
加：各项准备金	2168.15	5165.87
加：递延所得税贷方余额	—	13627.69
减：递延所得税借方余额	1283.14	2098.81
加：累计商誉摊销	—	—
加：研发费用	—	—
减：在建工程净值	—	—
减：政府补助	2459.82	1979.11
资本总额	220363.20	399252.81

资料来源：北京光线传媒股份有限公司2013年和2014年年报。

通过计算得出，光线传媒2013年资本总额（CAP）为220363.20万元，2014年资本总额为399252.81万元。

（3）税后净营业利润（NOPAT）的测算

根据光线传媒2013年、2014年年报资料中的数据，整理出税后净营业利润计算情况（见表7-3）。

表7-3 税后净营业利润计算情况

单位：万元

指标	2013年	2014年
净利润	32794.36	35186.93
加：利息支出	-1776.10	2918.75
加：少数股东损益		2254.43
加：本年无形资产或商誉摊销	57.36	114.92
加：各项准备金余额的增加额	-831.00	2997.72
加：递延所得税贷方增加额		13627.69
减：递延所得税借方增加额	4.82	815.67
加：研发费用		
减：研发费用在本年的摊销		
减：非经常性损益	2463.02	1979.08
税后净营业利润	27776.78	54305.69

资料来源：北京光线传媒股份有限公司2013年和2014年年报。

通过计算得出，光线传媒2013年的NOPAT为27776.78万元，2014年的NOPAT为54305.69万元。

（4）经济增加值（EVA）的测算

根据已计算出的NOPAT、CAP、WACC，可编制EVA计算表（见表7-4）。

表7-4 EVA计算情况

单位：万元，%

指标	2013年	2014年
NOPAT	27776.78	54305.69

续表

指标	2013 年	2014 年
WACC	8.28	7.45
CAP	220363.20	399252.81
EVA	9530.71	24561.36

由表 7-4 可以看出，光线传媒 2013 年、2014 年的 EVA 均为正值，且呈现出快速增长之势。EVA 为正不仅说明光线传媒已经达到资本增值的企业经营目标，同时也说明其是具有价值创造能力的企业。

本案例根据光线传媒的财务、经营状况和公司未来的发展方向与战略部署，采取 EVA 两阶段增长模型对光线传媒未来各年 EVA 进行预测，确定高速增长期为 2015~2018 年，之后为稳定增长期。根据国家统计局发布的数据，文化产业对我国经济增长的贡献越来越大，近年来其年均增长率达到 16%~20%。同时，由光线传媒年报可以获知，公司财务状况和经营状况良好，且在全国传媒文化产业中处于龙头地位。因此，选择 20% 为 2015~2018 年 NOPAT 的增长率；假设不考虑利润分配情况，年末净资产等于年初净资产加上当年净利润，则预测资本总额等于上年末资本总额加上当年税后净营业收入；假设资本结构改变不大，WACC 取 2013 年、2014 年的均值 7.87%。EVA 的预测情况见表 7-5。

表 7-5 EVA 预测情况

单位：万元，%

指标	2015 年	2016 年	2017 年	2018 年	2018 年后
NOPAT	65166.83	78200.20	93840.23	112608.28	135129.94
WACC	7.87	7.87	7.87	7.87	7.87
CAP	464419.64	542619.83	636460.06	749068.34	884198.28
EVA	28617.00	35496.01	43750.82	53656.60	65543.53
折现率	0.927042	0.859407	0.796706	0.738580	9.384747
EVA 折现	26529.16	30505.52	34856.54	39629.69	615109.45

综上，截至评估日 2014 年 12 月 31 日，光线传媒现时价值为：

V_1 = 初始资本总额 + 未来经济增加值的折现值 = 1145883.17 万元

2. 光线传媒潜在价值计算

（1）投资项目的确定

从 2014 年光线传媒企业年度报告获知 2015 年光线传媒电影、电视的投资计划有《美人鱼》《全民危机》《谁的青春不迷茫》等 16 个项目，计划总投入 310000 万元。

（2）B-S 模型中各参数的确定

第一，项目收益现值 P 的确定。由光线传媒 2014 年年报可知，公司的主营业务包括电视栏目、影视剧、动漫游戏的投资、制作及发行。较之电视栏目和动漫游戏投资的事先谈判和多平台合作，影视剧的投资具有更大的风险。剔除动漫游戏和电视栏目的投资收益率，仅考虑影视剧投资的回报率，由 2013 年、2014 年年报披露数据计算其平均回报率为 1∶3.52，从而本案例将截至评估时点光线传媒潜在的可投资影视项目的预期收益确定为 1091200 万元。同时，整个影视项目将经过一年的等待决策期和一年的项目投资期才会获得收益，因此折现时间确定为 2 年，折现率为 $WACC$ 的平均值 7.87%，项目的收益现值（即实物期权的即时价格）为 937784.39 万元。

第二，项目投资费用 x 的确定。由于影视项目相较于其他传统投资项目而言，具有投资期短的特点，通常集中在 3~9 个月，很少有超过一个会计年度的项目，所以对于实物期权中的项目执行价格（即初始投资成本），本案例采用计划投资数来衡量，即 310000 万元。

第三，项目投资机会持续时间 T 的确定。项目投资机会持续时间即实物期权的时间，为 1 年。

第四，项目不确定性 σ 的确定。北京光线传媒股份有限公司为上市公司，股价具有一定的市场信息传递作用，其一方面反映了既是投资者又可能是消费者的大众对于影视行业的预期，另一方面又包含光线传媒作为行业翘楚，品牌效应对收益波动的影响。因此，本案例选用光线传媒股票年收益率的历史波动率作为参考值，利用同花顺软件导出光线传媒 2012 年 1 月 1 日至评估基准日的交易日股票收盘价,然后计算每天的股票收益率,进而使用 STDEV 函数计算出该股日均收益率的波动率为 2.39%,再乘以每年交易日的日数的平方根 $\sqrt{243}$(扣除法定节假日和周末,假定每年的交易日平均有 243 个),从而得出项目不确定性 σ 为 37.26%。

第五,无风险利率 r 的确定。无风险利率采用同期 5 年期国债票面利率 5.41%。

(3)项目价值的评估

将上述数据代入 B-S 模型,可得光线传媒潜在价值为 644158.36 万元。

3. 企业整体价值

综上所述,光线传媒的整体价值为:

$$V = 现时价值V_1 + 潜在价值V_2 = 1790041.53万元$$

改进的 EVA 法对光线传媒价值的评估值为 1790041.53 万元,这不仅远远高于应用传统 EVA 法的评估值 1145883.17 万元,同时相比于传统 EVA 法的评估值更接近于光线传媒 2015 年 1 月第一个交易日的市值(2377828.99 万元)。因此,本案例认为,改进的 EVA 法能更加准确、合理地评估光线传媒的整体价值。究其原因,可能是由于影视这一高风险行业具有不确定性,但对于以完善的管理模式、丰厚的人力资本和优良的经营模式著称的光线传媒而言,这显然是有失公允的。从长远来看,光线传媒值得投资并长期持有。

五 案例结论

影视类企业资产结构以智力投入和创意投入等无形资产为主,决定了其企业价值大小取决于行业影响力、人才储备、制作能力等无形实力,同时影视作品创作本身也是一项高投入、高收益、高风险的投资活动,企业收入面临极大的不确定性。针对影视类企业的轻资产以及收益率波动较大等显著特征,本案例结合企业经营管理者依据发展时机对影视项目可能行使的投资决策权,运用实物期权理论对传统EVA法进行了改进,以从现时价值和潜在价值两个方面更加准确、合理地评估影视类企业的整体价值,具体结论如下。

第一,由于以智力投入和创意投入为代表的核心无形资产无法通过资产负债表予以体现,同时同行企业无形实力一般也相差甚远并难以进行量化比较,类似制造业企业账面资产价值加总的成本法,或者修正与市场同行企业之间可比参数的市场法,均难以适用于对影视类企业的合理估值。相较而言,收益法中的EVA估值模型,既考虑了负债成本又考虑了资本成本,充分体现了股东价值最大化这一企业最终目标,并具有应对收入不确定性的良好效果,因此收益法中的EVA估值模型对影视类企业价值的评估具有基础的适用性。

第二,传统EVA法未考虑影视类企业针对不确定性风险的柔性管理,可能严重影响其价值评估的准确性,而将实物期权概念引入价值评估体系,既考虑了被评估企业现实经营模式所能带来的价值,又体现了企业未来的发展潜力,可以较好估算无形资产所带来的不确定性增值。结合B-S模型和EVA二阶段模型,从现时价值和潜在价值两个方面评估影视类企业的整体价值,使得对影视类企业的价值评估更加贴合实际,有助于市场投资者获得准确可靠的投资依据,也有助于影视类企业在资本市场上顺利实现融资与扩张。

第三,通过对案例企业——光线传媒的企业价值进行评估,不仅验证了改进方法的可操作性,同时经过对比改进方法估值结果与传统EVA法计算结果以及评估时点企业市值可以发现,在去除不确定性后,光线传媒企业价值评估结果远远高于传统方法评估值且更加接近于市值。这可能是由于企业针对不确定性的处理能力被严重低估,而对于同光线传媒一样具有完善管理模式、丰厚人力资本和优良经营模式的企业而言,这显然有失公允。

参考文献

巴雅尔,杨玉国.基于EVA模型的房地产企业价值评估应用——以绿地控股集团为例［J］.商业会计，2022（19）：62-67.

范伟伟.关于企业价值评估收益法中折现率的选择问题探析［J］.时代金融，2016（26）：127+130.

李树妍.企业价值评估之FCFF模型实证研究［J］.产业与科技论坛，2016，15（16）：32-33.

李香蕾.基于收益分成率调整的企业数据资产价值评估研究——以浪潮信息为例［D］.江西财经大学，2023.

吕雅慧.新三板生物医药企业价值评估问题研究——以君实生物合并众合医药为例［J］.商业会计，2016（15）：38-41.

马小锋.基于Schwartz-Moon模型的动漫企业价值评估研究——以妙音动漫为例［D］.江西财经大学，2022.

阮咏华.影视企业及其价值评估应关注的问题［J］.中国资产评估，2014（10）：15-19.

施玲玲.自由现金流量与企业价值评估［J］.当代会计，2016（8）：5-6.

王军辉.浅谈文化企业价值评估［J］.中国资产评估，2013（2）：24-27.

王晟.大数据企业价值评估方法研究——以M公司为例［D］.西安邮电大学，2018.

王素娟.基于EVA-BS模型的人工智能企业价值评估——以大华股份为例［D］.江西财经大学，2023.

王章其.FCFF模型在高速公路企业价值评估中的应用研究——以深圳高速公路股份有限公司为例［D］.江西财经大学，2016.

王紫妍.基于EVA的H电力公司企业价值评估研究［D］.西安石油大学，2022.

文雨欣.EVA视角下的数据港企业价值评估研究［D］.江西财经大学，2020.

夏荷香.O2O模式下企业价值评估——以EVA为视角［J］.财会学习，2016（15）：176-177.

杨奇菲洪. 基于剩余收益模型的影视企业价值评估研究——以华策影视为例［D］. 华东交通大学，2020.

禹佳君. 企业价值评估贴现流量模型中实体自由现金流量的相关问题研究［J］. 时代金融，2016（21）：148+157.

张浩. 基于EVA的影视传媒企业价值评估研究——以华谊兄弟为例［D］. 杭州电子科技大学，2018.

张伦伟. 商贸服务企业数据资产价值评估——基于改进收益法的研究［D］. 云南大学，2022.

张琪. 影视文化传媒企业并购价值评估——基于EVA视角的应用研究［D］. 暨南大学，2015.

张锐. 基于EVA的新三板企业价值评估试析［J］. 中外企业家，2016（24）：49-50.

Carosi A. Dataset for Corporate Valuation and Analyses of Peer Effects in Corporate Practices and Local Factors Favoring Innovation［J］. Data in Brief，2017，10（C）：325-329.

Chen L. An Analysis of Internet Enterprise Value Evaluation Method Based on ARIMA［J］. Journal of Physics：Conference Series，2021，2066（1）：501-512.

Fomina O，Moshkovska O，Luchyk S，et al. Managing the Agricultural Enterprises' Valuation：Actuarial Approach［J］. Problems and Perspectives in Management，2020，18（1）：289-301.

Misund B. Valuation of Salmon Farming Companies［J］. Aquaculture Economics & Management，2018，22（1）：94-111.

Myers S C. Determinants of Corporate Borrowing［J］. Journal of Financial Economics，1977，5（2）：47-175.

Razali M N，Jalil R A，Achu K，et al. Identification of Risk Factors in Business Valuation［J］. Journal of Risk and Financial Management，2022，15（7）：282.

第八章　风电企业价值评估：以碳减排交易市场化为背景[①]

传统自然资源的日渐枯竭以及人类居住环境的恶化，迫使世界各国均持续加大对新能源产业的投入力度，试图以清洁的新能源取代污染较重的化石能源。碳减排交易的市场化，意味着新能源发电企业能将与发电量等量的碳排放额放在碳交易市场上进行售卖，而售卖碳排放额的收入就构成其营业外收入，并成为新能源发电企业整体价值中的碳减排价值。因此，对新能源发电企业进行价值评估，不能只考虑其当前的经济价值，还应考虑其碳减排价值，也即新能源发电企业在执行碳减排任务期间产生的社会效益。本案例在对新能源发电企业投资量大、政策支持力度大、高风险与高收益等经营特征以及所属行业、所在区域特征进行分析的基础上，以 J 风电场为例，综合采用碳减排生命周期评价与现金流折现法，对碳减排交易市场化背景下的新能源风电企业现时经济价值和碳减排价值进行了评估，结果显示，包含碳减排价值的风电企业价值远高于其现时的市场估值。这一方面为政府采用补贴或税收优惠等方式定量化规范、高效地支持新能源风电企业提供了依据，另一方面也有效弥补了单一方法评估的缺陷，从而使估值结果更加科学、准确。

---

① 本章案例原创：熊绍隆；案例校正与修改：刘志坚、洪芳、王溶。

第八章　风电企业价值评估：以碳减排交易市场化为背景

一　案例背景

2016年4月22日，我国正式签署《巴黎协定》，成为第23个批准该协定的缔约方。随着《巴黎协定》的签订，我国政府针对2020年后应对气候变化的行动也做出了相应安排，并明确了目标：至2020年，应有效控制碳排放总量，使单位GDP二氧化碳排放比2015年降低18%。为此，"十三五"规划明确指出：应高效使用化石能源，加大对能源碳排放指标的控制力度，使非化石能源进一步快速发展，大力推进能源节约工作；构建并完善全国碳排放权交易机制，建立相应的交易市场并使之有序运行，为其交易的进行提供有力支持；在科学技术层面上，应加大低碳创新力度，完善相应政策体系，推进绿色低碳发展。相关措施的制定为碳减排工作的开展提供了有力的保障，然而我国的碳减排形势仍然严峻，虽然自2013年国内碳排放量达到峰值后便持续降低并回归平稳状态，但我国碳排放量仍然在世界总碳排放量中占据近三成比例（见图8-1）。

图8-1　2013~2017年中国与世界二氧化碳排放量

资料来源：BP Statistical Review of World Energy。

在碳减排交易市场化背景下，碳排放权被赋予了新的内涵，企业可将其减少的碳排放量作为产品在公开市场上出售，这无疑会增加企业的价值,从而无论是对清洁能源还是对低碳技术的投资,都将对企业的价值产生显著的影响。在企业显性经济价值的基础上,进一步考虑碳减排价值,一方面,对于经营者来说,有利于其更好地把握政府鼓励可再生和清洁能源发展的契机,将清洁能源以及低碳技术的投资、碳交易的成本收益等众多因素纳入企业的运营范畴予以考虑,从而做出与企业发展实际更为相符的经营决策;另一方面,对于投资者等利益相关者而言,可促使其了解企业在碳减排环境下价值的变化,更好地做出投资决策。然而,当前在我国绝大部分企业特别是新能源企业的价值评估中,只对显性的经济价值进行了估算,未考虑企业碳减排产品的存在。

风能是我国实施碳减排战略的主要新能源之一,同时得益于较为成熟的技术,我国风力发电企业近年来获得飞速发展,并在新能源领域中占据举足轻重的地位。本案例以J风电场为例,将其经济价值与碳减排形成的社会价值同时纳入企业价值的考虑范畴,对新能源风电企业的价值展开评估研究。同时,相较于普通的新能源企业,加入碳减排价值的新能源风电企业在价值构成方面更为复杂。新能源风电企业的运营、风机设备的保养及维修、技术人员投入等,都与传统能源企业存在巨大的差异,这使得评估传统能源企业时所常用的简单成本加和法已不再是最佳选择,因此寻找一种更为科学的新能源企业价值评估方法也显得尤为重要。

二 相关研究综述

作为我国重点发展企业,新能源风电企业发电周期短、能源持续清洁等特征显著区别于一般发电企业,因而在相关上市、破产重组等资本运作活动中必须采用恰当方法对其进行准确客观的价值分析。同时,在碳交易市场化的背景下,碳排放及其衍生产品价值可以定量计算并进行交易,这对新能源风电企业的价值评估的方法又提出了新的要求。然而,当前学术界更多关注风电产业政策、行业发展方向等层面的探讨，对于新能源风电企业价值内涵的分析以及相关评估方法的创新则相对较少。

现阶段对新能源企业价值进行评估，最常用的方法为现金流折现法。如郝琼芳（2019）分别利用自由现金流模型和市盈率模型对新能源企业价值进行了评估，发现前者的结果更加接近市场价值；沈阳（2016）基于收益法构建了评估新能源企业价值的模糊 B-S 模型；吴珂（2020）则运用改进的 EVA 估值模型，得出新能源企业价值有可能被市场严重低估的结论。在自由现金流模型的运用中，自由现金流量等主要参数均取自三大财务报表，或者依据简单收付实现制计算得到，非经常性收益等易于剔除，因此，其有利于增强新能源企业价值评估的合理性与准确性；然而，对于自由现金流模型的运用，也存在未能基于新能源企业特征、价值内涵等进行适用性改进的问题，这个问题的解决成为提升该方法科学性的重要方向。

此外，对于单纯的碳减排价值评估，也有诸多学者进行了相关的研究。宋宇坤（2017）认为，要想精准核算碳排放交易成本，首先要立足于实际情况归集核算对象，然后再展开精准计算；针对燃烧化石燃料较多的火电公司，吕寒（2017）创新性地测量了火电公司二氧化碳排放的成本，即火电机组生产和销售 1 千瓦时电力的二氧化碳排放成本，从而得出二氧化碳排放成本的横向比较数据；刘洁丽（2018）在明确碳排放成本具体概念与核算方法的基础上，研究了碳交易对于不同类型发电机组运营成本产生的影响，并通过对碳排放成本的划分，研究了风力和光伏等发电机组生命周期内的碳排放成本。

整体而言，当前对新能源企业估值进行的研究，主要采用了市场法等较为成熟的方法，并对评估模型的适用条件、范围、不足之处等进行了一定的探讨，亦针对评估方法存在的缺陷提出了相应解决方案。同时，对于碳减排与企业价值之间的关系也形成了一些研究成果，包括碳排放量、碳减排方式、碳信息披露质量、碳排放核算对新能源企业价值的影响等。本案例将在碳减排交易市场化的背景下，选用新能源风电企业为研究对象，重点考虑碳减排价值对新能源风电企业的影响，并有机结合现金流折现法与生命周期理论，对新能源风电企业的价值评估展开进一步研究。

三 评估模型构建

在碳排放交易市场化背景下，新能源发电企业和传统能源企业相比最大的差异在于：新能源发电企业除了可以通过主营业务获利外，还可以通过碳减排交易获利，即其除具有经济价值外还具有碳减排价值。这一特征导致传统收益法不再适用于新能源发电企业的估值，必须对其进行改进。本案例主要将新能源风电企业价值划分为两个部分：经济价值和碳减排价值。其中，经济价值是指新能源风电企业持续经营中未来净现金流量贴现的现值，该部分价值依然运用现金流折现法予以评估，而碳减排价值部分则结合生命周期理论进行评估，具体如下。

（一）经济价值估值模型

本案例使用现金流折现法对评估基准日企业经济价值进行估算。具体估值模型如下：

$$V_1 = \sum_{t=1}^{n} \frac{FCFF_t}{(1+WACC)^t} + \frac{FCFF_{n+1}}{(WACC-g)(1+WACC)^n} \tag{8-1}$$

式（8-1）中，V_1 为风电企业的经济价值，$FCFF$ 为风电企业的年现金流，n 为预测期，$WACC$ 为加权平均资本成本，g 为企业现金流的增长率。

（二）碳减排价值估值模型

在经济价值的基础上，还需将碳减排价值纳入企业价值中，本案例结合生命周期理论对风电企业的碳减排价值进行估算。生命周期评价（Life Cycle Assessment，LCA）自 20 世纪 60 年代提出以来便得到持续发展，所谓生命周期，即是特定产品或服务从获取原料到生产使用再到完全废弃的完整流程。在核算企业二氧化碳排放量的过程中，需要对风电场生命周期中风机生产与运输、建设施工、运营与维护、废弃处置等阶段的不同部分进行模块化分析，具体如图 8-2 所示。

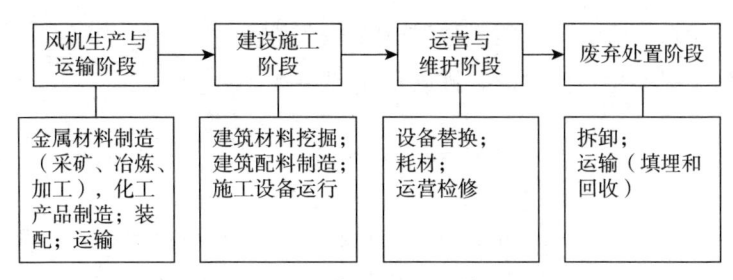

图 8-2 风电场 LCA 系统边界

1. 不同生命周期阶段的风电企业 CO_2 排放核算

（1）风机生产与运输阶段

风机生产与运输阶段的 CO_2 排放核算公式为：

$$G_w = G_x + G_y \tag{8-2}$$

其中，风机生产阶段的排放量 G_x 包含从原料到成品的排放量，是风力发电机组生产阶段的各类相关碳排放量，风机运输阶段的排放量 G_y 是将风力发电机组从生产地运输至施工现场的碳排放量。

风机生产阶段的碳排放量 G_x 为：

$$G_x = \sum_{i=1}^{n} Q_{xi} g_{xi} \tag{8-3}$$

其中，Q_{xi}、g_{xi}、n 分别为风机生产阶段所使用第 i 种材料的总重量、碳排放系数、风机生产中所使用的材料类型总数。

风机运输阶段的碳排放量 G_y 为：

$$G_y = \sum_{i=1}^{n} Q_{yi} g_{yi} L_i \tag{8-4}$$

其中，Q_{yi}、g_{yi}、L_i 分别为风机运输阶段所使用第 i 种燃料的耗费量、碳排放系数及生产地与施工场所之间的距离。

（2）风电场建设施工阶段

风电场建设施工阶段 CO_2 的排放核算公式为：

$$G_c = G_p + G_b + G_e \tag{8-5}$$

其中，G_p、G_b、G_e 分别表示施工材料生产阶段碳排放量、施工材料运输阶段碳排放量、施工过程中的碳排放量。

施工材料生产阶段的碳排放量 G_p 为：

$$G_p = \sum_{i=1}^{n} Q_{pi} g_{pi} \tag{8-6}$$

其中，n、Q_{pi}、g_{pi} 分别为施工材料生产中所消耗的各类材料类型总数、施工所用第 i 种建筑材料的总重量、碳排放系数。

施工材料运输阶段的碳排放量 G_b 为：

$$G_b = \sum_{i=1}^{n} Q_{bi} g_{bi} L_i \tag{8-7}$$

其中，Q_{bi}、g_{bi}、L_i 分别为施工材料运输阶段所用到的第 i 种燃料的耗费量、碳排放系数、生产场地与施工现场之间的距离。

施工过程中的碳排放量 G_e 为：

$$G_e = mE \tag{8-8}$$

其中，E 为施工过程能耗，m 为转换系数。

（3）风电场运营与维护阶段

风电场运营与维护阶段 CO_2 的排放核算公式为：

$$G_o = G_s + G_d + G_r \tag{8-9}$$

其中，G_s、G_d、G_r 分别为运营阶段所需替换零部件在生产和运输过程中的碳排放量、运营阶段所需耗材（如润滑剂）在生产与运输过程中的碳排放量、风电场检修过程中的碳排放量（如检修车辆耗油的碳排放量等）。

运营阶段所需替换零部件在生产和运输过程中的碳排放量 G_s 为：

$$G_s = sG_f \tag{8-10}$$

其中，G_f、s 分别为风电机组所有零部件在生产和运输过程中的碳排放量、风电机组使用寿命内所需更换的替换零部件的比例。

运营阶段所需耗材在生产和运输过程中的碳排放量 G_d 为：

$$G_d = \sum_{i=1}^{n} Q_{di} g_{di} \tag{8-11}$$

其中，Q_{di}、g_{di} 分别为相关耗材用量、耗材生产和运输过程中的碳排放系数。

风电场检修过程中的碳排放量 G_r 为：

$$G_r = rg \tag{8-12}$$

其中，r、g 分别为检修耗油量、碳排放系数。

（4）风电设备废弃处置阶段

风电设备废弃处置阶段 CO_2 的排放核算公式为：

$$G_a = mE \tag{8-13}$$

其中，m、E 分别为能源消耗与排放量之间的转换系数、拆卸阶段的能源消耗。

（5）全生命周期阶段

全生命周期阶段风电企业 CO_2 排放核算公式为：

$$LCA = G_w + G_c + G_o + G_a \tag{8-14}$$

2. 风电场碳减排量的核算

一般而言，风机出力不够稳定，尤其是在天气状况较为恶劣的情形下，风机电力在短期内会发生较大变化。除天气状况外，风电场的发电量还与折损系数、风电机组的输出功率等密切相关。本案例在对风电场年发电量进行计算时，采用风机装机容量以及风电年均利用小时数数据，具体估算公式为：

$$G_t = P_{\max} H_t \tag{8-15}$$

其中，G_t 表示第 t 年的风力发电量，$P_{\max}$、H_t 分别为风机装机容量、风电年均利用小时数。

风力发电厂减少的碳排放量为：

$$C_t = G_t m_t \tag{8-16}$$

其中，G_t 为第 t 年风力发电量，m_t 为第 t 年化石能源企业每发电一单位所需要排放的二氧化碳。

最终，基于风电场全生命周期评价的风电场碳减排核算公式为：

$$U_t = C_t - L_t \qquad (8-17)$$

其中，C_t 为 t 年内风电场所减少的碳排放量，L_t 为风电场全生命周期内二氧化碳的排放量。

（三）新能源风电企业整体价值评估模型

风电企业价值＝风电企业经济价值＋风电企业碳减排价值＝

$$\sum_{t=1}^{n} \frac{FCFF_t}{(1+WACC)^t} + \frac{FCFF_{n+1}}{(WACC-g)(1+WACC)^n} + \sum_{t=1}^{T} C_t - LCA \qquad (8-18)$$

四 对 J 风电场进行价值评估

（一）J 风电场基本情况

J 风电场位于福建省莆田市，是一家法人全资拥有的企业。该企业设计并制造了 25 台风力涡轮机组，单台容量为 2 兆瓦。J 风电场的设计规模为 50 兆瓦，建设完毕以后，步入试运行阶段，各类发电指标表明企业处于良好的运营状态。J 风电场基本情况如表 8-1 所示。

表 8-1 J 风电场基本情况

指标	福建莆田
装机容量（兆瓦）	50
并网发电时间	2018 年 7 月
固定资产投资（含增值税，万元）	43080.32
可抵扣增值税（万元）	4334.05
年上网电量（万千瓦时）	12926.00
年发电小时数（时）	2587.00

资料来源：J 风电场情况介绍。

（二）评估范围与基准日期的确定

本次评估旨在对 J 风电场企业的整体价值进行评估，因 J 风电场的资产构成较为单一，所以在对 J 风电场企业进行评估的过程中以其所有资产与相关负债为评估对象。评估基准日为 2018 年 6 月 30 日。

（三）J 风电场经济价值的评估

1. 收益期限的确定

根据相关政策，风力发电机组的经济寿命决定了风电企业的经营期限，由于风力发电机组的经济寿命大多为 20 年，因此本案例将 20 年作为企业的运营期限。

2. 收益额的确定

企业增值税税收的政策补贴、电力的直接销售收入共同构成了风电场的核心收入，企业基准及上网电价对其主营业务收入起着决定性作用。

（1）上网电量的测算

按照 J 风电场出具的科研报告，风电机组在等效满负荷的状态下，单机能运行 2587 小时。同时，对福建省近 4 年风电年均利用小时数进行统计，平均为 2371 小时。2016 年电网推行限电政策引发了弃风现象，导致 J 风电场在该年度的风电利用小时数值极低。因此，忽略 2016 年的异常值，2013~2017 年风电的平均利用时长为 2371 小时，趋近于该企业 2422.16 小时的设计值。经计算，J 风电场 25 台风电机组每年的上网电量达到 12926 万千瓦时，按照 J 风电场与所在地区电网公司所订立的供电协议，当地可完全吸收 J 风电场的全年发电量，实现线上电力营销。

（2）上网电价

按照相关政策规定，J 风电场所在区域应划入第四类资源区，从而在含税情况下 J 风电场的上网电价为 0.57 元/千瓦时，不含税情况下上网电价为 0.52 元/千瓦时。

(3) 补贴收入

依据相关政策，风电企业可享有一定的税收优惠政策，实行增值税50%退税。按照企业实际经营状况，可在后续年度中，持续扣除4054.02万元可抵扣进项税额直至零。

(4) 成本费用的确定

J风电场的运营成本包括风电设备折旧、员工工资、设备运营和维护成本、保险费、材料费和其他费用，具体如表8-2所示。

表8-2 成本费用

指标	计算标准
设备折旧	固定资产残值按5%计算，20年内直线折旧法折旧，经计算后折旧率为4.75%
员工工资	风电场员工共16人，前两年每人工资6万元，以后年度的工资按每年7%的速度增长
设备运营和维护成本	基础值取1.1%，随年度增长
材料费	20元/千瓦时
保险费	固定资产值的0.25%
其他费用	20元/千瓦时

资料来源：J风电场情况介绍。

(5) 营业税金及附加的计算

J风电场在销售阶段主要涉及城建费、增值税、地方教育费、教育费附加税，其税率分别为5%、17%、2%、3%。

(6) 所得税税率

根据《中华人民共和国企业所得税法》，从事国家重点扶持的公共基础设施项目投资经营的所得可以免征、减征企业所得税，国家重点扶持的公共基础设施项目是指《公共基础设施项目企业所得税优惠目录》规定的港口码头、机场、铁路、公路、城市公共交通、电力、水利等项目。J风电场作为公共基础设施项目，于2018~2020年可享受免税的税收优惠政策；2021~2023年可享受减半的税收优惠政策，按照12.5%的比例缴税，即"三免三减半"；自2024年税率恢复正常，并按照25%的比例缴税，预期在2038年结束。

（7）资本性支出

在评估基准日，J风电场已经完成相关工程建设任务以及相关款项的支付，不会有后期现金流出。

3. 折现率的测算

（1）无风险收益率

选取2018年发行的五年期国债票面利率4.27%作为无风险收益率。

（2）β系数的确定

关于β系数的计算，可将可比上市公司的财务杠杆风险系数值还原到没有财务杠杆的风险因子数值，然后获得无财务风险的上市公司的均值，最终在J风电场资本结构的基础上得到企业的β系数。本案例选取5家可比上市公司的β系数作为参考（见表8-3），计算公式为：

$$\beta_u = \beta_l / [1+(1-T)(D/E)] \tag{8-19}$$

$$\beta = \bar{\beta}_u \times [1+(1-T)(D/E)] \tag{8-20}$$

其中，β_u为可比上市公司调整后的无财务杠杆β系数，$\bar{\beta}_u$为其算术平均值，β_l为可比上市公司调整后的财务杠杆β系数，T为所得税税率，D为可比公司债务资本，E为可比公司权益资本。

表8-3 可比上市公司各项指标

公司名称	净债务价值（亿元）	股权公平市场价值（亿元）	β_l	所得税税率（%）	β_u
吉电股份	48.76	21.46	0.7815	25	0.2890
金风科技	548.89	264.75	1.0021	25	0.3922
银星能源	71.14	26.36	0.8837	25	0.2922
节能风电	137.87	76.97	0.9695	25	0.4137
天顺风能	70.28	52.72	0.7586	25	0.3793
平均值	—	—	—	—	0.3533

资料来源：同花顺iFinD系统。

由前文可知，J风电场2018~2020年可免交企业所得税，2021~2023年减半缴纳，2024年则开始全额缴纳。根据J风电场内部资料可得，J风电场的资本结构为付息债务资本约占66.5%，权益资本约占33.5%。与之相对应，J风电场2018~2020年、2021~2023年、2024~2038年的β系数分别为1.05、0.97、0.88。

（3）市场风险溢价

市场风险溢价是指进行风险投资要求的除无风险收益外的额外收益，投资风险越大，则所要求的市场风险溢价就越高。本案例以国内A股风电板块平均收益率减去国内五年期国债利率来衡量市场风险溢价水平。2018年国内A股风电板块平均收益率为11.2%，减去同年国债利率4.27%，得出市场风险收益率为6.93%。

（4）WACC的确定

自评估基准日开始，J风电场便已正式并网发电，逐步产生了现金收入，并具备相应资质以享受"三免三减半"。按照税率政策差异，得到各年度WACC（见表8-4）。

表8-4 J风电场各年度WACC

时间	所得税税率（%）	β	无风险收益率（%）	市场收益率（%）	股权收益率（%）	债权收益率（%）	WACC（%）
2018~2020年	0	1.05	4.27	6.93	11.55	6.00	7.86
2021~2023年	12.50	0.97	4.27	6.93	10.99	6.00	7.17
2024~2038年	25.00	0.88	4.27	6.93	10.37	6.00	6.47

资料来源：J风电场内部资料。

4. 风电场的经济价值评估

基于对贴现率与收益额的计算，采用现金流折现法估算评估基准日J风电场的经济价值，扣除负债后J风电场的经济价值为50976.48万元，如表8-5所示。

表 8-5　J 风电场经济价值

指标	2018年7~12月	2019年	2020年	2021年	2022年	2023年	2024年
净现金流入（万元）	2891.02	5779.95	5771.42	5763.36	5328.82	4701.42	4301.44
折现率（%）	7.86	7.86	7.86	7.17	7.17	7.17	6.47
折现年数（年）	0.5	1.5	2.5	3.5	4.5	5.5	6.5
现金流折现现值（万元）	2783.69	5159.81	4776.74	4522.93	3902.13	3212.37	2861.78
指标	2025年	2026年	2027年	2028年	2029年	2030年	2031年
净现金流入（万元）	4294.95	3927.40	3921.48	3892.41	3892.41	3892.41	4701.42
折现率（%）	6.47	6.47	6.47	6.47	6.47	6.47	6.47
折现年数（年）	7.5	8.5	9.5	10.5	11.5	12.5	13.5
现金流折现现值（万元）	2683.82	2305.01	2161.68	2015.26	1892.80	1777.78	2016.79
指标	2032年	2033年	2034年	2035年	2036年	2037年	2038年1~6月
净现金流入（万元）	4301.44	4294.95	3863.35	3863.35	3863.35	3863.35	1929.29
折现率（%）	6.47	6.47	6.47	6.47	6.47	6.47	6.47
折现年数（年）	14.5	15.5	16.5	17.5	18.5	19.5	20
现金流折现现值（万元）	1733.08	1625.31	1373.14	1289.70	1211.32	1137.71	533.63

资料来源：J 风电场内部资料。

（四）J 风电场碳减排价值的评估

1. 风机生产与运输阶段碳排放量

风机生产过程中所使用材料的成分主要为钢、生铁、玻璃纤维、铜、涂料、润滑油、铝、塑料管、青铜等，其碳排放量如表 8-6 所示。

表 8-6　风机生产过程排放的二氧化碳

材料	用量（吨）	碳排放系数	碳排放量（吨）
钢	9200.68	2.00	18401.36
生铁	831.09	2.00	1662.18
玻璃纤维	682.50	1.40	955.50
铜	127.40	2.00	254.80
涂料	53.64	0.20	10.73
润滑油	15.34	0.24	3.68
铝	11.73	1.65	19.35
塑料管	8.99	0.50	4.50
青铜	0.68	0	0
合计	—	—	21312.10

资料来源：J 风电场内部资料。

风机制造地点在福建省平潭县，完成生产后运输至风电场，其中 30% 路程采用铁路运输，余下 70% 采用长途货运汽车运输，铁路运输为柴油燃料，长途货运汽车运输采用汽油燃料。平潭县至该风电场的距离约为 150 千米，运输过程中的碳排放量如表 8-7 所示。

表 8-7　风机运输过程排放的二氧化碳

运输方式	运输距离（千米）	运输量（吨）	碳排放系数	碳排放量（吨）
铁路	45	4110	3.19	13110.90
公路	105	7590	3.14	23832.60
合计	150	11700	—	36943.50

资料来源：J 风电场内部资料。

2. 建设施工阶段碳排放量

J 风电场建设施工阶段主要应用材料为骨料、土石、钢、聚丙烯、HDPE、聚丁二烯、铝、铜、PVC、砂土、混凝土等，且碳排放主要来源于施工材料的生产和运输。该阶段中各类材料建设施工过程中产生的碳排放量如表 8-8 和表 8-9 所示。

第八章 风电企业价值评估：以碳减排交易市场化为背景

表8-8 施工材料生产阶段碳排放核算

指标	骨料	土石	钢	聚丙烯	HDPE	聚丁二烯	铝	铜	PVC	砂土	混凝土
用量（吨）	24708.83	104784.02	1250.26	1.12	44.11	51.97	79.05	31.85	186.81	25315.15	43122.65
碳排放系数	0.00	0.00	2.00	0.50	0.50	0.50	1.65	2.00	0.50	0.00	0.12
碳排放量（吨）	0.00	0.00	2500.52	0.56	22.06	25.99	130.43	63.70	93.41	0.00	5174.72
合计（吨）	8011.39										

资料来源：J风电场内部资料。

表8-9 施工材料运输阶段碳排放核算

指标	骨料	土石	钢	聚丙烯	HDPE	聚丁二烯	铝	铜	PVC	砂土	混凝土
耗费量（吨）	24708.83	104784.02	1250.26	1.12	44.11	51.97	79.05	31.85	186.81	25315.15	43122.65
运输距离（千米）	10	5	40	40	40	40	40	40	40	20	10
碳排放系数	0.00033										
碳排放量（吨）	81.54	172.89	16.50	0.01	0.58	0.69	1.04	0.42	2.47	167.08	142.30
合计（吨）	585.52										

资料来源：J风电场内部资料。

3. 运营与维护阶段碳排放量

风电场的使用年限以风电机组的寿命（20年）为基准。此外，在风电机组寿命期内，需对风力涡轮机叶片以及15%的发电机部件进行更换，该部分数据从中国碳核算数据库（排放因子数据库）获得（见表8-10）。

表8-10 J风电场运营与维护阶段碳排放核算

单位：吨

指标	零件更换	耗材	运营检修	合计
碳排放量	15.72	15.72	23.11	54.55

资料来源：中国碳核算数据库。

此外，风电场配备专员负责风机设备的日常维护与保养工作，主要是依照现有维护手册添加润滑剂、检查和更换零件等，在供电场运营阶段，以半月为单位开展例行检查工作。维护人员使用汽油动力工具出行，20年累计油耗量为5000千克，汽油的碳排放系数为2.9251，则碳排放量为14.63吨。J风电场运转阶段碳排放量为69.18吨。

4. 废弃处置阶段碳排放量

当前并无可借鉴在废弃处置阶段的碳排放量核算经验，同时也难以了解20年后的拆迁以及废弃处置过程。因此，本案例设定风电机组报废后，主要部件80%的钢和15%的叶片材料可以进行回收利用，剩下其他零件将运输至附近垃圾填埋场进行填埋，拆卸、回收与填埋阶段的碳排放量分别依照安装以及施工消耗、设备运输阶段碳排放量进行核算（见表8-11）。

表8-11 J风电场废弃处置阶段碳排放核算

单位：吨

指标	拆卸	回收	填埋	合计
碳排放量	37.44	0.2357	0.0147	37.69

资料来源：J风电场内部资料。

5. J风电场全生命周期碳排放量测算结果

经过对J风电场全生命周期各阶段的碳排放量进行测算，汇总得到 J 风电场碳排放总量，如表 8-12 所示。

表 8-12　J 风电场全生命周期碳排放量结果

单位：吨

	风机生产与运输	建设施工	运营与维护	废弃处置	合计
各阶段碳排放量	58255.60	8596.91	69.18	37.69	66959.38

6. 全生命周期下 J 风电场减少的碳排放量

我国现阶段的发电方式仍然以传统的火力发电为主，终端用户每使用 1 千瓦时电能，火力发电厂就要排放 0.86 千克的二氧化碳，以 J 风电场年上网电量 12926 万千瓦时作为年平均发电量，则风电机组 20 年使用寿命期共计减少的碳排放量为 222.33 万吨。考虑到 J 风电场全生命周期碳排放总量约为 6.70 万吨，J 风电场使用期限内实际减少的碳排放量为 215.63 万吨。

7. J 风电场碳减排价值

评估基准日（2018 年 6 月 30 日）我国福建省碳排放市场的碳交易价格为 19.5 元/吨，因此，J 风电场碳减排价值应为 4204.79 万元。

（五）J 风电场整体价值评估

综上所述，J 风电场整体价值为：

J 风电场整体价值＝企业的经济价值＋企业的碳减排价值
＝50976.48+4204.79＝55181.27 万元

五　研究结论

基于碳减排交易市场化的背景，本案例将新能源发电企业价值划分为经济价值与碳减排价值，并以 J 风电场作为研究对象，综合采用碳减排生命周期评价、现金流折现法，对其整体价值进行了评估，研究结论如下。

第一，考虑碳减排带来的社会价值，新能源发电企业估值将远高于现时市场价值。在运营阶段，风电企业所产生的外部价值尽管无法为利益相关主体所直接享有，但就长期而言，政府会通过提供补贴或提供税收优惠等方式逐渐实现企业外部价值向内部价值的转移，特别是在碳交易市场不断成熟的背景下，该转移将会更加规范、高效地进行。因此，在对新能源发电企业进行估值时，除现时的经济价值，还应更加关注企业碳减排所产生的外部价值。

第二，对企业整体价值进行评估时，综合采用不同方法对不同价值特征构成部分进行评估，也不失为一种现实且合理的方法。因为碳减排所创造的社会价值无法为相关新能源发电企业所直接享有，所以单纯采用现金流折现法无法准确反映新能源发电企业的潜在获利能力，会导致企业价值被低估。针对风电企业，分别采用现金流折现法和碳减排生命周期评价对其现时经济价值与碳减排价值进行评估，能有效弥补采用单一方法对企业进行价值评估的缺陷，从而使估值结果更加准确。

第三，企业自由现金流预测的准确性，以及风电场废弃处置阶段碳排放量的准确计算，可能会对风电企业价值评估产生重大影响。一方面，现金流折现法的使用需要以企业持续稳定运营等假设条件为前提，而我国资本市场成熟度有待提升，实践中很难对企业未来折现率等财务指标进行预测；另一方面，采用全生命周期法对风电场废弃处置阶段的碳排放量进行测算并无可供借鉴的经验，20 年后的拆迁与废弃过程当前也无法具体获知，从而该阶段碳排放预测值可能与实际值存在偏差。

参考文献

邓明翔，靳雨琪，戚书豪，孟彦菊. 国内价值链视角下中国省域-部门层面隐含碳排放权价值评估［J］. 统计与决策，2023，39（17）：69-73.

郭斐然. 基于 B-S 实物期权法的 CCER 碳排放权价值评估——以神木风

电场项目为例[D]. 中南财经政法大学, 2022.

郝琼芳. 新能源汽车行业财务风险及对策研究——以A公司为例[J]. 财会学习, 2019 (36): 229-230.

黄兵. 基于改进实物期权法的碳排放权价值评估研究[D]. 广西科技大学, 2022.

孔垂珉. 碳排放权期权定价模型构建及应用研究[D]. 江苏大学, 2022.

李而闻. 基于修正B-S模型的我国能源企业碳排放权价值评估研究[D]. 江西财经大学, 2022.

李怡德. 基于短期碳生产模型的电力行业碳排放权价值评估研究[D]. 江西财经大学, 2021.

刘洁丽. 发电机组碳排放成本的核算方法及在生命周期成本分析中的应用[D]. 浙江大学, 2018.

吕寒. 我国火电企业碳排放权价值评估及其成本影响研究[D]. 华北电力大学(北京), 2017.

沈阳. 基于实物期权的新能源企业价值评估研究[D]. 江苏大学, 2016.

宋宇坤. 碳排放权交易成本核算研究[D]. 东北林业大学, 2017.

王权莹. 基于BP神经网络模型的碳排放权价值评估研究[D]. 辽宁大学, 2023.

吴珂. 基于改进EVA法的新能源企业价值评估研究——以阳光电源公司为例[D]. 中南林业科技大学, 2020.

郗越. 碳排放权价值评估中市场比较法应用研究——以我国碳市场试点为例[D]. 上海财经大学, 2022.

姚梓萌. 基于碳排放权的风力发电项目价值评估研究——以大唐山西风力发电项目为例[D]. 山西财经大学, 2023.

余孟婷. 基于PCV模型的火电企业碳排放权价值评估研究——以华能国际为例[D]. 江西财经大学, 2023.

张妍, 焦淑涔, 黄绮煜, 李响. 电力企业碳排放权资产价值管理浅析[J]. 财务与会计, 2023 (12): 62.

周丽俭,梁旭.火电企业碳排放权评估研究综述[J].科技经济市场,2021(6):87-88.

Shi X Y, Xu Y Z, Sun W Y. Correction to: Evaluating China's Pilot Carbon Emission Trading Scheme: Collaborative Reduction of Carbon and Air Pollutants[J]. Environmental Science and Pollution Research International, 2022, 30(5): 11375-11378.

第九章 光伏企业价值评估：以碳减排交易市场化为背景[①]

　　人类经济社会活动的不断加剧使得大气中的温室气体越来越多，而想要获得可持续发展，就必须减少温室气体的排放量，这已成为一个共识，为此各国均持续致力于寻找替代能源以缓解能源与气候危机。当前，诸多清洁能源被有效开发，其中太阳能发电由于具有污染小、安全可靠、发电周期短、能源持续清洁等特点，能够在很大程度上替代目前占据主导地位的燃煤发电，从而得到了普遍认可。作为新能源革命的重要内容之一，近年来各国均制订了开发太阳能的长期计划，我国光伏产业在国家政策的有力支持下，也呈现出良好的发展态势，并占据了全球 70% 以上市场份额，成为全球公认的光伏产业领导者。与此同时，资本市场上涉及光伏企业的上市、兼并、收购以及破产重组等活动也日益增多，而该类活动顺利开展的前提即在于能对相关企业的价值进行合理准确的评估。开发出一套科学评估方法不仅能有效发挥市场经济优胜劣汰作用进而促进我国光伏产业健康发展，同时也是我国光伏产业巩固其"具有国际竞争优势的战略性新兴产业"地位的必然要求。

　　在历经多年的探索后，我国于 2012 年开始在北京、上海、天津等城市进行碳交易市场试点，2017 年更是建立了全国性的碳交易市场。我国的碳交易市场发展至今仍存在碳交易方式不统一、交易不灵活、

[①] 本章案例原创：李乃姗；案例校正与修改：刘志坚、陈娇姗、王学云。

碳产品价格波动大、相关法律法规不完善、市场监管不到位等突出问题，但随着党的十九大报告明确指出"我国要建立健全绿色低碳循环发展的经济体系"，以及越来越多的企业参与到碳减排交易中，碳交易市场必然成为未来我国市场经济持续完善的重点领域之一。对于光伏企业而言，其既是绿色能源的制造者，也是碳减排的直接贡献者，因此，随着碳交易市场的完善，光伏企业碳减排所产生的价值也必然要求反映在企业价值中。从现有的研究来看，学者们对光伏企业价值评估的方法并不统一，同时对其运营过程中所带来的环境正外部性（碳减排价值）也往往选择忽略不计。这显然不利于本身以低碳环保为重要内容的光伏企业价值的评估，也不利于国家相关低碳环保发展模式的实施。鉴于此，在光伏企业的价值评估实践中，必须改进相关评估方法，不仅考虑其现有经济价值，还要考虑碳减排所产生的正外部性价值。

本案例结合光伏企业初始投资成本大、相关政策优惠与补贴多、高成长性与高风险性并存等特点，将其价值划分为两个部分——现有市场价值与碳减排附加价值，同时构建经济增加值（EVA）法与生命周期评价（LCA）法相结合的企业价值评估模型。其中，EVA法用于评估企业现有市场价值，通过运用公开财务数据，有效避免企业人为操纵利润的可能性，从而增加评估结果的准确性；LCA法则用于评估碳减排附加价值，其核算数据也主要来源于企业公开的财务报表以及碳交易市场。基于对中节能太阳能股份有限公司进行的企业价值评估的结果，加上碳减排附加价值会使企业价值评估值远远高于依据传统方法评估的结果，本案例认为光伏企业生产经营所产生的正外部性价值以及政府提供的财政补贴、税收优惠等均应成为企业价值的重要组成，同时本案例对两种方法的结合使用也有效提升了光伏企业价值评估的科学性与准确性。

一 案例背景

自第一次工业革命以来，人类愈加活跃的经济社会活动使大气中

第九章　光伏企业价值评估：以碳减排交易市场化为背景

的温室气体越来越多，由此带来的气候变化问题始终制约着人们的生产和生活，实现可持续发展，温室气体的减排是必然条件。在此背景下，各国持续致力于寻找替代能源以减少温室气体的排放，诸多清洁能源被有效发掘。其中，光伏发电由于工期短、污染小以及安全可靠等特点，可以在很大程度上代替长期占据主导地位的燃煤发电，得到了国内外专家的广泛认可。

我国光伏产业的历史较短，但是发展迅猛，尤其是近10年来在国家政策的有力引导下，已经成为全球公认的领导者。以2017年为例，尽管早在2010年我国光伏产业就遭到美欧双重打压，但我国光伏产业在国际竞争中越做越强，全球市场占有率上升到70%；我国光伏发电新增装机以及累计装机规模已经连续多年全球第一，多晶硅、硅片、电池片、组件产量分别占据全球的54.8%、87.2%、69%、71.1%；同时，我国光伏制造企业也位居全球前列，进入全球产量前10的光伏制造企业数量为：多晶硅6家、硅片10家、电池片8家、组件8家。产量位居世界第一的企业均在中国。① 在我国光伏产业国际竞争力与规模水平持续提升的同时，资本市场上涉及光伏企业上市、兼并、收购以及破产重组等的资本运作活动也持续增多。一方面，在由增量市场向存量市场的逐渐转变中，优胜劣汰成为市场竞争的必然现象；另一方面，光伏产业本身的规模经济效应也促使经营风险较大的中小型企业偏向于售资退出，在补贴等相关优惠政策减少的情况下尤为如此。光伏企业的整合与市场集中度的提高成为我国光伏产业持续提升竞争力的必然趋势。然而，相关整合活动的顺利开展却取决于一个前提——对相关企业的价值进行准确的评估。

不同于一般企业，光伏企业初始投资成本较大，其运营前期往往需要投入大量资金用于发电设备及相关材料等的购置、相关专利技术和相关技术人才的引进，且相关专利技术和人力资本无法反映在财务报表中。同时，作为具有战略意义的高新技术企业，国家为支持其发展壮大，又会根据其产品和所处发展阶段给予相关的优惠。高投入与

---

① 数据来源于中国光伏行业协会、国际能源署。

国家的政策支持共同决定了光伏企业的高成长性与高风险性。而更为重要的是，对于光伏企业而言，其既是绿色能源的制造者，同时也是碳减排的直接贡献者。但从现有的研究来看，学者们对光伏企业价值评估的方法尚不统一，同时对其运营过程中带来的环境正外部性（碳减排价值）也往往选择忽略不计。这显然不利于本身以低碳环保为重要内容的光伏企业价值的评估，也不利于国家相关低碳环保发展模式的实施。

鉴于此，在光伏企业价值评估实务中，必须改进以往相关评估方法，不仅考虑其现有经济价值，还要考虑碳减排所产生的正外部性价值。本案例即以中节能太阳能股份有限公司为例，对包含碳减排价值的光伏企业价值进行评估。中节能太阳能股份有限公司是中国最大的太阳能投资运营商之一和国内第一家以太阳能发电为主业的上市公司，其具备强大的项目开发建设和运营管理能力，目前公司地面及分布式电站、滩涂及沙漠电站、光伏建筑一体化、光伏农业、光伏渔业等多种光伏电站模式项目已遍布中国 18 个省区市，总装机容量超过 4 吉瓦，是国内单体装机容量最大的光伏企业之一。典型的企业特征及业务特征将为碳交易市场下的光伏企业价值评估提供重要参考。

二 相关文献研究

当前光伏企业价值评估的相关研究，大多针对光伏企业经营的特殊性，引入关键参数对传统评估方法进行修正，且关键参数的调整主要集中于资产负债表和利润表的表内项目。因此，从根本上而言，相关研究均主要是对光伏企业的显性价值进行修正。

刘玉（2017）认为光伏企业价值评估的关键在于对预期收益进行折现，而通过应用自由现金流折现模型可以测算出与分布式光伏发电企业预期风险相适应的折现率，从而可据此确定企业在评估时点的现时价值。同时，考虑到企业在实际运营中的经济价值会随着关键参数指标的变动而变动，其进一步引入层次分析法，量化研究了影响企业价值评估结果的关键参数指标,并通过敏感性分析方式确定了关键参数指标的变动区间,以期更加真实、完整地反映企业价值。

陈清贵(2017)基于对分布式光伏发电影响因素与相应特征等方面的研究,将光伏企业价值分为经济价值和开发核证自愿减排量(CCER)项目所带来的环保价值,同时使用企业自由现金流评估光伏企业经济价值,使用实物期权法评估光伏企业开发核证自愿减排量项目的环保价值,从而加总得到光伏企业的整体价值。

高淑琪(2018)认为过去的光伏企业价值评估方法重点关注了债务资本成本而忽视了权益资本成本,从而使企业价值得不到真实反映,进而其基于EVA法构建了企业绩效评估体系,并在传统财务指标评估的基础上,调整了相关金融项目,选择具有企业适用性的指标来进行EVA法的具体计算。而通过运用回归分析等方法,其比较分析了EVA法和市场增加值法(MVA)的优缺点和适用性,并得出EVA法更适合光伏企业的结论。

乔雅(2019)通过对光伏企业自由现金流变动很大或者为负,以及分红不稳定、难以预测未来收益等特征进行分析,认为从企业价值创造的角度出发,剩余收益模型对光伏企业的价值评估具有较强适用性。同时,其采用单因素敏感性分析法,确定了影响光伏企业估值的主要敏感性因素,进而通过多因素敏感性分析法确定其变动范围,最终综合评估企业的价值。

姜民明(2018)认为EVA法在对企业未来经营情况进行预测时,所选取的数据是企业财务报表中的相关数据,从而利用该方法得出的价值评估结果可能更加客观。基于此,其通过对EVA估值模型中加权平均资本成本、营业净利润等一些参数的重新确定和主要会计事项的调整,特别是对"营改增"因素对应的调整项目进行详细分析,构建了基于EVA法的光伏企业价值评估模型。

综观相关研究,学者们对于光伏企业价值评估应采用方法的观点并不统一,且相关方法主要考虑了对光伏企业显性价值的评估,而少有研究将碳减排等隐性价值计入企业价值。但是,对于光伏企业而言,其在运营过程中相较于传统发电企业会大大降低碳排放量,从而减轻对生态环境的污染,忽略这种外部性影响可能会严重影响企业价值评估结果的准确性,并使得企业经营者更加注重短期利益而忽视长远利益。鉴于此,本案例拟采用生命周期评价法核算光伏企业碳减排价值以弥补传统方法的缺陷。

三 评估模型构建

光伏企业通过将太阳能辐射转化为电能获得收益。一方面,相关发电设备等的购置需要大量的成本,从而光伏企业具有初始投资成本较大的特征;另一方面,光伏企业在运营过程中,不仅发电,同时也降低了对环境的污染,产生了正外部性。因此,本案例将光伏企业的经济增加值划分为两部分,一部分是由企业公开财务报表数据计算得出的显性经济价值,包含经济增加值和初始投资成本,采用 EVA 法予以评估;另一部分则是考虑光伏企业碳减排产生的隐性经济附加值,采用生命周期评价法予以评估。

(一) 显性经济价值

经济增加值也称经济利润,是指企业税后净营业利润扣除股权债权的全部投入资本的成本后的剩余收益。经济增加值主要有如下三种计算方法:

$$经济增加值=税后净营业利润-资本总额×加权平均资本成本 \quad (9-1)$$

$$经济增加值=净利润×(1-所得税税率)+权益资本成本 \quad (9-2)$$

$$经济增加值=投入资本成本×(投入资本成本回报率-加权平均资本成本) \quad (9-3)$$

(二) 隐性经济附加值

本案例将光伏企业的生命周期分为四个阶段,包括制造阶段、安

第九章 光伏企业价值评估：以碳减排交易市场化为背景

装阶段、运转阶段、终止阶段，进而通过光伏企业全生命周期的碳减排价值计算其隐性经济附加值。具体如下：

$$C = C_1 + C_2 + C_3 + C_4 \tag{9-4}$$

其中，C_1为制造阶段碳排放量，C_2为安装阶段碳排放量，C_3为运转阶段碳排放量，C_4为终止阶段碳排放量。

光伏企业具体生产流程如图9-1所示。

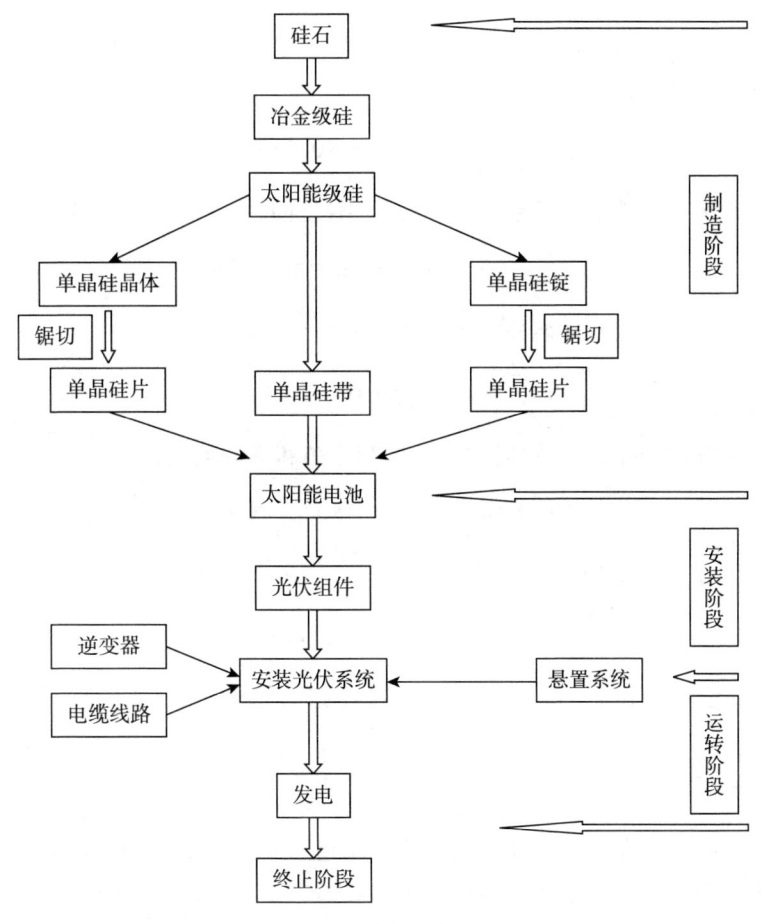

图9-1 光伏企业生产流程

资料来源：Wang等（2016）。

1. 制造阶段碳排放量

第一，工业硅生产：进行还原反应，将硅石和木炭（炭质材料）等还原剂按照反应所需比例加入反应电炉中，温度为2000摄氏度。硅石生产主要化学方程式：

$$SiO_2 + 2C = Si + 2CO\uparrow$$

第二，硅片生产：将加工中的单晶硅锭（晶体）锯切成所需的单晶硅片。

第三，光伏电池片生产的主要化学方程式。首先，通过化学反应进行硅的腐蚀：

$$Si + 2HNO_3 + 6HF = H_2SiF_6 + NO_2\uparrow + NO\uparrow + 3H_2O$$

其次，形成P型半导体与N型半导体之间的一种特殊的结构P-N结：

$$2P_2O_5 + 5Si = 5SiO_2 + 4P\downarrow$$

再次，去除扩散后硅片表面的磷硅玻璃：

$$SiO_2 + 6HF = H_2SiF_6 + 2H_2O$$

从次，去除硅片背面及边缘的P-N结和磷硅玻璃：

$$Si + 2HNO_3 + 6HF = H_2SiF_6 + NO_2\uparrow + NO\uparrow + 3H_2O$$

最后，多晶PECVD镀膜：

$$3SiH_4 + 4NH_3 = Si_3N_4 + 12H_2\uparrow$$

结合相关化学反应方程式得出制造阶段碳排放量C_1计算公式为：

$$C_1 = \sum_{i=1}^{n} aC_{1i}g_i \qquad (9-5)$$

其中C_{1i}、g_i、n分别为制造阶段所用第i种建筑材料的总重量、碳排放系数、生产中所使用的材料类型总数。

2. 安装阶段碳排放量

光伏组件生产流程包括检测分选、焊接、叠层-分压、切边固化、装框注胶与最后检查。

安装阶段碳排放量计算公式为：

$$C_2 = \sum_{i=1}^{n} u_i \times f_i(1 - w_i) \tag{9-6}$$

其中，u_i 为第 i 种材料用量，f_i 为第 i 种材料的碳排放因子，w_i 为第 i 种材料的损耗系数。

3. 运转阶段碳排放量

企业内部能够控制的成本项主要包括为精准核算碳排放量而产生的鉴定费用和运行管理期间的控制费用。具体公式如下：

$$C_3 = C_S + C_D + C_E \tag{9-7}$$

其中，C_S、C_D、C_E 分别为生产和运输所需替换零部件的碳排放量；生产与运输使用耗材（如润滑剂）的碳排放量；检修过程碳排放量（此处指检修车辆耗油的排放量）。

替换零部件碳排放量 C_S 的公式为：

$$C_S = SC_{EE} \tag{9-8}$$

其中，C_{EE} 为发电机所有零部件生产和运输阶段的碳排放，S 为发电机生命周期内所需更换的替换零部件的占比。

耗材碳排放量 C_D 的公式为：

$$C_D = \sum_{i=1}^{n} aC_i g_i \tag{9-9}$$

其中，C_i、g_i 分别为相应的相关耗材用量、耗材碳排放系数。

检修过程碳排放量 C_E 的公式为：

$$C_E = eC_{CC} \tag{9-10}$$

其中，e、C_{CC} 为相应的检修耗油量、燃油排放强度。

4. 终止阶段碳排放量

终止阶段碳排放量计算公式为：

$$C_4 = \sum_{i=1}^{n} r_i \times c_i \tag{9-11}$$

其中，r_i 为设备回收量，c_i 为设备回收量和碳排放量的转换因子。

5. 碳减排价值核算

基于相关整合基准线方法对核证减排量进行计算，公式如下：

$$C_{CCER} = C_B - C_S \tag{9-12}$$

其中，C_B 代表基准线减排量，C_S 代表项目碳排放量。

基准线减排量具体指光伏发电替代化石能源发电减少的 CO_2 排放量。碳减排价值通过碳减排量乘以碳交易价格得到，而碳交易价格则可从我国碳交易市场上直接获得。碳减排价值具体计算公式如下：

$$V_C = P_{CO_2} \times C_{CCER} \tag{9-13}$$

其中，V_C 代表的是碳减排价值，P_{CO_2} 代表的是碳交易价格，C_{CCER} 代表的是核证减排量。

（三）光伏企业整体价值的评估模型

结合 EVA 法和生命周期评价法，使得最终评估结果既能体现光伏企业运营过程产生的价值，又能反映运营过程中减轻环境污染所产生的正外部性价值。具体公式如下所示：

$$\begin{aligned}
\text{光伏企业整体价值} &= \text{显性经济价值} + \text{隐性经济附加值} \\
&= \text{初始投资成本} + \text{经济增加值} + \text{碳减排价值} \\
&= IC_0 + \sum_{t=i}^{n} \frac{EVA}{(1+WACC)^{n-i}} + P_{CO_2} \times C_{CCER}
\end{aligned} \tag{9-14}$$

其中，IC_0 为市销率法评估的现有资产的价值，EVA 为经济增加值，$WACC$ 为加权平均资本成本，P_{CO_2} 为碳交易价格，C_{CCER} 为核证减排量。

四 案例分析：中节能太阳能股份有限公司企业价值评估

（一）企业简介

中节能太阳能股份有限公司（证券简称：太阳能，股票代码：

000591）以太阳能发电和太阳能产品制造为主要收入来源。自成立以来，公司已在光资源良好的甘肃、青海、宁夏等18个省区市建立了光伏电站项目，优质太阳能光伏发电项目的总装机容量超过17吉瓦，其中光伏电池占整个光伏系统的比例为45%。同时，公司依托国内市场，不断进行模式创新，持续在能源互联网、动力电池、储能以及光热综合利用、充电站等相关领域耕耘，并致力于促进光伏产业的转型升级。

（二）显性经济价值核算

1. 税后净营业利润计算

税后净营业利润指对实际所得税进行扣除后的调整运营盈利。其计算公式为：

$$\begin{aligned}\text{税后净营业利润} &= \text{净利润} + \text{利息支出} \times (1 - \text{所得税税率}) \\ &= \text{息税前利润} \times (1 - \text{所得税税率})\end{aligned} \quad (9-15)$$

企业净利润可从企业公开财务报表的利润表中获得，其反映企业在一段经营时期内的经营成效。太阳能公司初始投资较大，后期营业利润也较大。如图9-2所示，太阳能公司光伏发电项目在2009年开始运营，且在2009~2013年的项目运营初期，企业净利润相对较低；2014年后企业的净利润则有了显著提升，并于2018年后趋于稳定，公司项目运营开始处于稳定阶段。

每股收益反映股东手中每一股普通股的净利润，其可让股东更加直观地感知持有股票的收益。如图9-2所示，与中国股市2014~2015年先抑后扬的趋势相同，太阳能公司每股收益于2014年出现最低值0.01元，而后于2015年出现峰值0.65元。可以看出，新能源类企业受国家政策和市场环境的影响较大，股票收益处于不稳定的状态。

营业利润是企业在经营活动中所产生的利润，具体为企业经营收入减去经营支出的差值。作为新能源类企业，太阳能公司一方面需要投入大量的资本，另一方面也能获得政府的巨额补贴，而公司营业利润总体上大于零说明企业经营状况良好。同时，太阳能公司营业成本与营业收入相差不大，也反映了光伏企业的特性（见表9-1）。

企业价值评估：理论创新与方法应用

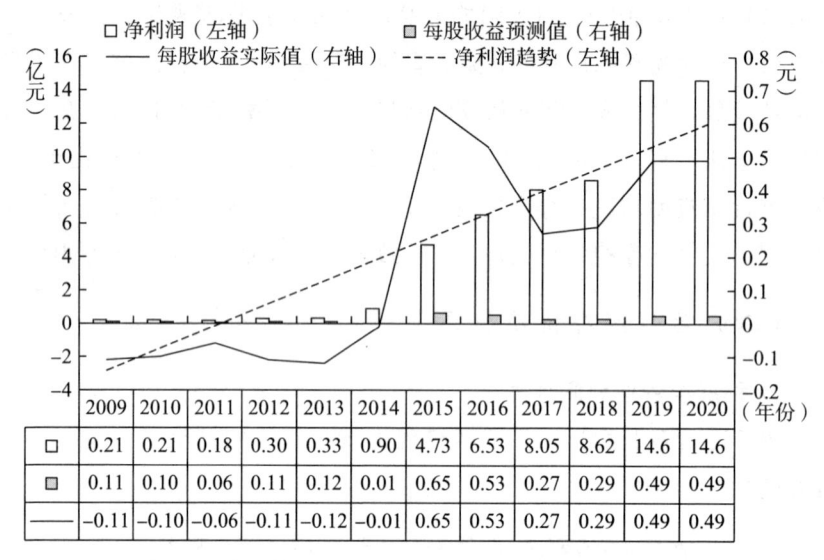

	2009	2010	2011	2012	2013	2014	2015	2016	2017	2018	2019	2020
□	0.21	0.21	0.18	0.30	0.33	0.90	4.73	6.53	8.05	8.62	14.6	14.6
▪	0.11	0.10	0.06	0.11	0.12	0.01	0.65	0.53	0.27	0.29	0.49	0.49
—	−0.11	−0.10	−0.06	−0.11	−0.12	−0.01	0.65	0.53	0.27	0.29	0.49	0.49

图 9-2　太阳能公司净利润及每股收益当期值和预测值

资料来源：根据同花顺股票分析软件太阳能公司财务报表等公开资料整理。

表 9-1　太阳能公司税后净营业利润核算过程

项目	计算结果
一、营业总收入	50.37 亿元
其中：营业收入	50.37 亿元
二、营业总成本	41.23 亿元
其中：营业成本	30.67 亿元
税金及附加	641852 万元
销售费用	302258 万元
管理费用	17672.74 万元
研发费用	3146.14 万元
财务费用	75338.74 万元
其中：利息费用	76438.60 万元
利息收入	856.33 万元
三、其他经营收益	−1562.11 万元
投资收益	1670.61 万元
资产处置收益	−16.06 万元

第九章 光伏企业价值评估：以碳减排交易市场化为背景

续表

项目	计算结果
资产减值损失	−7794.21 万元
信用减值损失	—
其他收益	4577.55 万元
四、营业利润	89857.03 万元
加：营业外收入	3139.97 万元
减：营业外支出	1264.59 万元
五、利润总额	91732.41 万元
减：所得税费用	6191.94 万元
税率	6.75%
六、净利润	8.55 亿元
七、EBIT	167314.67 万元
八、税后净营业利润	15.60 亿元

资料来源：太阳能公司公开财务报表，2018年12月。

净利润是在营业利润的基础上考虑营业外支出及所得税支出后的利润。相较于营业利润，净利润不只考虑企业经营状况，同时还考虑企业非正常经营过程中的一些因素，把公司根据收付实现制扣减所得税之后的营业利润作为税后净营业利润，又称作息前税后利润。太阳能公司的营业利润与净利润数值相当接近（见表9-1），说明企业受到非正常因素的影响不大。企业对利息进行扣除后得到的净盈利即是税后净营业利润，通过调整财务指标，需要将其和扣除所得税之后的财务费用进行加总。

假设企业的相关经营项目在2018年后保持稳定，2018年后税后净营业利润保持不变，则2018年后太阳能公司税后净营业利润增长率维持在6.94%，从而可预计其2019年的税后净营业利润为16.68亿元，并于2019~2023年均保持在该水平。

2. 资本总额计算

太阳能公司前期资本投入大，且主要依靠政府补贴，后期利润较高，因此使用经济增加值法对其进行价值评估必须考虑初始的投资成本。同时，基于高速增长期和稳定期的划分，本案例采用两阶段模型，选取的评估基准日为 2018 年 12 月 31 日。考虑到太阳能公司虽然从 1992 年即开始运营，但产生与光伏发电运营有关的收益却是在 2009 年及之后，故对太阳能公司的价值评估选用 2009 年及以后的数据。

资本总额（TC）是企业拥有或可以控制的财产，是债务资本和权益资本的加总。其中，对无息流动负债进行扣除后所得到的负债就是债务资本，主要包括"应付票据"、"应付账款"、"预收账款"、"应交税费"、"应付利息"和"应付职工薪酬"等。由于光伏项目资金投入量大、建设周期长且无法在当期创造盈利，所以在计算资本总额时应将其剔除。权益资本则由两部分构成：普通股东权益和少数股东权益。在财务报表编制过程中，其一般采用年初和年末资本的平均值或直接采用期末资本数额。

截至 2018 年 12 月 31 日，中节能太阳能股份有限公司的所有者权益为 128.74 亿元，债务资本总额为 176.30 亿元，在建工程资本投入为 7.78 亿元。因此，2018 年 12 月 31 日，太阳能公司的资本总额为 305.04 亿元。

3. 加权平均资本成本的计算

加权平均资本成本（$WACC$）通过对所有资本进行加权平均计算得到，其主要包括股东权益资本和债务资本两者对应的单位成本，也即公司资本总额的单位成本。

（1）权益资本成本

根据资本资产定价模型，权益资本成本的具体计算公式为：

$$R_e = R_f + \beta(R_m - R_f) \tag{9-16}$$

其中，R_f 为无风险报酬率，其一般用一定时期内政府债券利率近似替代，β 为上市公司股票相对市场风险变化的系数，R_m 为股市的平均收益率，（$R_m - R_f$）反映了整个股票市场扣除无风险报酬率的风险溢价。

企业股权融资成本在不同的股市预期下存在明显的差异。具体计算中，无风险报酬率 R_f 采用 10 年期政府债券的到期收益率（查阅中国债券信息网,2018 年 12 月 31 日该数据为 3.24%);系统风险系数 β 通过同一时期公司股票市场指数反映的收益取均值予以衡量(见表 9-2),经计算 β 系数为 0.7330。

表 9-2 β 系数统计

序号	β 系数	序号	β 系数
1	0.8434	14	0.3045
2	0.6181	15	0.3657
3	0.7569	16	0.3006
4	0.775	17	0.7591
5	0.8384	18	0.8004
6	0.8197	19	0.7919
7	0.8169	20	0.7837
8	0.9213	21	0.7879
9	0.8421	22	0.8057
10	0.8335	23	0.8043
11	0.7267	24	0.8914
12	0.8016	25	0.8434
13	0.3082	26	0.9181

资料来源:根据公开资料整理,2018 年 12 月。

市场风险溢价($R_m - R_f$)反映投资者对风险的承受能力,是投资者在承担风险后所能获得的正常收益,考虑到投资者想要获得的收益与国家经济增长状况密切相关,使用 2010~2020 年 GDP 平均增长率衡量市场风险溢价,经计算该数值为 7.03%,从而权益资本成本为:

$$R_e = R_f + \beta(R_m - R_f) = 3.24\% + 0.7330 \times 7.03\% = 8.39\% \quad (9\text{-}17)$$

(2)债务资本成本

不同于外资上市公司一般通过发行债券或者股票进行融资,我国很多上市企业仍然主要从银行获得贷款,因此银行贷款利率能够在很大程度上反映债务资本成本。

$$\text{税后债务资本成本} = \text{税前债务资本成本} \times (1 - \text{所得税税率}) \quad (9\text{-}18)$$

税前长期贷款利率为5.9%,太阳能公司年度财务报告披露该公司2018年适用所得税税率为15%(高新技术企业),所以税后债务资本成本为5.02%。

(3)加权平均资本成本

加权平均资本成本是考虑企业股权所有者和债权人的综合资本成本。太阳能公司权益资本只占债务资本的一半左右,但权益资本率和债务资本率相差却不大,说明太阳能企业虽然是上市公司,但基于较高的权益融资成本,仍然较少依靠权益融资。

加权平均资本成本的计算公式:

$$WACC = R_e \times \frac{E}{E+D} + R_d \times \frac{D}{E+D} \times (1-T) \qquad (9-19)$$

其中,E 为权益资本,D 为债务资本,R_e 为权益资本成本,R_d 为税前债务资本成本,T 为所得税税率。

太阳能公司加权平均资本成本为6.44%,相关计算数据如表9-3所示。

表9-3 WACC计算数据

单位:%,亿元

项目	计算结果
R_e	8.39
E	128.74
D	176.30
$R_d \times (1-T)$	5.02
$E+D$	305.04
$WACC$	6.44

资料来源:根据企业公开资料核算,2018年12月。

4. 经济增加值计算

经济增加值反映企业创造价值超过资本成本的部分。截至评估基准日2018年12月31日太阳能公司的经济增加值为:

$$\begin{aligned}经济增加值 &= 税后净营业利润 - 资本总额 \times 加权平均资本成本 \\ &= 15.60 - 305.04 \times 6.44\% = -4.04亿元\end{aligned} \qquad (9-20)$$

2018 年后公司项目运营开始处于稳定阶段，所以可假设 2019～2033 年的资本总额同比增长率与 2018 年相同，查询财务报表可得 2018 年的资本总额同比增长率为 7.61%，所以 2019 年的资本总额为 328.25 亿元，则可计算 2019～2033 年每年的经济增加值为：

$$经济增加值 = 税后净营业利润 - 资本总额 \times 加权平均资本成本$$
$$= 16.68 - 328.25 \times 6.44\% = -4.46 亿元 \quad (9\text{-}21)$$

依据前文分析，将太阳能公司的发展分为两个阶段，2009～2018 年的高速增长阶段与 2019～2033 年的稳定发展阶段。因为评估基准日为 2018 年 12 月 31 日，故采用以下经济利润模型计算太阳能公司显性经济价值：

$$V_1 = IC_0 + EVA_{现值}$$
$$= IC_0 + \sum_{i=2019}^{2033} \frac{EVA_i}{(1+WACC)^{2033-i}} \quad (9\text{-}22)$$

该模型中，IC_0 为企业初始投资成本（本案例中即为 2018 年的资本总额），EVA 现值为 2019～2033 年的经济利润，$WACC$ 为 6.44%，最终计算得到太阳能公司经济增加值为 -42.10 亿元，则太阳能公司显性经济价值为 262.94 亿元。

（三）碳减排价值核算

依据太阳能公司项目的公开数据资料和公司公布的技术手册等相关资料，按照四个阶段的划分，相关碳排放量计算如下。

1. 制造阶段碳排放量核算

（1）硅石生产——冶金级硅阶段

该阶段不产生 CO_2，为了更加全面地评估企业此阶段的碳减排价值，用等效电能予以替代，最终该阶段每小时消耗电量 1252.2 千瓦时。太阳能公司项目预计运行 25 年，制造过程使用的电压在一千伏以下，以 2018 年 9 月 1 日执行的全国电网工业用电电价 0.6948 元/千瓦时为基准，可计算得到该阶段的年均价值为 762.15 万元，则生命周期内的碳减排价值为 19053.63 万元。

(2) 冶金级硅——模块组装阶段

该阶段包括冶金级硅生产至模块组装的全过程，主要是将硅纯度较低的冶金级硅提炼生产为硅纯度较高的太阳能级硅，并完成铸块铸件、硅片锯切、单元处理、模块组装等程序。太阳能级硅生产对纯度的要求较高，其过程可以说是一步步对不同反应生成的硅产物不断进行提纯，目前国内多采用较为成熟的改良西门子法进行生产。

第一，冶金级硅冶炼。石英砂和标准煤按照 1:1 的比例在电弧炉中发生化学反应，此过程会产生 CO_2，具体反应为：

$$SiO_2 + C = Si + CO_2 \uparrow$$

反应生成冶金级硅后还需进行进一步提纯。

第二，太阳能级硅提纯。冶金级硅冶炼产生冶金级硅粉需要进一步提纯，在流化床反应器中反应，产生三氯氢硅和气态混合物。气态混合物进一步提纯，产生纯度更高的三氯氢硅，而三氯氢硅发生还原反应生成纯度较高的多晶硅。从冶金级硅到太阳能级硅产生二氧化碳 132.91 吨，其余太阳能级硅提纯、铸块铸件、硅片锯切、单元处理、模块组装等过程均不产生二氧化碳，因此太阳能公司光伏发电项目制造阶段的碳排放量总计为 132.91 吨。

2. 安装阶段碳排放量核算

该阶段主要是相应设备的安装及零件的更换，包括太阳能光伏组件的支架安装、太阳能方阵与具体线路连接、导线敷设以及汇流箱、逆变器、环境测量装置、数据采集器、控制器、蓄电池组等的安装。安装阶段所产生碳排放如表 9-4 所示。

表 9-4　光伏组件安装碳排放量核算

材料	用量（吨）	碳排放系数	碳排放量（吨）
钢	9200.68	2.00	18401.36
生铁	831.09	2.00	1662.18
玻璃纤维制品	682.50	1.40	955.50
铜	127.40	2.00	254.80

续表

材料	用量（吨）	碳排放系数	碳排放量（吨）
铝	11.73	1.65	19.35
塑料管	8.99	0.50	4.50
青铜	0.68	—	—
普通硅酸盐水泥	1006.31	740.60	745273.19
合计	—	—	766570.88

注：普通硅酸盐水泥为中国市场平均。

资料来源：中国碳核算数据库（排放因子数据库），2018年12月。

通过计算，安装阶段的碳排放量为76.66万吨。

3. 运转阶段碳减排量核算

太阳能公司的运营年限以行业平均运营年限25年为基准，在供电运营阶段，配备专业人员负责设备的润滑剂添加、零件检查和零件正确更换等日常维护与保养工作，以半月为单位开展例行检查工作。该部分碳排放数据来自中国碳核算数据库（排放因子数据库），相关数据结果如表9-5所示。

表9-5 太阳能公司运营阶段碳排放量核算

单位：吨

项目	零件更换	耗材	日常维护	总计
碳排放量	15.72	15.72	23.11	54.55

资料来源：中国碳核算数据库（排放因子数据库），2018年12月。

此外，相关人员主要使用汽油动力工具出行，25年累计产生的油耗量约为6250千克，汽油的碳排放系数为2.9251，则碳排放量为18.28吨，则光伏发电项目运转阶段碳减排总量为72.83吨。

4. 终止阶段碳排放量计算

太阳能公司相关项目尚在运营中，其未来回收废弃阶段的碳排放量核算存在较多的不确定因素，目前国内外也没有相对成熟的计算方法。本案例结合已有数据及相关研究资料，整理出光伏企业终止阶段相关材料的统计数据（见表9-6）。

表 9-6 终止阶段相关数据

材料	太阳能电池板类型硅（吨）	碲化镉（吨）	碳排放系数	碳排放量（吨）
铝	70.69	0.4	1.65	117.2985
铜	3.54	8.36	2	23.8
板箱	26.64	33.18	2	119.64
玻璃纤维增强塑料，聚酰胺	0.53	0.31	0.24	0.2016
聚乙烯，对苯二甲酸酯	6.27	0	0.2	1.254
硅制品	2.9	0	2	5.8
玻璃	383.48	538.203	2	1843.366
钢	0	3.38	2	6.76
废塑料	12.3032	5.1688	0.5	8.736
合计	—	—	—	2126.86

资料来源：根据国家发展和改革委员会能源研究所、中国碳核算数据库（碳排放因子数据库）、联合国政府间气候变化专门委员会、日本能源经济研究所和美国能源部等的公开资料整理。

光伏企业前期投入的生产设备较多，因此在实际评估中需要考虑这些设备的折旧和循环利用问题，尤其是循环利用带来的相关设备剩余价值的增加。相关材料回收所对应的可循环利用率如表 9-7 所示。

表 9-7 废弃材料循环利用率

单位：%，吨

	铝	铜	板箱	玻璃纤维增强塑料，聚酰胺	聚乙烯，对苯二甲酸酯	硅制品	玻璃	钢	未固化半导体材料	塑料
可循环利用率	96	57.4	86.5	10	60	85	67.8	52	95	26
合计					2378					

资料来源：根据中国当前光伏技术领域的公司资料整理，2018 年 12 月。

因此，终止阶段的碳排放量为 4504.86 吨。

5. 碳减排价值核算结果

由于光伏发电站发电量受天气状况影响较大，光伏发电项目大多建立在日照充足的地方，采用太阳能公司所有项目的年均发电量（7200万千瓦时）作为太阳能公司光伏发电项目的发电量。

目前我国主要采用以煤、石油、天然气为原料的火力发电，生产1千瓦时的电能，火力发电站约产生0.86千克的二氧化碳。标准煤的热值为$2.972×10^7$焦/千克，换算单位是8.13千瓦时/千克。经计算，太阳能公司光伏发电项目每年可减少6.192万吨（72000000×0.86=61920000千克）二氧化碳排放。因此，太阳能公司光伏发电项目全生命周期相对火力发电的碳减排量为：

$$25×6.192=154.80万吨 \tag{9-23}$$

太阳能公司光伏发电项目在制造、安装、运转、终止阶段的总碳排放量为：

$$132.91+766570.88+72.83+4504.86=771281.48吨=77.13万吨 \tag{9-24}$$

故太阳能公司光伏发电项目的净碳减排量为：

$$154.80-77.13=77.67万吨 \tag{9-25}$$

我国碳交易市场成立时间尚短，未能形成统一的碳交易价格，同时考虑SO_2等污染气体相对于CO_2的排放量较低，也无相关二氧化硫等气体的交易。因此，本案例只采用碳减排量所带来的价值增值来评估其对企业价值的影响。目前我国8个碳交易市场的碳交易量及交易价格如表9-8所示。

表9-8 我国主要碳交易市场交易价格及交易量

碳交易市场	交易量（万吨）	交易价格（元/吨）	价值（万元）
北京	13.67	67.31	24385.74
天津	0.8	12.5	4528.63
上海	17	39	14129.31
深圳	8.5	36.25	13133.01
重庆	2.3	3.22	1166.57
广东	12.7	14	5702.06

续表

碳交易市场	交易量（万吨）	交易价格（元/吨）	价值（万元）
湖北	1.92	16.8	6086.47
福建	3	19.5	7064.66

资料来源：根据中国碳排放交易市场公开资料整理，2018年12月。

太阳能公司光伏发电项目分布区域较广，故碳交易价格采用全国各交易市场的平均价格26.07元/吨，最终计算可得太阳能公司光伏发电项目的碳减排价值为：

$$26.07\times 77.67+19053.63=21078.49万元 \quad (9-26)$$

（四）光伏企业价值核算结果

如前所述，光伏企业价值应包括初始投资成本、经济增加值和碳减排价值，因此太阳能公司总价值为：

$$\begin{aligned}企业价值&=初始投资成本+经济增加值+碳减排价值\\&=305.04-42.10+2.11\\&=265.05亿元\end{aligned} \quad (9-27)$$

值得注意的是，经济增加值为负值说明太阳能公司初始投资成本较大、资金回收期较长，其可能获得的长远收益无法在短期内反映在评估结果中，其并非没有投资价值。

五 案例结论

本案例结合光伏企业初始投资成本大、相关政策优惠与补贴多、高成长性与高风险性并存等特点，将其价值划分为现有市场价值与碳减排附加价值两个组成部分，同时构建了EVA法与LCA法相结合的企业价值整体评估模型。虽然对案例企业中节能太阳能股份有限公司进行的企业价值评估结果显示，相对于企业初始投资成本与经济增加值而言，碳减排价值占比较小，但其仍是企业整体价值中不可忽略的组成部分，若该部分缺失将无法反映企业潜在获利能力，且从长期来看，政府提供的财政补贴、税收优惠等也会使外部性逐渐向企业内部转移。

第一，碳减排价值无法通过光伏企业公开的财务报表予以体现，使用传统估值方法往往会忽略企业潜在的获利能力进而影响评估结果的准确性。采用新型技术的光伏企业减少了碳排放量，虽然从短期来看其耗费成本巨大且产生的外部性无法为企业利益相关主体所享有，但从长期看，政府提供的政策补贴或者税收优惠等会使外部性逐渐向企业内部转移。因此，对于光伏企业而言，碳减排所带来的经济附加值成为其不可忽略的价值组成部分，而传统评估方法的估值由于未反映碳减排带来的价值一般评估结果低于其实际价值。

第二，就评估方法而言，经济利润估值模型主要运用财务报表中的数据进行计算，对财务报表之外的数据却无法考虑，这导致评估实务中往往只考虑财务因素而忽略非财务因素，相关估值结果也只是对企业过去经营业绩的反映，而无法反映企业长远发展战略中的价值创造过程以及企业未来的盈利能力，这也成为传统评估方法的明显缺陷。因此，将非财务指标纳入评估体系，在具体估值过程中将非财务指标和财务指标加权并单独配置，成为不同类型企业价值评估的方向。

本案例对光伏企业碳减排价值的测算仍有待改进，这至少可以从两方面深入开展：一是回收废弃阶段的碳核算数据的准确性还需进一步提高；二是构建的光伏发电项目生命周期模型还需进一步完善。

参考文献

陈枫楠，王礼茂. 中国太阳能光伏产业空间格局及影响因素分析 [J]. 资源科学, 2012, 34 (2): 287-294.

陈清贵. 光伏发电企业价值评估研究 [D]. 华北电力大学（北京），2017.

陈斯琴，刘旭东，长青. 基于 Tobit 模型的光伏产业影响因素实证分析 [J]. 科技管理研究, 2017, 37 (9): 144-148.

高淑琪. 基于 EVA 对光伏发电企业的业绩评价研究 [D]. 西安理工大学, 2018.

何津津. 基于生命周期评价的光伏发电碳排放研究 [D]. 南京航空航天大学, 2017.

姜民明. 基于 EVA 理论的 G 光伏制造企业价值评估研究 [D]. 山东大学, 2018.

刘纪显, 郑尚. CDM 对我国新能源产业的影响 [J]. 华南师范大学学报（社会科学版）, 2010（5）: 135-141.

刘洁丽. 发电机组碳排放成本的核算方法及在生命周期成本分析中的应用 [D]. 浙江大学, 2018.

刘英, 张征, 王震. 国际碳金融及衍生品市场发展与启示 [J]. 新金融, 2010（10）: 38-43.

刘玉. 分布式光伏发电企业价值评估研究 [D]. 华北电力大学（北京）, 2017.

吕寒. 我国火电企业碳排放权价值评估及其成本影响研究 [D]. 华北电力大学（北京）, 2017.

罗如意, 林晔. 世界光伏发电产业的发展与展望 [J]. 能源技术, 2009, 30（5）: 290-294+302.

乔雅. 基于剩余收益模型的光伏行业企业价值评估——以隆基股份为例 [D]. 浙江大学, 2019.

史丹, 白旻. 美欧"双反"情形下中国光伏产业的危机与出路 [J]. 国际贸易, 2012（12）: 15-20.

宋宇坤. 碳排放权交易成本核算研究 [D]. 东北林业大学, 2017.

王金伟. 新形势下我国光伏产业发展现状及趋势 [J]. 环渤海经济瞭望, 2018（2）: 47-48.

王苏生, 常凯, 刘艳, 李志超. 碳排放便利收益与期权价值分析 [J]. 系统管理学报, 2012, 21（4）: 552-558.

徐枫, 李云龙. 基于 SCP 范式的我国光伏产业困境分析及政策建议 [J]. 宏观经济研究, 2012（6）: 11-20.

许广永. 低碳经济下我国碳排放定价机制形成的障碍与对策 [J]. 华东经济管理, 2010, 24 (9): 35-38.

颜苏莉, 孙婧豪. 我国光伏产业的发展现状、存在问题及解决之道 [J]. 华北电力大学学报 (社会科学版), 2016 (1): 9-12.

余剑梅. 中国碳排放权及其交易会计核算研究 [J]. 新会计, 2017 (2): 18-23.

张楚, 黄涛, 刘晶, 沈家文. 新兴产业政府扶持政策反思——以光伏产业尚德和Solyndra的破产为例 [J]. 中国科技论坛, 2014 (12): 136-140.

张东. 光伏产业发展趋势及现状分析 [J]. 轻工科技, 2018, 34 (3): 41-42+45.

赵鹏程. 医药制造企业EVA估值模型应用研究——以以岭药业为例 [D]. 河北师范大学, 2018.

周骏垚. 基于实物期权的太阳能光伏行业企业价值评估——以深圳市拓日新能源科技股份有限公司为例 [D]. 北京交通大学, 2015.

周丽萍. 中国光伏产业现状及发展战略探究 [J]. 河北企业, 2018 (3): 80-81.

朱苑维. 关于电力行业碳排放成本的核算研究 [J]. 科技风, 2018 (36): 206.

Wang Z, Wei W, Xu S. An Estimation of the External Cost of Photovoltaic-Oriented Silicon Production in China [R]. Economy and Environment Program for Southeast Asia, 2016.

第十章　医药企业并购价值评估[①]

受益于政府投入的大量增加与社会医疗保险的快速普及，近年来我国医药行业快速发展，并成为国民经济的支柱产业之一。但与此同时，医药产业结构调整滞后于国家产业结构转型升级以及医药企业"多、小、散、乱、差"的局面多年来也一直是制约我国整个医疗行业发展的拦路石。随着医疗体制改革逐渐进入深水区以及医保控费的推行，医药行业大变革时代已悄然降临。通过并购重组等资本运作手段迅速实现企业规模及市场份额的扩大，并以此实现企业经营战略的转型与企业经营风险的降低，成为我国医药行业未来发展的必然趋势。

不同于其他类型的企业，医药企业普遍具有产品差异化显著以及"门槛高、投入高、回报高、风险高"等特征，同时传统医药企业与新型医药企业又在资产构成、市场份额、盈利潜力等方面有所不同，从而对被并购企业自身特点进行分析以及根据这些特点明确企业价值构成，成为合理、准确评估并购企业价值的前提。从现有并购企业价值评估方法来看，一方面，得益于相关数据的易于获得、估值模型的相对简单以及成本较低的评估过程，成本法被广泛采用；另一方面，虽然市场法、收益法的使用也在逐渐增多，但由于企业价值受股价影响大、模型运用相对复杂以及运用过程伴有大量主观因素等，两种方法的使用均受到很大限制。整体来看，三大传统方法在企业并购领域运用的一个根本缺陷在于缺乏对核心价值驱动因素的分析考证。

医药企业在并购后往往会出现两极分化的趋势，并购协同效应显

---

① 本章案例原创：孟威；案例校正与修改：刘志坚、谷佳明、王皓月。

著的企业，规模与利润均会快速增长，这将带来较高的企业并购溢价，即并购方愿意付出比被并购企业资产价值更高的价格以完成交易。而并购协同效应不显著的企业则会止步不前，甚至业绩倒退、利润萎缩，导致并购方价值降低。忽略整个并购交易过程中并购方和被并购方融合可能带来的并购增值与减值，将使并购企业价值评估产生严重偏差，从而对医药企业并购动因进行分析以及根据动因发现并购中医药企业的价值构成，是合理、准确评估医药企业并购价值的重要步骤。本案例即以并购活动中的医药企业为研究对象，通过将被并购企业的价值拆分为本身价值和并购增值两部分，同时在并购增值中纳入协同效应价值和期权价值，构建医药企业并购中的企业价值评估范式。

案例研究结果表明，在并购活动的企业价值评估中，认清企业的价值构成是关键所在。被并购企业的价值不仅包含并购前的企业独立价值，还包含基于协同效应及投资机会的价值增值，考虑协同效应及投资机会后，并购医药企业价值一般会显著增加。此外，在并购事件中，对于独立价值，现金流折现法的使用前提是并购企业未来可持续经营且能获得相应收益，如果被并购企业面临破产，则采用清算的方法可能更加合适。

一 案例背景

自2006年以来，我国医药行业整体呈现快速发展趋势，成为关乎国计民生的支柱产业之一。尤其是2008~2012年，受益于政府投入的大量增加与社会医疗保险的快速普及，医药行业整体收入增长率维持在20%以上。2008年以来，随着我国医疗体制改革逐渐进入深水区，医保控费、招标降价等因素对整个医药行业造成了一定的冲击，特别是在国家新生产准则等一系列政策的相继出台实施下，生产能力不达标的企业逐渐被淘汰，整个医药行业总体营收增长相对放缓，但仍然维持在15%~20%的高位。总体来看，经历了10多年的快速发展，我国医药行业趋于成熟，未来将朝着创新药、医疗服务、精准医疗、民营医院等发展潜力较大的更加细化的领域发展。同时考虑到我国人口老龄化趋势加快和基层医疗需求不断扩大，以及较之发达国家医药行业整体发展水平相对落后，我国医药行业仍有较大的发展空间，整体行业规模仍将呈现快速扩大趋势。

我国医药行业快速发展的时期也是整个行业并购这一资本运作活动的高峰期。医药企业发展分化的加剧促使不同子行业间各大企业尤其是大型国有医药企业纷纷开始占领更加细化的药品市场，并通过并购这种资产整合方式提早布局，扩大生产规模，从源头生产到终端销售快速完善产业链条，从而增强企业的市场竞争力。并购重组活动顺利开展的前提在于能对相关企业价值进行合理准确的评估，然而长期以来，无论是理论研究还是实践经验，我国在并购这一领域的企业价值评估都不成熟，并购中双方交易价格的最终确定需要政府的介入与撮合，这在一定程度上扭曲了标的企业的真实价值。此外，在具体评估中统一标准问题也愈加凸显，对于同一评估对象，不同的第三方评估机构往往会给出天壤之别的估值。因此，并购重组活动中的企业价值如何合理确定也成为我国医药行业并购浪潮中的焦点问题之一。

2014年，A公司发起了对B公司的并购活动。并购后A公司的价值不再是并购前两个公司价值的简单加总，而应在B公司单独价值的基础上再加上并购产生的增值部分。并购过程中，关于B公司的估值问题也主要围绕如何计量并购产生的增值以及B公司在其中所占比例而展开。一个可行的思路是从B公司的价值构成入手，通过对并购价值进行拆分解析，寻找适合各分解部分价值评估的方法，并最终通过准确评估为谈判提供总量依据。基于此，本案例将在探究影响医药企业并购价值关键因素的基础上，充分运用并购活动中企业综合价值的分析框架，对医药企业并购价值展开评估，以期完善并购视角下的企业价值评估相关理论，建立企业并购价值评估的范式，从而帮助企业提高并购实践的成功率并降低并购成本。

二　相关理论研究

由于高投入、高回报与高风险的行业特点，加之对政策环境较为敏感，医药企业经营业绩的波动性较大，从而也决定了其估值的特殊性。医药企业的价值评估大多采用收益法，但对于收益法而言，其基本前提是能够准确预测项目在寿命期内产生的净现金流量，且能够确定相应的贴现率，同时也要求有相对稳定的市场条件、竞争状况等外部投资环境，显然这与医药行业项目投入的高不确定性不匹配。市场法也因为差异较小的可比案例难以寻找而在实际运用中受到严格限制。与此同时，实物期权法作为一种新的价值评估方法，更加适合于评估创新过程中的真实状况以及能用更加科学的方式呈现研发创新为企业带来的价值，近年来被越来越多地运用于医药企业的价值评估中。

早期学者更加关注并购企业的价值组成。李晓明（2000）将并购活动中的标的企业价值分成两大部分：一部分是并购发生前标的企业资产的价值，另一部分是并购发生后标的企业资产预期能实现的资产增值。瞿宝忠和刘涛涛（2003）从四个方面对并购企业价值进行了阐述，即资产价值、内在价值、市场价值及控制权价值，针对并购方式的不同以及并购参与主体实际情况的差别，其还指出对于并购活动中标的企业的评估要因地制宜地选择评估方法。

在价值构成研究的基础上，对于并购企业价值评估方法的探讨也逐渐增多。邵勃葳（2020）根据医药行业特点和并购现状，在总结并购估值理论不足的基础上，通过构建全面反映企业状况的财务评价体系，运用熵值法和模糊物元评价法解决可比案例选择过程中受主观影响的问题，同时通过案例的可比程度与企业价值构成两个维度调整交易乘数，解决比较法运用中无法辨别公司之间具体差异的问题，从而开发了基于市场法的并购估值模型。在模型的可行性验证中，其进一步运用模型对华润医药并购江中药业案例中的江中药业企业价值进行了评估,并将评估结果与相关机构的估值结果比较,结果发现并购案例中存在显著的溢价现象。

茅宁莹(2005)结合医药行业知识密集、技术密集的特点,认为应在投资规划与价值评估中将实物期权作为一项新的评估因素予以考虑;此外,在传统评估方法更多考虑财务因素的基础上,人力资源、技术资源、品牌效应等非财务因素也应被引入医药企业价值评估的指标体系以提高估值的合理性。

田瑞雪(2014)通过对我国医药企业相关并购案例进行回顾与分析指出,医药企业存在显著的产品生命周期特征,新药的利润率会随上市时间的推移而普遍下降,而现阶段医药企业的并购价值评估中,普遍缺乏对企业未来收益动态变化的预测;同时,要从医药行业的特点出发,充分考虑被并购企业所处的各种宏观、微观环境,使估值方法的选择更加科学合理。

除对评估方法的探讨,也有学者重点关注了医药企业的价值影响因素问题。如张晓东(2016)认为医药企业的核心竞争力在于其专利技术和知识产权,同时品牌效应以及人力资源也会从不同层面增加企业的价值,因此有形资源的价值有时并不能代表公司的真正价值;李超(2016)提出除了自身因素外,行业标准与监管政策、人口结构与社会发展等外部环境也会对医药企业价值产生深远影响,而对于不同的医药企业而言,产品研发与生产上具有技术壁垒优势的企业往往盈利能力更强,行业价值链头部地位也使其更具估值优势。

通过对相关研究的整理与归纳可以发现,并购医药企业价值源泉仍是一个有待深入探讨的问题,特别是如果不能充分考虑并购所产生的价值增值成分,将导致实践中企业价值评估方法运用相对固化单一,从而最终导致并购操作中医药企业价值与实际价值偏离。基于此,本案例立足现有研究的成果,并结合对并购医药企业特征的分析,将被并购企业价值拆分为本身价值和并购增值两部分,同时在并购增值中考虑协同效应价值和期权价值,以期构建医药企业并购中的企业价值评估范式。

三 并购医药企业的特征分析

医药企业本身经营特征显著,而相对于独立状态,并购中的医药企业特点进一步发生改变,这为并购视角下医药企业价值评估方法选择与改进奠定了基础。

(一)医药企业经营特征

1. 产品差异化显著

医药行业本身特点导致医药企业间产品差异化显著。一方面,医药行业整个产业链条长且复杂,从上游的原料药、中草药到中游的化学制剂、中成药,再到药店与医院两大销售终端以及最终患者,每一个产业链环节中均有大量主营业务相差较大、经营特征差异明显的医药企业。另一方面,医药行业子行业众多,从生物制剂到化学制剂,从创新药到仿制药,从心脑血管药到抗病毒药,整个行业药品种类繁多,处于不同子行业的医药企业所生产的药品事关不同患者群体的健康和生命,差异较大且不可混淆。

2. 经营风险大

医药企业通常处于高经营风险状态。一方面,医药行业是一类多头监管、政策多变的行业,国家卫健委、国家药监局、国家中医药管理局等都是医药行业的监管部门,监管体系错综复杂带来的政策多变往往导致医药企业生产经营的不确定性。另一方面,医药行业需要大量的研发投入,一款成熟产品从最初的研发到临床试验,不仅需要经历较长时间,而且每一期的临床试验均存在失败的风险,即使新药品研发成功,其还会面临疗效不好或副作用较大等风险从而被市场淘汰。同时,从国外相关经验来看,新药的垄断均面临一定的局限性和时效性,因此控制好投入与产出的回报比,是医药企业进行研发的关键。此外,医药企业也面临医药产品价格波动的风险,特别是一些针对感冒、发烧、咳嗽等常见病的医药产品,由于其市场需求量巨大、研发门槛较低、市场生产与销售者众多,同时药效差异本身不大,各类企业均会花费大量资本进行销售渠道的建设和产品的推广,激烈的竞争往往导致企业利润大幅下降甚至亏损。

3. 门槛高、投入高、回报高

医药企业普遍存在较高的门槛,具有高投入与高回报的特质。医药企业高门槛主要体现在行业的准入与技术门槛上。医药行业关系民生,国家对医药企业在研发、生产、销售等环节的资质均有严格的要求,这在很大程度上限制了资本的无序涌入;同时,医药企业的生产也逐渐摆脱了传统化学加工的粗放发展模式,计算机技术、纳米技术等已被广泛引入创新药的生产之中,医药行业成为名副其实的高技术行业。医药行业较高的门槛导致了其较高的投入。当前医药企业的高投入已不仅体现在生产设备购买、药品研发等高额支出上,还体现在药品的销售终端上,各类医药企业亦是使出浑身解数与药店、医院两大终端建立良好的合作关系,从而终端推广费用也成为各类医药企业的大额投入所在。

高门槛与高投入必然要求高回报。医药企业的高回报主要体现在三方面:其一,医药行业属于需求弹性小而供给弹性大的行业,普通人不会因为药品价格下降增加药品的需求,一般患者也不会因药品价格上涨停止治疗,尤其是在医保逐渐普及的背景下,患者一般不会过于关注药品的价格变化;其二,医药企业能够通过新药品的成功研发获得一定的垄断利润,在专利保护期内,创新产品能为其带来较高的收益;其三,药品的特殊性决定了使用者的刚性需求,且对于绝大部分药品而言,对其进行购买并非由患者自身决定而是由相关医疗机构所决定,从政府到医院到经销商最后到患者,整个医药产业链各方议价能力依次降低,患者基本不具备议价能力。

(二) 医药企业的并购动因

1. 以规模扩张获取垄断利润

企业并购按并购方向可以分为纵向并购和横向并购,医药企业更多的是通过并购同类型企业实现生产规模扩大与市场占有率提高,属于典型的横向并购。在行业快速发展阶段,如何在短时间内通过快速扩张产生垄断效应,进而获取超额利润,成为大多数医药企业尤其是市场占有率较高的医药企业最为关心的问题,而并购这一"大鱼吃小鱼"模式通常比投资建立新生产线更能快速实现目标。我国通过横向并购方式实现规模效应的企业大多为大型医药国企或者上市公司,其一般拥有雄厚的资本并能通过资本扩张获取超额利润。与横向并购类似,医药企业的纵向并购也可以通过加强经营环节的配合,缩短生产经营周期,节约运输、仓储等成本,从而促进协作化生产、扩大生产经营规模。

2. 以多元化经营降低经营风险

进入医药行业新的子行业或者全新行业也成为医药企业谋求发展的重要手段之一。一方面,医药行业产业链较长、子行业众多,即使是规模排名靠前的医药企业也很难覆盖医药领域的所有子行业,同时每个子行业又都有各自的行业特点,因此医药企业并购的核心目标之一就是要通过并购在某个医药子行业发展为潜力较大的医药企业以实现经营范围的扩大,减缓政策监管改变对相关子行业的冲击,从而降低企业经营风险。另一方面,一些医药企业也会通过资本运作收购非医药企业以实现多元化经营的目的,虽然这并未成为医药行业并购的主流,但相关医药企业尤其是上市企业会通过该方式来实现对未来产业的提早布局。

3. 以完善企业管理体系提高企业核心竞争力

企业并购不是两个企业的简单相加,而是要在并购中获得"1+1>2"的并购协同效应。并购协同效应也即并购企业双方能够利用资源与各种能力的优势互补来提升彼此业绩和公司价值。一方面,虽然医药行业整体呈现高速发展的态势,但在国家相关政策的要求下,行业的优胜劣汰也成为必然的结果。一些无法达到监管政策要求的医药企业,通过被并购的方式获取赖以生存的先进管理经验与技术以及资金支持等,这成为其延续生存与发展的理性选择。另一方面,两个企业的合并也会促使其相互借鉴先进管理经验与技术，进一步完善企业的管理体系与发展规划，通过并购实现双赢。

4. 获取投资的期权价值

期权价值可理解为并购企业对被并购企业投资机会的选择权所具有的价值。在实践中，由医药上市公司主导的产业并购基金是此种价值最主要的体现方式。一般而言，医药上市公司通过成立一家有限合伙企业作为并购的出资方对目标企业进行股权收购，因为有限合伙的特殊性，这家目标企业并不会马上被并入上市公司中，其未来经营的好坏也不会对上市公司造成直接影响，上市公司可根据被并购企业的发展状况选择是否通过定向增发、股权转让等方式将其真正纳入公司体系中。同时，并购企业可通过多次并购实现对被并购企业的控股，而在第一次并购中，往往会出现优先追加股权、一定条件下可撤资等限制性条款对被并购企业进行立即投资、暂缓投资或撤资等选择性安排，这些均体现为期权价值。

5. 获得资本市场价值增值效应

我国医药行业的并购主体多为上市公司，这不仅是因为上市公司拥有强大的背景和雄厚的资本实力，同时也由于我国股市受消息面因素的影响极大，某次大型并购的成功，往往会使相关股票获得股民的大力追捧，并在短期内呈现爆发式增长态势。股票价格的大幅度上涨会促进上市公司业界影响力、声誉等的显著提升，直接带来的经济价值即企业能获得成本更低以及规模更大的融资。

（三）并购视角下医药企业特点变化

1. 企业价值显著增加

并购交易中最显著的特征即为并购溢价的普遍存在，并购方愿意付出比被并购企业资产价值更高的价格以完成交易。通俗来讲，就是同样一家医药企业在需要它的企业手里显得更有价值。企业的任何决策均以实现其价值最大化为最终目标，并购中的医药企业亦是如此。并购成功会使两个企业实现优势互补，整体上产生"1+1>2"的并购协同效应，这也是并购溢价产生的根本原因。同时，也正是由于该溢价的存在，被并购医药企业在交易中最终达成的成交价格要高于其独立状态下的企业价值。

2. 企业价值估值差异大

由于并购增值的广泛存在，被并购医药企业的价值往往被人为提高，这一行为亦为业界所接受。然而，在实际估值中缺乏统一的并购增值评估标准，基于不同的专业素养、不同的评估方法，以及相同的方法但不同的参数选取，不同评估机构对同一医药企业的估值会出现较大的差异。此外，在并购背景下，随着并购的成功、资本的大量涌入，被并购企业的竞争优势会得到显著提升，这种未来发展的差异性也会体现在企业当前的价值中，从而医药行业内部不同医药企业间的估值差异较大。

3. 经营分化加剧

经营分化主要指医药企业在并购后出现两极分化的趋势。有的医药企业并购后协同效应凸显，企业规模、利润都快速增长，而有的企业在并购后则止步不前，甚至出现业绩倒退、利润萎缩等情况。并购交易的成功不意味着并购的成功，真正意义上的并购成功是指两个企业的合并实现了优势互补，在生产经营、企业管理等方面形成合力，从而企业价值大增。如前所述，医药行业本身就是一个高投入、高回报、高风险的行业，并非每一笔并购交易都会带来双赢的效果，并购决策的制定、企业的估值都会对最终并购结果产生重要影响。

4. 资本运作加快

虽然并购是医药企业快速占领市场、完成企业转型的便捷方法，但并购所面临的风险也不容忽视，从而众多参与并购的企业，尤其是以上市公司为主的大型医药企业，越来越关注通过良好的资本运作及规划为完成并购募集资金，同时降低相应的投资与经营风险。这也是当前越来越多医药企业选择通过产业基金资本运作方式实现并购的原因之一。具体而言，该种方式主要有以下优势：其一，能够吸引更多社会资本参与，为并购提供资金保证；其二，被并购企业从财务和法律上看均不并入上市公司,从而能有效规避被并购企业发展不确定性对并购实施方业绩的影响;其三,参与并购的社会资本,其安全将得到上市公司对赌回购的保证,同时一旦被并购企业发展良好,上市公司会直接收购,从而其能通过二级市场获得较高的超额收益。因此,并购视角下以上市公司为代表的医药企业其资本运作会越来越快。

四 评估模型的构建

(一) 并购视角下医药企业价值评估方法应用现状

与西方发达国家相比,我国有关企业并购的理论研究以及评估实践中的相关方法均相对落后,相关评估方法仍主要关注有形资产的成本并注重静态价值的评估,而国外则将重心向企业无形资产、管理团队、行业潜力等因素转移,更加注重企业未来现金流量、获利潜能等动态价值的评估。整体而言,当前我国医药企业并购价值评估方法呈现三个特征:成本法广泛应用、市场法应用呈上升趋势、收益法应用较少。

1. 成本法广泛使用

成本法以企业历史财务数据为依据,根据目标企业持续经营、破产等状态评估企业在某个时点的静态价值。成本法在医药企业并购价值评估中被广泛使用的原因在于:其一,相关数据获取相对便利、计算过程较为简单且方法逻辑易于理解;其二,我国医药行业并购发展初期以大型国企为主要参与方,同时国有股权转让定价以成本法中的账面价值法为主要指导方法,因而无法按市场价格公允定价,而是以"不亏本"为主要思路,这里的"本"即是以成本法中的净资产为主要衡量指标;其三,我国资产评估理论研究相对落后,评估实践均以静态价值评估为主,而成本法则是最能体现静态价值的估值方法,这导致其在很长时期内作为主流方法被广泛使用。

2. 市场法应用呈上升趋势

市场法主要以公开市场中过往案例或同类公司在并购中的价值为

参考依据展开对目标企业的估值。在医药行业的并购中，市场法被越来越多地采用，原因主要可以归结为两个方面：一是并购市场的逐渐活跃与成功并购事件的逐渐增多使市场法运用的两大基本前提得到满足，即活跃公平的交易市场、可比案例和公司；二是并购的主要参与方是上市公司，而市场法所需相关数据很容易通过公开市场搜集获得。同时，由于我国整个资本市场包括股票市场并不成熟，根据公开市场获得的定价参数常常被质疑，根据市场法所得估值也仅作为参考而非并购最终定价。

3. 收益法应用较少

收益法根据企业运行状态及所处行业对其以后经营状况与现金流量进行预测。收益法在医药企业并购中应用较少主要有两方面的原因：一是与我国当前主流的静态估值法不同，收益法衡量企业的未来经营状况，更多评估的是企业的发展潜力，是一种动态评估；二是收益法涉及较多的主观因素，不同的评估主体会对并购企业发展和未来收益形成不同的看法，尤其是被并购的医药企业，往往处于初创阶段，即使具有较好的发展前景，也同样面临较高的不确定性，通过收益法所得估值往往上下限均较高。

综上所述，从评估方法的选择来看，我国评估实践对医药企业并购价值评估方法的选择过于单一，整体呈现出成本法被广泛使用而市场法与收益法使用较少的"一边倒"态势；从对医药企业的价值构成认识来看，理论界尚未对医药企业价值构成及价值源泉形成统一的认识，更是缺乏并购企业价值的完整理论分析框架。对于医药企业而言，一方面，传统医药企业拥有规模庞大的医药生产设备与较大的市场份额，其价值主要来源于大量的固定资产及稳定的利润收入等静态价值；另一方面，新型医药企业一般规模不大、发展初期利润不高，但拥有某个医药领域的先进技术，其价值主要来源于投资者的盈利预期与发展判断等动态价值。同时，在医药企业的并购中，独立企业价值最大化并非并购方的根本目的，追求企业融合所创造的并购增值成为交易动力所在。鉴于此，本案例将在充分考虑不同类型医药企业价值特征的基础上,对医药企业并购价值进行分析,尤其是对未在传统评估中予以体现的并购溢价展开讨论,以期能为医药企业并购中的企业价值评估提供有借鉴意义的方法。

(二) 并购视角下医药企业的价值构成

1. 被并购企业总价值

如前所述,医药企业进行并购更多的是为了扩大企业规模从而获得垄断利润并降低风险。因此,并购中被并购企业价值等于被并购企业的独立价值与并购增值之和。该评估思路易于被评估机构及评估人员所接受,但对并购增值的评估,却没有完善的理论及方法。本案例认为,医药企业的并购增值主要来源于两个方面:一是并购所获得的协同效应及在经营、管理、财务等方面所获得的"1+1>2"的价值增值;二是交易附带选择条件的投资期权价值。并购中被并购医药企业的价值被划分为三个部分:被并购企业的独立价值、协同效应价值、期权价值。具体可表示为:

$$V = V_a + V_b + V_c \tag{10-1}$$

其中,V_a 为被并购企业独立价值,V_b 为协同效应价值,V_c 为期权价值。

2. 被并购企业独立价值

独立价值即为企业在独立发展状态下所体现的企业价值。医药企业的独立价值不仅取决于其现有资产的价值,同时也受其未来发展潜力的影响,是静态与动态价值的统一。医药企业的独立价值可通过改进的成本法、市场法和收益法获得。

从成本法来看,主要又分为三种方法。第一种为账面价值法,也是采用最为普遍的一种成本法,其以目标企业的净资产为定价的主要依据。该方法的计算公式为:

被并购企业独立价值=被并购企业净资产价值×(1+调整系数)×拟收购的股份比例

(10-2)

其中，调整系数依据被收购企业的成长性、获利能力、行业特征来确定，一般会以企业的销售增长率、利润增长率作为参考。

第二种为重置成本法，该方法主要用于处于特定状态或经济环境导致企业真实价值无法通过企业账面价值予以衡量的企业，主要思路为被并购企业价值等于各单项资产评估价值之和减去负债。

第三种为清算价值法，该方法使用的前提是被收购企业处于破产状态，已无法正常经营，主要思路为对个别有价值的资产单独进行核算加总。

从市场法来看，主要也可分为两种方法：可比公司法和可比案例法。可比公司法选取公开市场上与被并购企业在财务状况、经营模式、主营业务等方面相似的企业，利用其公开的财务数据以及利润率、市盈率等指标进行价值评估。该方法是实际估值中采用较多的方法，其又可具体细分为市盈率法、市销率法、市净率法等。该方法的计算公式为：

被并购企业独立价值=被并购企业账面价值（净资产、净利润）×相对应比照倍数

(10-3)

其中，市盈率法因最具代表性与可比性而被广泛运用，同时若缺乏合适的可比公司，市盈率则以行业平均水平代替。

可比案例法也是伴随并购交易案例增多而兴起的一种市场法，其主要原理同可比公司法类似，不同之处在于其参照企业来源于近期相似的并购案例。所谓相似，即交易案例中被并购企业在经营范围、经营业绩、管理模式等方面具有一定的可比性。该方法的优势在于参照企业的选取不一定局限于上市公司，在非公开的市场中，只要相关交易定价公允，都可作为参照依据。同时，其局限性在于符合条件的参照企业并不容易寻找，相关交易详情也不容易获取，尤其是在医药这样专业性强、保密性高的行业中，相关交易信息更是严格保密。

从收益法来看，均是通过估测被评估企业未来预期收益的现值来判断企业价值。收益法主要涉及三个基本要素：被评估资产的预期收益、折现率或资本化率、被评估资产取得预期收益的持续时间。成功

把握这三个基本要素是收益法运用的基本前提。在实务中,更多采用净现金流折现模型对企业价值展开评估,其基本表达式为:

$$V = \sum_{t=1}^{n} \frac{FCCF_t}{(1+WACC)^t} \quad (10-4)$$

$$FCCF_t = S_{t-1} \times (1+g) \times P_t \times (1-T) - (S_t - S_{t-1}) \times f_t \quad (10-5)$$

其中,V 为被并购企业独立价值;$FCCF_t$ 为第 t 年净现金流量;$WACC$ 为折现率;S_{t-1} 为第 $t-1$ 年销售收入;g 为销售收入增长率;P_t 为销售利润率,其确定主要依据企业近年的平均水平;T 为企业所得税税率;f_t 为第 t 年企业边际资本投入,其根据企业资产投入增加额和营业收入增加额之间的线性关系获取,可以通过 SPSS 等统计软件得出。

值得注意的是,不同于诸多评估实务中采用无风险利率、同期国债利率等确定折现率,本案例需要衡量的是整体企业的回报,因此采用企业加权平均资本成本作为折现率。基本公式如下:

$$WACC = A \times (1-T) \times R_d + (1-A) \times R_e \quad (10-6)$$

其中,A 为负债占总资产的比例,R_d 为债务资本成本,R_e 为权益资本成本,T 为所得税税率。

3. 被并购企业协同效应价值

在医药企业并购中,协同效应主要体现在生产规模、产业链、管理模式、财务协同等方面"1+1>2"的效率提升,这也正是医药企业进行并购交易的动力所在。具体而言,协同效应可分为三类:一是经营协同,主要指两家主营业务类似的企业通过并购实现整体生产能力的整合,从而获取规模经济所带来的经营效益,具体表现为医药产品产量和细分品种增加以及产品单位成本的下降;二是财务协同,主要指两家医药企业通过财务报表的合并扩大企业规模和影响力,从而进一步降低企业融资成本和合理避税,具体表现为并购成功后企业股票价值等资本效应的显著提升以及利用并购交易财务准则在会计和税法领域的巨大区别进行合理避税以增加企业经营现金流;三是管理协同,主要指通过并购双方在管理方面的取长补短形成更高效的生产经营方式,具体表现为并购方与被并购方均能通过吸取对方先进管理经验提升企业运营效率。

在具体评估实务中，每一种协同效应所带来的企业并购增值都难以单独衡量，这是因为协同效应本身相对抽象，同时单独计算每一种协同效应有可能出现重复计算问题，因此本案例计算被并购企业的整体协同效应。并购前后企业独立价值和总价值的衡量通过净现金流折现法获得，具体计算方法如下：

$$V = \sum_{t=1}^{n} \left[\frac{FCCF_{2t}}{(1+WACC)^t} - \frac{FCCF_{1t}}{(1+WACC)^t} \times 51\% \right] \quad (10-7)$$

其中，V 为被并购企业协同效应价值，$FCCF_{1t}$ 为并购前自由净现金流量，$FCCF_{2t}$ 为并购后自由净现金流量，$WACC$ 为折现率，t 为预测期。

4. 期权价值

期权价值是并购企业在投资行为中潜在投资选择权的价值。并购方为实现对被并购方的控股，可能会进行多次并购，而在第一次并购中，往往会在协议中加入优先追加股权、一定条件下可撤资等限制性条款，对被并购企业进行立即投资、暂缓投资或撤资等选择性安排。鉴于其性质与金融期权的性质类似，本案例采用 Black-Scholes 公式估算该种期权的价值，表达式为：

$$C = SN(d_1) - Xe^{-rT} N(d_2) \quad (10-8)$$

$$d_1 = \left[\ln\left(\frac{S}{X}\right) + \left(r + \frac{\sigma^2}{2}\right) T \right] / \sigma\sqrt{T} \quad (10-9)$$

$$d_2 = d_1 - \sigma\sqrt{T} \quad (10-10)$$

其中，C 为期权价值，S 为被收购企业股票价格，X 为期权的执行价格，T 为期权的期限，r 为无风险利率，σ 为价格波动率，$N(d_i)$ 为正态分布变量的累积概率分布函数。

（三）影响医药企业价值的并购因素

1. 企业并购动机

在不同的并购动机下需要采取不同的评估方法以实现合理的评估。

在短期性投资的并购动机下,并购方更加关注目标企业短期内可能带来的利润,从而很可能将目光投向和自身业务无实质性关系的企业,此时三大基础评估方法均可使用。而在长期性投资的并购动机下,预测目标企业在未来很长一段时间内会有较大的上升空间,并购将产生显著协同效应,同时被并购企业也具有潜在投资机会价值所体现的期权特征,此时考虑并购协同价值与期权价值的评估方法就显得更为科学客观。

2. 企业并购类型

整体并购与局部并购同样需要使用不同的估值方法。就整体并购而言,现金流折现法能系统反映企业的综合价值,同时该方法还着眼于企业未来获取收益的潜能,因此更能如实刻画企业的真正价值。就局部并购而言,因为只对目标企业的某些资产进行评估,从而应当基于待估资产的特点来选择合适的评估方法。需要特别注意的是,如果待估资产为无形资产,则通常采用实物期权法。

3. 被并购企业的行业特征

行业特征将对评估方法的选择产生重要影响:如果被并购企业归属新兴行业,由于其经营风险相对较大、经营活动现金流缺乏稳定性,同时又因高成长性而极具发展潜力,则可将企业价值划分为自身内在价值与未来机会价值,其中自身内在价值采用现金流折现法评估,未来机会价值则采用实物期权法予以评估;如果被并购企业归属传统行业,则相对来说企业成长性一般不会产生较大波动,该种情况采用资产收益法评估较为恰当;如果所属行业已较为成熟,在市场上可相对容易地发现相类似的企业,则可使用市场法对其估值。

4. 获取数据资料的难易程度

数据可得性也是影响评估方法选择的一个不可忽略的因素。特别是在市场法的使用中,除了要考虑能否找到合适的参照案例,被并购方数据的可获得性也是需要考虑的重要因素。对于上市公司而言,能够获得的数据大多经过市场检验,因此采用市场法估值的准确性相对较高;相反,对于数据可获得性较差的非上市公司,市场法就失去了其应用的基础，采用资产收益法则较为合适。

五　案例分析

（一）案例简介

1. 并购过程回顾

2014 年 4 月 30 日，A 公司拟收购 B 公司 51% 的股权，A 公司开始进入并购筹备阶段。

2015 年 5 月 15 日，A 公司发布公告，拟通过定向增发和现金支付的方式购买 B 公司 51% 的股权，其中定向增发募集资金占并购总价格的 80%，现金支付占 20%，收购价格共计 133.50 亿元。

2016 年 12 月 3 日，A 公司与 B 公司签署《股权转让协议》，并报相关部门备案，A 公司正式完成对 B 公司的并购。

2. A 公司、B 公司情况简介

A 公司成立于 1998 年，于 2013 年成功借壳登陆 A 股市场，主要经营化学原料药、化学药剂等医药产品，是一家集研发、生产、销售于一体的国内领先医药企业，具有强大的资本实力和稳定的利润来源。同时，A 公司直接控股或参股 25 家子公司，其强大的股东背景、高效的研发投入、科学的管理方法使其在业内具有举足轻重的地位。

B 公司成立于 2003 年，于 2015 年成功登陆新三板，公司以传统中成药生产为主营业务，同时近年来开始聚焦于终端医药流通业务，在线下的药品零售配送、便利药店网络的构建和线上的医药服务信息等领域崭露头角，是一家经营模式、发展理念均较为先进的现代化医药企业。

3. 并购动因

A 公司并购 B 公司主要基于三方面的考虑。一是 A 公司希望通过对 B 公司的收购对其多元化经营布局产生积极影响。具体来说，因为中医药越来越受到国家的重视，中医医疗服务价格政策、中医药药品加成等一系列国家鼓励性政策相继出台，A 公司希望利用 B 公司现有中医药生产技术和相关资质，大举进入中医药产业。二是 A 公司希望通过 B 公司在医药产品销售终端的优势，继续维持其在化学药剂领域的领先地位，并通过资本强势注入的方式帮助 B 公司迅速拓展药品流通领域，实现整个产业链环节的闭环。三是 A 公司由于近三年利润率增长下滑以及整个 A 股市场的动荡，股票价格在短期内承受较大压力，融资成本大幅升高。A 公司希望通过并购在短期内对公司股价产生刺激，降低其较高的财务费用。

（二）B 公司并购价值评估

基于上述并购背景，构建评估模型以评估并购案例中被并购方 B 公司的企业价值，评估基准日设置为 2016 年 12 月 31 日。

1. B 公司独立价值

本案例将采用三种方法分别评估 B 公司独立价值，并进行结果比较分析。

（1）账面价值法

账面价值法具体评估公式为：

$$V = V_0 \times (1+g) \times G \tag{10-11}$$

其中，V 为 B 公司独立价值，V_0 为 B 公司净资产账面价值，g 为 B 公司销售收入增长率，G 为收购股份比例（51%）。

由 B 公司 2016 年的资产负债表可知，B 公司净资产账面价值为 423707 万元。调整系数 g 的选取有多个参照标准，如销售收入增长率、净资产增长率、利润增长率等。本案例选取销售收入增长率作为衡量 B 企业成长能力的指标，主要是因为该指标受企业研发、融资、投资等行为的影响较小且在企业并购中多选用此指标作为核心参数。B 公司 2012~2016 年的销售收入及其增长率如表 10-1 所示。

表 10-1　2012~2016 年 B 公司销售收入状况

单位：万元，%

项目	2012 年	2013 年	2014 年	2015 年	2016 年
销售收入	673325	800448	826543	992843	1093816
销售收入增长率	10.37	18.88	3.26	20.12	10.17
销售收入增长率平均值	12.56					

资料来源：B 公司 2012~2016 年财务报表。

运用账面价值法，得出 B 公司独立价值为：

$$V = 423707 \times (1+12.56\%) \times 51\% = 24.32 \text{ 亿元} \qquad (10\text{-}12)$$

（2）可比公司法

可比公司法的具体评估公式为：

$$V = \frac{P}{E} \times R \times G \qquad (10\text{-}13)$$

其中，V 表示 B 公司独立价值，R 为 B 公司税后净利润，G 为收购股份比例，P/E 为行业平均市盈率。

考虑到 B 公司是一家新三板上市公司，而新三板上市公司相关数据无法准确获得且相关并购交易信息大多处于保密状态，本案例选取评估时点 2016 年 12 月 31 日 A 股市场多家主营业务与 B 公司相似的代表性公司作为参照，并以这些公司股票的平均市盈率作为整个行业的市盈率（见表 10-2），最后得出行业平均市盈率为 32.79。

表 10-2　20 家医药上市公司市盈率统计

序号	股票代码	名称	总市值（亿元）	市盈率	营业总收入（亿元）
1	600276.SH	恒瑞医药	1258.94	46.34	31.69
2	600518.SH	康美药业	961.25	28.11	71.55
3	000538.SZ	云南白药	890.40	30.49	59.09
4	600196.SH	复星医药	698.96	24.52	38.80
5	603858.SH	步长制药	546.87	30.40	24.29
6	600535.SH	天士力	451.10	37.05	33.48
7	600332.SH	白云山	432.07	28.39	52.88

续表

序号	股票代码	名称	总市值（亿元）	市盈率	营业总收入（亿元）
8	000423.SZ	东阿阿胶	430.93	23.26	16.76
9	600085.SH	同仁堂	425.57	45.60	36.68
10	002411.SZ	必康股份	401.46	45.27	8.27
11	600299.SH	安迪苏	361.52	19.38	24.69
12	600436.SH	片仔癀	332.91	54.06	8.60
13	002294.SZ	信立泰	310.46	21.94	9.72
14	600867.SH	通化东宝	307.28	44.56	5.65
15	002773.SZ	康弘药业	305.55	55.92	6.42
16	600566.SH	济川药业	277.70	29.73	14.05
17	000999.SZ	华润三九	272.92	21.66	24.57
18	300267.SZ	尔康制药	270.20	25.08	7.75
19	000623.SZ	吉林敖东	257.24	14.94	5.01
20	600079.SH	人福医药	257.21	29.19	33.30
平均值			472.53	32.79	25.66

资料来源：东方财富网。

税后净利润 R 可通过 B 公司 2016 年审计报表直接获取，为 6811.11 万元。运用可比公司法，得出 B 公司独立价值为：

$$V = 32.79 \times 6811.11 \times 51\% = 11.39 亿元 \qquad (10\text{-}14)$$

（3）现金流折现法

现金流折现法具体评估公式为：

$$V = \sum_{t=1}^{n} \frac{FCCF_t}{(1+WACC)^t} \qquad (10\text{-}15)$$

$$FCCF_t = S_{t-1} \times (1+g) \times P_t \times (1-T) - (S_t - S_{t-1}) \times f_t \qquad (10\text{-}16)$$

$$WACC = \frac{D}{D+E} \times (1-T) \times R_d + \frac{E}{D+E} \times R_e \qquad (10\text{-}17)$$

第一，$FCCF_t$ 的计算。对于预期销售收入增长率 g 的估算，可以参考 B 公司五年平均销售收入增长率以及医药行业整体增长率得出，B 公司 2012~2016 年平均销售收入增长率为 12.56%，同期我国医药行业销售收入增长率为15.8%，远大于B公司平均销售收入增长率，遵循谨慎原则，本案例仍将12.56%作为预期销售收入增长率；销售利润率同样根据财务报表相关数据获得，通过计算，2012~2016年公司销售利润率的平均值为9.89%（见表10-3）；同时，由2012~2016年B公司财务报表可得，B公司2012~2016年的平均税率为28.32%，但考虑到国家对中药药剂产品相关扶持政策的陆续出台，以及国家整体上的"减税促发展"政策，可认为未来B公司的所得税税率将维持在20%的行业较低水平；此外，边际资本投入f_t主要根据企业每年资产投入的增加额与营业收入增加额之间的线性关系获得，其中资产投入增加额为固定资产投入增加额与流动资产投入增加额之和，利用SPSS等统计软件最终得出f_t的值固定为0.18；最后根据医药行业的特征，将B公司现金流划分为三个阶段，先根据上述现金流计算公式得出2017~2021年的现金流，再根据公司内部预测，得出B公司2022~2026年现金流增长率为2.5%，2027年及以后B公司现金流保持不变。

表10-3 2012~2016年B公司销售利润率

单位：万元，%

项目	2012年	2013年	2014年	2015年	2016年
销售收入	673325	800448	826543	992843	1093816
营业利润	136820	116545	55461	60961	18732
销售利润率	20.32	14.56	6.71	6.14	1.71
销售利润率平均值	9.89				

资料来源：B公司2012~2016年财务报表。

第二，WACC的计算。通过2016年12月中国人民银行公布的贷款利率对债务资本成本进行估算，取一年以内短期银行贷款利率4.35%作为流动负债成本，同时取五年以上中长期贷款利率4.90%作为长期负债成本，并根据企业2012~2016年流动负债占比（60.16%）与长期负债占比（39.84%）最终确定税前债务资本成本为：

$$R_d = 60.16\% \times 4.35\% + 39.84\% \times 4.9\% = 4.57\% \quad (10-18)$$

权益资本成本 R_e 可根据 CAPM 模型——$R_e = R_f + \beta \times (R_m - R_f)$ 计算得到。其中，无风险利率 R_f 使用 2016 年 9 月 10 日发行的五年期国债票面利率 4.17%替代；B 公司股票风险系数 β 和风险溢价以医药行业股票整体风险系数与风险溢价代替，分别为 0.95 和 6.8%。最终求得权益资本成本为：

$$R_e = 4.17\% + 0.95 \times 6.8\% = 10.63\% \quad (10\text{-}19)$$

债务资本和权益资本所占资产比例通过往期资产负债表计算获得，其中债务资本所占比例平均为 68.17%，权益资本所占比例平均为 31.83%。最终，折现率为：

$$WACC = 68.17\% \times 4.57\% \times (1-20\%) + 31.83\% \times 10.63\% = 5.88\% \quad (10\text{-}20)$$

综上，净现金流折现模型所需参数如表 10-4 所示。

表 10-4 净现金流折现模型参数汇总

相关参数	估计值
销售收入增长率（g）	12.56%
销售利润率（P）	9.89%
所得税税率（T）	20%
边际资本投入（f_t）	0.18
折现率（WACC）	5.88%

将上述参数代入净现金流折现模型，可得 B 公司独立价值为：

$$V = \sum_{t=1}^{n} \frac{FCCF_t}{(1+WACC)^t} \times 51\% = 106.44 \text{ 亿元} \quad (10\text{-}21)$$

（4）B 公司独立价值评估解析

基于三种方法分别对公司独立价值评估的结果如表 10-5 所示。

表 10-5 三种评估方法与对应公司独立价值评估结果汇总

评估方法	评估结果	方法评价
账面价值法	24.32 亿元	可作为并购估值的最低标准

续表

评估方法	评估结果	方法评价
可比公司法	11.39亿元	A股市场波动大，部分股票价格已超跌，评估结果参考价值低
现金流折现法	106.44亿元	能够较为客观地反映企业整体价值，但参数获取具有较多主观因素

对三种方法及结果进行比较分析，账面价值法可提供估值的下限参考标准，但无法作为B公司独立价值；同时，因A股市场波动较大，与新三板企业市盈率存在显著差别，且获取数据的精准性仍有待考证，可比公司法评估结果参考价值也较低；相较而言，现金流折现法充分考虑了B公司未来的盈利能力，能够更加客观地反映企业整体价值，从而成为B公司独立状态下最具准确性的价值评估方法。

2. 协同效应价值

A公司希望通过B公司在中医药领域的生产技术以及在药品销售终端的优势增强自身在原材料领域的固有优势，同时抓住中成药的发展契机提早布局，而B公司则希望通过A公司的资本注入实现在销售终端领域的快速发展。两家企业的强强联合将在生产端和销售端产生强大的协同效应，同时管理、融资等方面的能力也将有所提高。具体计算过程与前文B公司独立价值计算过程类似，将B公司的现金流划分为三个阶段，先根据上述现金流计算公式得出2017~2021年的现金流，再根据B公司内部预测，得出公司在2022~2026年现金流增长率为4.8%，2027年及以后B公司现金流保持不变。模型所需参数如表10-6所示。

表10-6 现金流折现法相关参数汇总

相关参数	估计值
销售收入增长率（g）	15.31%
销售利润率（P）	8.10%
所得税税率（T）	20%
边际资本投入（f_t）	0.28
折现率（WACC）	5.88%

值得注意的是，在协同效应下，B 公司历史财务数据不再适用于其销售收入增长率、销售利润率以及边际资本投入的计算，而必须考虑与 A 公司在这三方面的协同效应。通过计算，协同效应价值为：

$$V = \sum_{t=1}^{n}\left[\frac{FCCF_{2t}}{(1+WACC)^t} - \frac{FCCF_{1t}}{(1+WACC)^t} \times 51\%\right] = 120.48 - 106.44 = 14.04 \text{亿元} \quad (10\text{-}22)$$

此外，虽然协同效应产生的并购增值应是并购双方共同所有，但出于 A 公司的并购目的以及此次并购为控股收购，因此将全部并购增值归属于 B 公司而不再进行进一步分配。

3. 期权价值

在并购企业的投资价值中会产生一种类似期权的潜在投资机会，采用 B-S 模型衡量并购企业继续投资或撤资退出选择权产生的期权价值。关于 B 公司股票价格 S，本案例中 B 公司股票价格以最近一次在新三板协议转让的价格为基准，该价格为 10.66 元/股。关于 A 公司向 B 公司支付的股票对价 X，根据最终交易结果 A 公司以 6.15 元/股的价格支付 B 公司 80% 的并购金额。关于 A 公司拥有该期权的时间，根据行业惯例，如果 A 公司与 B 公司签订协议中包含相关追加投资或撤资的对赌条款，该期限一般设定为五年，因此 $T=5$。关于无风险利率，同样采用 2016 年 9 月 10 日发行的五年期国债票面利率 4.17% 予以代替。关于 B 公司股票价格的波动率 σ，其计算公式为：

$$\sigma^2 = \frac{n}{n-1}\sum_{t=1}^{n}\frac{r_t - \bar{r}^2}{n} \quad (10\text{-}23)$$

$$r_t = \ln\frac{s_t}{s_{t-1}} \quad (10\text{-}24)$$

根据 2012~2016 年 B 公司的股票价格变动情况，计算得到 $\sigma = 21.28\%$。将以上数据代入 B-S 模型，得出期权价值：

$$C = SN(d_1) - Xe^{-rT}N(d_2) = 5.75 \text{元/股} \quad (10\text{-}25)$$

根据 B 公司披露的信息，该公司共有股票 157063712 股，最终得到 B 公司期权价值为 9.03 亿元。

4. 整体并购价值

被并购企业的价值包含被并购企业独立价值、协同效应价值、期权价值，计算可得：

$$B 公司价值 = 106.44 + 14.04 + 9.03 = 129.51 亿元$$

根据本案例对并购医药企业价值构成的分析，B 公司价值最终为 129.51 亿元，相较 A 公司实际报价 133.50 亿元少 3.99 亿元，差异在可接受范围之内。差异产生的原因多种多样，包括相关参数确定存在的误差、A 公司对并购的迫切性使其能够接受更多的并购溢价等。

六 案例结论

对被并购企业价值进行准确评估是确保整个并购活动顺利开展的关键环节，科学、合理的定价往往对并购成功起着决定作用。在对并购医药企业经营特征以及医药行业特点进行分析的基础上，本案例将被并购医药企业价值划分为企业独立价值、协同效应价值、期权价值三个部分，并对其采用不同的评估方法分别进行评估。而案例企业最终价值评估结果与并购方报价的较小差异也表明，本案例所构建的并购企业价值评估体系具有一定的合理性，具备一定的推广运用价值。

第一，认清并购中的企业价值构成是准确进行企业价值评估的前提。对于被并购企业而言，其价值不仅包含并购前的一般性价值，同时还包含协同效应及投资机会所带来的价值增值，也即被并购企业价值评估是一个动态与静态相结合的评估过程。只有深入认识并购事件所带来的企业价值内涵的改变，才能了解被并购企业的价值构成，进而对被并购企业价值进行准确评估。

第二，选择恰当的评估方法是准确进行企业价值评估的关键。每种评估方法均有其局限性，对于不同的价值内容应该选取不同的评估方法。特别是对于被并购企业的独立价值，本案例使用了现金流折现法，这是由于该方法能充分考虑企业未来能够创造的收益，进而能更加真实地反映企业现有价值，但该方法并不适用于所有的并购事件，被并购企业如果已无法持续经营并面临破产，则采用清算价值法更为合适。

第三，被并购企业价值评估必须重视评估目的以及评估过程。在评估实践中，由于"评"与"估"的过程难免掺杂主观因素，基于不同目的的评估很可能会产生差异较大的估值结果，从而明确评估目的成为估值活动开展的必要条件；同时，评估活动不能全然以目的为导向而忽略评估的过程，准确把握评估过程的实质是对企业价值构成形成完整认识的过程，这也成为并购活动顺利开展的重要条件。

参考文献

查剑秋，张秋生，胡杰武．并购估值方法的现状和问题研究［J］．生产力研究，2008（21）：65-67．

陈洪，秦喜杰．企业并购中目标企业的价值评估研究［J］．求索，2005（2）：19-21．

陈羽．基于BP神经网络的生物医药企业价值评估［D］．云南财经大学，2023．

程晓雨．基于自由现金流量法的中炬高新企业价值评估［D］．东北石油大学，2023．

瞿宝忠，刘涛涛．上市公司控制权让渡的定价问题研究［J］．上海金融，2003（2）：30-33．

李超．宏观环境对我国医药行业的影响分析［J］．特区经济，2016（8）：120-122．

李晶．基于AEG估值模型的医药企业价值评估研究——以华润三九为例［D］．山东师范大学，2022．

李晓明．试论并购企业价值评估方法模型［J］．数量经济技术经济研究，2000（5）：35-37．

李艳，方中坚．中国医药企业海外并购中的知识产权问题浅谈［J］．法制博览，2017（31）：40-41.

廖洺. 基于情景分析的生物医药企业价值评估研究——以华熙生物为例［D］. 中央财经大学，2022.

刘宇，周俊霞，张帅. 试论企业价值评估方法的选择与运用［J］. 商业会计，2013（5）：52-53.

茅宁莹. 试析国际新药开发的新趋势［J］. 中国药业，2005（10）：14-15.

邵勃葳. 改进的市场法在医药企业并购估值中的应用研究［D］. 暨南大学，2020.

田瑞雪. 医药企业并购中的国有资产评估措施和作用探讨［J］. 商，2014（24）：64.

王秀为. 企业价值评估方法发展趋向探究［J］. 学术交流，2011（2）：78-81.

谢港华. 基于BP神经网络模型的科创板生物医药企业价值评估研究——以东方生物为例［D］. 江西财经大学，2023.

徐璐. 基于剩余收益模型的现代造纸企业价值评估——以太阳纸业为例［D］. 云南财经大学，2023.

徐琪. 关于某医药集团股份有限公司企业价值评估研究［J］. 中国资产评估，2018（11）：51-56.

颜爱民，王雪，刘志成. 模糊综合评价法在OTC品牌价值评估中的应用［J］. 中国药房，2007（4）：243-246.

于亮. 科创板生物医药企业价值评估研究［D］. 内蒙古科技大学，2022.

余瑶. 基于FCFF和模糊B-S模型新能源汽车企业价值评估——以上汽集团为例［D］. 云南财经大学，2023.

张晓东. 医药行业上市公司价值影响因素研究［D］. 黑龙江大学，2016.

张竹青，王昊. 企业战略并购中目标企业价值评估方法研究［J］. 审计与经济研究，2005（5）：79-82.

赵振洋，张渼. 科创板生物医药企业价值评估研究——基于修正的

FCFF 估值模型 [J]. 中国资产评估, 2019 (11): 8-16.

Bo F, Haotian L, Zhipeng H, et al. Intellectual Property Pledge Value Evaluation for Listed Companies: A Case Study of Yunnan Baiyao Enterprise [J]. Higher Education of Social Science, 2021, 20 (1): 10-20.

Yan J, Zhang Y. Value Assessment of Biomedical Enterprises Based on Mutation Progression Method [R]. 2019 4th International Conference on Life Sciences, Medicine, and Health, 2019.

后 记

资产评估理论与方法研究是一项需要持续推进的事业。自 2011 年首次招生以来，云南大学资产评估专业走过了导入期的火热，也走过了成长期的疑惑，并最终趋于成熟期的稳态。本案例集正是近 10 年来云南大学资产评估专业莘莘学子持续探索的一个见证。随着时间的推移，案例成果在初始的文本上几经重大修改，一些新的内容引入其中，呈现在读者面前的案例相较原有案例文本有了很大的拓展。

本案例集是集体合作的研究成果。刘志坚全面负责了书稿的拓展、通稿和修改，主持并完成了案例集的出版准备工作。白林鹭、肖耿龙、郑继平、黄洋、熊绍隆、李乃姗、孟威、吴虹霖、张洪铭作为初始案例的提供者为本案例集的完成做出了重要贡献，各章主笔人的姓名，我们在每一章第一页用脚注的形式一一标明。除了各章作者的辛勤付出和主要贡献外，闵捷、陈鹏、杜昱杉、王溶、周子鹏、王皓月、李江雄、王婷、张艳、管婧汝、洪芳、陈娇姗同学，分别在文稿校正、参考文献梳理、评估方法验证等方面做了大量工作。我们对各位同学为案例集出版所付出的时间和精力深表谢意。

值得一提的是，本案例集的形成过程，同时也是云南大学资产评估专业学生在科研道路上不断成长的过程。从当前来看，这些跨度近 10 年的案例研究，其理论与方法使用或有不妥，或过于简单甚至是稚嫩的，然而，正是当初的稚嫩为我们今天不断走向成熟奠定了基础。理论与方法运用得更加科学与准确体现了我们的持续进步。得益于持续的探索与传承，今天我们案例集的众多研究成员已经成为资产评估相关机构的骨干力量以及新业务拓展的中坚力量，并且进一步承担了中国资产评估协会等机构相关课题的研究工作,为我国资产评估行业创新发展贡献了新生力量。

人生万事须自为,跬步江山即寥廓。希望我们云南大学资产评估专业学子勤于学习、勤于思考,立足岗位、攻坚克难,努力成为锐意创新的模范,为我国资产评估行业更好服务经济社会发展贡献评估人的智慧和力量。

最后,特别感谢云南大学经济学院张林院长对本案例集出版的大力支持,感谢黄宁、杨洋两位老师的宝贵意见,感谢社会科学文献出版社责任编辑李真巧女士的大量帮助,没有他们的关心与支持,本书不可能如此顺利出版。

图书在版编目（CIP）数据

企业价值评估：理论创新与方法应用 / 刘志坚等著. -- 北京：社会科学文献出版社，2024.12
ISBN 978-7-5228-3216-6

Ⅰ.①企… Ⅱ.①刘… Ⅲ.①企业-价值论 Ⅳ.①F270

中国国家版本馆 CIP 数据核字（2024）第 024376 号

企业价值评估：理论创新与方法应用

著　　者 / 刘志坚 等

出 版 人 / 冀祥德
责任编辑 / 李真巧
文稿编辑 / 赵亚汝
责任印制 / 王京美

出　　版 / 社会科学文献出版社·经济与管理分社（010）59367226
　　　　　 地址：北京市北三环中路甲29号院华龙大厦　邮编：100029
　　　　　 网址：www.ssap.com.cn
发　　行 / 社会科学文献出版社（010）59367028
印　　装 / 三河市龙林印务有限公司

规　　格 / 开　本：787mm×1092mm　1/16
　　　　　 印　张：16.5　字　数：236千字
版　　次 / 2024年12月第1版　2024年12月第1次印刷
书　　号 / ISBN 978-7-5228-3216-6
定　　价 / 99.00元

读者服务电话：4008918866

版权所有 翻印必究